KB196887

교육평가 ^{2판}

EDUCATIONAL EVALUATION

연구하는 교사를 위한 학생평가

유진은 저

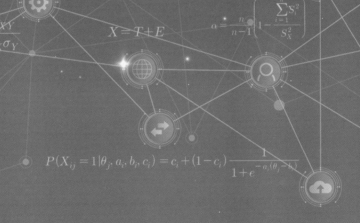

$$\rho_{XY} = \frac{\sigma_{XY}}{\sigma_X \sigma_Y}$$

$$X = T + E$$

$$\alpha = \frac{n}{n-1}\left(1 - \frac{\sum_{i=1}^{n} S_i^2}{S_X^2}\right)$$

$$P(X_{ij} = 1 \mid \theta_j, a_i, b_i, c_i) = c_i + (1 - c_i)\frac{1}{1 + e^{-a_i(\theta_j - b_i)}}$$

학지사

2판 머리말

톨스토이, 플로베르, 마르케스 등의 위대한 작가가 책을 집필하는 과정을 출산의 고통에 비유한 바 있다. 새로운 작품을 세상에 탄생시키는 일이 얼마나 힘든지를 표현하기 위함이다. 그간 여러 권의 책을 집필하기는 했으나, 모두 그다지 새로울 것 없는 대학(원) 교재를 썼던 사람으로서 그 비유에 깊게 공감하지는 못하였다. 아무리 위대한 작가라 할지라도, 출산의 경험이 없는 남자 작가가 탈고(脫稿)를 산고(産苦)에 비유하는 것이 과연 적절한지 의문이 들었던 기억이 난다. 그리고 아이를 낳는 것보다 기르는 것이 훨씬 더 어려운데, 출산 중 사망 사례도 있으니 옛날 의료 기술이 발전하지 않아서 그러했을까, 역시 남자 작가는 육아에 동참하지 않았나 하는 정도의 생각을 했던 것 같다(결혼도 하지 않고 자녀도 없었던 플로베르는 그렇다 치더라도, 톨스토이나 마르케스는 자녀가 여럿 있었다). 특히 2019년에 출간한 『교육평가』 초판은 한국교원대학교에서 지난 10년간 가르쳤던 내용을 정리한 것이므로 상대적으로 수월하게 원고가 진행된 편이었기 때문에 더욱 그러하였다.

그런데 이번에 『교육평가』 개정판을 쓰면서 탈고와 산고의 비유에 대해 약간은 수긍하게 된 면이 있다. 원고를 전면적으로 뜯어고치는 것보다 오히려 원고를 새로 쓰는 것이 낫지 않았을까 하는 생각이 들 정도로 개정판 원고가 지지부진하게 진행되어 마음고생이 있었기 때문이다. 이때 한국교원대학교 교육과정 및 교육평가 전공 석·박사과정에서 공부하는 초·중등학교 현직교사의 피드백이 크나큰 원동력이 되었다. 교육 현장에서 유능하다고 인정받으며 우리나라 교육을 선도해 나가는 전국 초·중등학교 현직교사의 생생한 사례를 듣고 원고에 반영할 수 있는 것은 한국교원대학교 교수로서의 특권이다. 특히 한국교원대학교 교육평가 박사과정의 박빛나 선생에게 깊은 감사를 표한다. 박빛나 선생이 스프레드시트 예시 교체를 도맡았고, 박사과정 박서은, 김소영 선생과 함께 정의적 영역의 평가, 규준·준거참조평가, 수행평가 등의 사례 재구성 및 정교화를 위한 피드백을 제공하였다. 박사과정 이성민, 박근혜, 김형관 선생도 원고 검토 및 편집에 일조하며 집필 과정에 힘을 더했다.

　개정판 역시 초판과 마찬가지로, 예비 교사와 현직 교사가 실제 학교 현장에서 학생 평가 업무를 수행할 때 실질적인 도움을 주는 것을 기본 목적으로 한다. 시대적 요구를 반영하여 초판 원고를 다음과 같이 새롭게 구성하였다. 첫째, 문항반응이론과 컴퓨터 검사를 다루는 새로운 장들을 추가하고, 초판에서의 연구계획서 관련 장들을 삭제하였다. 연구계획서 부분은 유진은, 노민정(2023)의『초보 연구자를 위한 연구방법의 모든 것: 양적, 질적, 혼합방법 연구』를 참고하면 된다. 둘째, 초판에서는 SPSS를 이용하여 기술통계, 검사이론, 신뢰도 및 객관도를 설명하였는데, 상용 소프트웨어인 SPSS의 접근성 문제를 호소하는 독자가 있었다. 이러한 점을 고려하여 개정판에서는 새로운 데이터를 활용한 스프레드시트 예시로 교체하였다. 부록에 같은 데이터에 대한 SPSS 예시도 정리하였으니, 상황에 따라 활용하면 된다. 셋째, 규준·준거참조평가, 문항의 종류와 특징, 수행평가, 정의적 영역의 평가 등을 보다 정교하게 다듬으며, 학교 현장에서 참고할 만한 구체적인 사례를 제시하였다. 넷째, 원고 전반에 걸쳐 최신 교육과정인 2022 개정 교육과정을 최대한 반영하였다. 준거참조평가의 변동분할점수 산출 프로그램도 최신 예시로 교체하였다.

　다음은 이 책을 교재로 채택한 강사님들께 드리는 말씀이다. 학생들의 수준과 수업 상황에 따라 일부 챕터를 생략할 수 있는데, 책의 목차 순서를 따르는 것이 수업 진행에 도움이 될 것이라 생각한다. 개정판에서 그간의 연구 결과와 학생들의 피드백을 반영하여 장 구성을 조정했기 때문이다. 예를 들어, 저자가 진행한 플립러닝 수업 연구에서 학생들이 수업 전 동영상을 열심히 예습하다가 규준·준거참조평가 장부터 동영상 시청률이 급격히 떨어졌고, 이후 쉽고 재미있는 내용을 다루는데도 예습률은 회복되지 않았다는 사실을 확인하였다(Yoo, Rho, & Lee, 2022). 따라서 초판에서 4장이었던 규준·준거참조평가를 7장으로 보내, 학생들의 흥미 및 관심이 더욱 오래 유지될 수 있도록 꾀하였다.

　예비 교사, 현직 교사, 그리고 이 책을 교재로 채택한 강사들뿐만 아니라 교육평가에 관심이 있는 모든 이에게 실질적인 도움이 되기를 바라는 마음으로 열심히 집필하였다. 각 장은 교사들이 실제 교육 현장에서 평가 업무를 수행하는 데 필요한 핵심 내용을 담고 있다. 학생의 교육적 성장을 이끌어 내려고 노력하는 교사에게 이 책이 미력하게라도 도움이 되기를 기대한다. 교육평가 분야에 관심을 가진 독자들이 이 책을 통해 깊이 있는 이해와 실질적인 지식을 습득할 수 있기를 간절히 바라며, 서문을 마친다.

2025년 1월

유진은

1판 머리말

저자는 지난 10년간 한국교원대학교 학부 및 대학원에서 예비교사와 현직 교사를 대상으로 '교육평가'를 강의해 오고 있다. 우리나라 교육평가 정책이 급변하는 것이 하루 이틀의 일은 아니지만, 특히 최근 성취평가제, 과정중심평가, 학생부종합전형, 자유학기제와 같은 교육 현장에서의 급격한 변화로 인하여 현직교사들의 '교육평가' 또는 '학생평가'에 대한 관심과 우려가 높아지는 것을 피부로 느끼고 있다. 이러한 현장으로부터의 요구를 시중의 학부 수준 교육평가 교재들이 충분히 반영하지 못한다는 의견이 있어, 저자는 그간 학부 및 대학원 전공 강좌뿐만 아니라 학부 교직 강좌에서 영어 원서와 논문을 읽히며 학부생 및 대학원생에게 '교육평가'를 가르쳐 왔다. 그러나 특히 교직 이수가 목적인 학부 2학년생이 2학점짜리 '교육평가' 강좌에서 영어 논문을 배경지식 없이 읽는 것에 대한 부담을 알게 되면서 우리말로 된 교육평가 교재를 집필할 필요성을 깨닫게 되었다.

이 책을 쓰면서 고려한 원칙은 크게 두 가지였다. 첫째, 우리 학교 현장에서의 관심사 및 요구를 고려하여 가급적 현직교사에게 직접적으로 도움이 될 만한 내용만을 담으려고 노력하였다. 예를 들어, 현재 학교 현장에서 거의 쓰지 않는 문항반응이론, 프로그램 평가 이론, 컴퓨터검사(또는 컴퓨터적응검사) 등은 생략하였다. 둘째, 교육 정책의 변화에 영향을 적게 받는 교육평가의 핵심적인 내용만 다루려고 노력하였다. 이를테면 세계 각국이 어떻게 학생평가를 실시하고 있는지 궁금해하는 현직교사들이 많았다. 대학원 과정의 교육평가 수업에서는 '세계의 학생평가'라는 주제로 교육 선진국의 학생평가 실시 현황을 다루며 국가별 비교를 통하여 우리나라 학생평가의 개선점을 토론하고 있다. 그러나 국가별 학생평가 현황의 변화가 상당히 크며 특히 비영어권 국가의 경우 변화를 실시간으로 파악하는 것이 쉽지 않다. 따라서 '세계의 학생평가'는 교재에 수록하기에 적당하지 않다고 판단하여 최종 단계에서 삭제하였다.

우리 교육 현장에서의 관심사를 최대한 반영하려고 노력하며 이 책을 집필하였다. 다른 교육평가 교재와의 차별점은 다음과 같다. 첫째, 준거참조평가의 구체적인 절차를 Cizek과 Bunch(2007)를 인용하며 정리하고, 우리나라 중등학교의 성취평가제와 연결하여 논하였다. 둘째, 형성평가와 수행평가를 교육과정-수업-평가 일체화와 연관하여 설명하였다. 특히 교육 현장에서 점점 더 그 중요성을 인정받고 있는 형성평가를 강조하며 형성평가를 실시할 때 교사의 역할 및 효과적인 피드백 방법을 제시하였다. 셋째, 시중 교육평가 교재는 이론만 설명하는 경우가 대부분이었다. 이 책에서는 실제 자료 분석 능력을 키우기 위하여 주제별로 SPSS 실습을 포함시켜 이 책만 보고도 따라 할 수 있도록 쉽게 설명하였다. 넷째, 교육 현장에서 필요한데도 시중 교육평가 교재에서 다루지 않은 부분이 있다. 예를 들어, 실제 자료로 객관도와 문항변별도를 어떻게 구하는지 설명하는 교육평가 교재를 찾기 힘들다. 이 책에서는 문항변별도를 구하는 방법 세 가지를 SPSS 예시로 자세하게 설명하고, 연속형 변수와 범주형 변수로 나누어 객관도를 구하는 방법 또한 제시하였다. 다섯째, 연구계획서를 쓸 때 직접인용과 말바꿔쓰기를 실제 예시와 함께 설명하였다.

이 책을 크게 다섯 부분으로 구성하였다. 먼저, 1부 기본 개념은 1장 교육평가 유형, 2장 척도와 표집, 3장 기술통계로 나뉜다. 1장의 교육평가 유형에서는 학생평가 중 형성평가에 초점을 맞추며 평가 종류를 개괄하였다. 2장과 3장에서는 뒤에 이어지는 규준/준거참조평가, 문항분석, 신뢰도·타당도·객관도 등을 제대로 이해하기 위한 기본적인 통계 개념들을 담았다. 2부 학생평가의 현장 적용은 4장 규준참조평가와 준거참조평가, 5장 정의적 영역의 평가, 6장 수행평가로 구성된다. 이 책의 내용이 모두 학생평가를 교육 현장에서 적용하는 것이기는 하나, 이 부분에서 현장의 관심사를 특별히 반영하고자 하였다. 4장 준거참조평가는 중등학교에서 적용·시행되고 있는 성취평가제와 관련하여 설명하였으며, 5장 정의적 영역의 평가와 6장 수행평가는 과정중심평가, 자유학기제와 같은 교육 현장에서의 화두와 밀접한 관련이 있다고 판단하여 같이 묶었다. 3부 문항과 검사는 7장 문항의 종류와 특징, 8장 문항난이도와 문항변별도로 구성되고, 4부 신뢰도, 객관도, 타당도는 각각 9, 10, 11장에서 다루었다. 12장 연구계획서 쓰기와 13장 연구 윤리 및 논문인용방법으로 구성된 5부 연구계획서는 급변하는 4차 산업혁명 시대에 부응할 수 있는 연구하는 교사 또는 연구자로서의 교사를 위하여 추가하였다. 미래시대의 교사는 단순히 지식전달자로서의 역할에 그치지 말고 능동적으로 지식을 창출해 내는 역할을 수행해야 하기 때문이다. 마지막으로 부록에 Shepard(2000)를 인용하며 구성주의 학습이론 관점에서 학생평가에 기본이 되는 교육과정·수업·평가 이론을 전반적으로 정리하고, 교육과정개혁 시대에 교사에게 기대되는 역할을 요약하였다.

한국교원대학교와 재학생 및 졸업생에게 감사하는 마음을 담아 이 책을 집필하였다. 지난 10년간 한국교원대학교 교수로 재직하며 유치원 및 초·중등 현직교사와 예비교사에게 교육평가를 가르치면서 서울부터 제주도까지 다양한 근무지의, 다양한 전공의 초·중등 현직교사로부터 이론적으로 알던 교육평가 이론과 지식들이 실제 학교 현장에서 어떻게 실행되고 적용되는지 그 변화와 역동에 대하여 생생하게 전해 들을 수 있었기 때문이다. 그리고 성실하고 우수한 한국교원대학교 학생들로부터 지적인 자극을 받으며 더 열심히 가르치려고 노력했기 때문에 이 책을 집필할 수 있었다. 학교에 깊이 감사하는 마음을 가지며, 한국교원대학교 학부 및 대학원에서 '교육평가' 수업을 들으며 열심히 공부했던 모든 학생에게 고마운 마음을 다시 전하고 싶다. 특히 원고를 읽고 여러 피드백을 제공한 석사과정 김희경 선생과 노민정 박사, 그리고 오탈자 교정 및 편집에 도움을 준 박사과정 윤기라, 박빛나, 김유선 선생, 석사과정 김형관 선생에게 감사를 표한다.

차례

제8장

고전검사이론

제9장

문항반응이론

제1장

교육평가란 무엇인가

주요 용어

형성평가, 총괄평가, 진단평가, 상대평가, 절대평가, 양적평가, 질적평가, 평가, 총평, 측정, 검사, 교육과정-수업-평가의 연계

학습목표

1. 평가와 측정, 검사 간 관계를 이해하고 설명할 수 있다.
2. 상대평가와 절대평가, 양적평가와 질적평가를 각각 비교하여 설명할 수 있다.
3. 진단평가, 형성평가, 총괄평가가 각각 어떤 맥락에서 어떻게 시행되는지 비교하여 설명할 수 있다.
4. 형성평가 시 교사의 역할 및 효과적인 피드백 방법을 설명할 수 있다.
5. 교육과정-수업-평가의 연계에서 형성평가의 역할을 설명할 수 있다.

1 평가와 교육평가

　평가(evaluation)는 어떤 대상이나 활동의 가치를 판단하기 위해 다각도로 자료를 수집하고 분석하여 종합적으로 결론을 도출하는 과정 전반을 뜻한다. 평가를 통해 평가 대상이나 활동이 얼마나 목표에 부합하는 효과를 보이는지, 어떤 부분에서 개선이 필요한지 등을 파악할 수 있기 때문에 평가는 우리 사회의 다양한 분야에서 활용된다. 예를 들어, 교육 분야에서는 학생이 학습목표를 얼마나 잘 달성했는지를 평가한다. 또는 토론식 수업, 실험·실습, 방과 후 프로그램과 같은 특정 학습활동의 효과성을 확인할 수 있다. 그리고 교사를 대상으로 하는 프로그램의 만족도 평가할 수 있다. 공공 행정 분야에서는 정부의 정책이 주요 평가 대상이다. 이를테면 저소득층 지원 정책, 취업 지원 프로그램, 금연 캠페인, 예방 접종 프로그램, 산모 건강 증진을 위한 프로그램 등이 실제로 효과를 발휘했는지를 평가하여 정책 및 프로그램을 개선하게 된다. 경제·산업 또는 경영 분야에서는 신제품 개발, 마케팅, 새로운 비즈니스 전략 등이 기대한 성과를 달성했는지 평가할 수 있고, 직원 연수 프로그램 후 업무 수행 능력의 변화 또는 성과도 평가할 수 있다. 예술·문화 분야에서도 평가는 유용하다. 스포츠 팀이나 선수들의 경기력 향상 정도를 평가하고, 지역 문화 축제, 영화, 음악/연극 공연, 미술 전시회 등에서 매출 및 관객 만족도 등의 흥행 성과를 평가하여 그 결과를 활용한다. 비영리 단체의 아동 후원 프로그램, 빈곤 퇴치 프로그램, 환경 보호 프로그램 역시 마찬가지다. 이러한 프로그램이 의도하는 목표를 얼마나 달성했는지, 혹은 달성 중인지 평가함으로써 사회적 문제 해결을 시도한다. 이와 같이 교육, 공공 행정, 경제·산업 및 경영, 예술·문화 등의 다양한 분야에서 평가를 실시하며, 평가결과를 바탕으로 궁극적으로는 사회 발전을 위한 개선 방안을 모색하고 있다.

　특히 교육 분야에서의 평가를 교육평가(educational evaluation)라 한다. 교육평가는 평가 대상에 따라 크게 학교(기관)평가, 교사평가, 학생평가로 나눌 수 있다. 학교평가의 경우, 학교에서 운영하는 프로그램에 대해 평가를 실시할 수 있고, 특히 교사의 수업을 평가할 경우 '수업평가'라는 전문 영역이 있다. 학교평가의 예를 들어 보겠다. 어느 연구학교의 학업성취도 프로그램에 대해 평가한다고 하자. 평가 담당자는 프로그램 평가의 목적과 평가기준을 설정한 후, 학생의 시험 성적, 교사 면담 등의 관련 자료를 수집하고 분석한다. 그 결과로 프로그램 도입 전후의 학업성취도 변화를 파악하며, 학업성취도 프로그램의 장점과 개선점을 도출하고 프로그램의 지속여부를 결정하게 된다. 또는 학생평가 결과를 종합하여 교사와 학교를 평가할 수도 있다. 이를테면 학교 A와 학교 B의 하위 수준 학생들의 비율을 교사별 또는 학교별로 비교하여 어느 교사가 또는 어느 학교가 더 잘 가르치고 있는지를 평가한다면, 이는 학생평가 결과를 종합하여 교사평가 또는 학교평가를 실시한 것이 된다.

그런데 교육평가는 다른 분야 평가와 대비되는 특징이 있다. 앞서 예시를 든 공공 행정, 경제 · 산업 및 경영, 예술 · 문화 분야에서는 특정 목표를 달성하기 위해 설계된 일련의 활동인 '프로그램' 평가에 중점을 두기 때문에, '프로그램 평가(program evaluation)'가 '평가'와 동의어로 인식되는 경우가 많다. 같은 맥락에서 프로그램 참여자 개개인보다는 프로그램이 참여자 집단 전체에 미치는 변화나 효과를 파악하는 데 더 초점을 맞춘다. 이를테면 산모 건강 증진 프로그램 평가에서 개별 산모의 건강 상태 변화를 알아보는 것도 물론 중요하지만, 해당 프로그램 실시 이후 산모 집단 전체의 건강 상태 변화를 파악하는 것이 평가의 주요 목적인 것이다.

한편, 교육평가에서는 평가 대상 중 학생이 가장 큰 비중을 차지하므로 학생평가가 특히 중요한데, 학생평가의 주요 목적은 각 학생의 교육적 성장을 지원하는 것이다. 따라서 교육 분야에서는 모든 학생을 개별적으로 평가하고 그 결과를 교수 · 학습에 활용할 수 있도록 평가가 이루어진다. 즉, 교육평가에서는 학생 집단뿐만 아니라 개별 학생에 대한 평가가 중시된다는 특징이 있다. 이 장에서는 교육 분야의 평가인 교육평가를 중심으로 설명하겠다. 별도로 명시하지 않은 경우, 평가는 모두 학생평가를 의미한다.

2 평가 관련 용어

1) 양적평가와 질적평가 vs. 양적연구와 질적연구

앞서 학교평가의 예를 들면서 학생 시험 성적, 교사 면담 자료를 수집하여 분석한다고 언급하였다. 이때 시험 성적은 보통 100점 만점에 80점과 같은 수치 자료로 수집하고, 면담 자료는 텍스트(text) 형태로 수집하여 평가한다. 각각 양적평가(quantitative assessment)와 질적평가(qualitative assessment)의 예시가 된다. 이때 '양적(quantitative)'은 수치를, '질적(qualitative)'은 문자를 뜻한다.

양적평가와 질적평가 간 관계는 양적연구(quantitative research)와 질적연구(qualitative research) 간 관계와 일맥상통한다. 양적연구는 후기실증주의를 이론적 근간으로 하며 과학적이고 객관적인 절차를 강조한다. 신뢰도와 타당도가 높은 (검사)도구로 수집한 수치 자료를 통계 기법을 활용하여 가설을 검정하고 그 결과를 모집단으로 일반화하는 것이 양적연구의 목적이다. 반면, 구성주의를 배경으로 하는 질적연구에서는 연구도구로서의 연구자가 관찰 및 면담을 통하여 얻은 결과를 언어로 표현하며 현상에 대한 깊이 있는 해석 및 이해를 추구한다. 즉, 양적/질적연구는 가설 검정 또는 깊이 있는 이해·해석을 통해 새로운 이론이나 통찰을 얻기 위한 학문적 탐구 과정이다.

한편, 양적/질적평가를 특정 대상이나 활동에 대한 가치 판단을 목적으로 각각 양적/질적연구 기법이 적용된 것으로 볼 수 있다. 즉, 연구와 평가는 그 목적이 다르다. 예를 들어, 학생의 성취도를 평가하는 경우, 양적평가는 학업성취도 검사 결과 자체 또는 이를 통계기법을 활용하여 분석하는 것, 질적평가는 학업성취 상황에서의 관찰 및 면담 결과를 바탕으로 학교생활기록부(생기부)의 교과학습발달상황에 교과 세부능력 및 특기사항(세특)으로 서술하는 것과 관련된다. 이때, 양적평가와 질적평가 모두 대상이나 활동에 대한 가치 판단을 목적으로 실시된다는 점을 기억해야 한다.

2) 평가, 측정, 검사

평가에서는 보통 양적평가와 질적평가를 모두 활용한다. 어떤 대상이나 활동의 가치를 판단하려면 다각도로 자료를 수집하고 분석하여 종합적으로 결론을 도출해야 하기 때문이다. 따라서 평가는 총평(assessment) 또는 사정(査定)으로 불리기도 한다. 교육 분야에서 평가와 관련 용어로 측정과 검사가 있다. 평가와의 차이점을 알아보겠다.

측정(measurement)은 대상에 수치를 부여하는 것이다. 측정 대상을 수량화(quantification)하기 위하여 척도(scale)[1]가 필요하고, 그 결과는 양적 자료로 기록된다. 예를 들어, 학생의 키를 파악한다고 할 때, 키를 재는 자(ruler)는 측정도구가 되고 키를 수치화하여 파악하는 행위를 측정이라 한다. 그런데 교육학에서 관심 있는 구인(예: 학업성취도, 자아존중감)은 키나 무게와 다르게 실체가 뚜렷이 드러나지 않는 것이 많다. 따라서 별도의 측정도구, 즉 검사(test)를 개발하여 측정하는 경우가 많다.

검사는 어떤 특성의 정도를 알아보기 위하여 "일정한 조건하에서 문제나 작업을 제시하고, 일정한 규준이나 준거에 따라 판정하는 체계적 과정"을 뜻한다(이종승, 2009, p. 40). 검사는 양적 · 질적 자료 모두에 적용 가능하다. 특히 검사 실시, 채점, 해석의 전 과정이 표준화되어 동일한 절차와 조건에서 시행되는 검사를 표준화검사(standardized test)라 한다. 이를테면 TOEIC, Wechsler 지능검사, MMPI(Minnesota Multiphasic Personality Inventory), K-ABC(Kaufman Assessment Battery for Children)는 각각 영어, 지능, 성격 및 정신 건강 상태, 아동의 인지적 발달과 학습능력을 알아보기 위한 표준화검사다.

정리하면, 측정은 대상의 특징에 대한 수치 부여, 검사는 도구 또는 과정, 그리고 평가는 가치판단이 키워드라고 할 수 있다. 교사는 학생의 학업성취에 대해 검사도구를 개발하고 활용하여 측정한다. 또한 학생의 수업 참여도를 공식적으로, 또는 비

---

1) 제5장에서 설명하였다.

공식적으로 관찰하여 기록한다. 이에 더하여 일정 기간 동안 학습 개선도가 우수한지, 미흡한지에 대한 판단을 내리고, 강약점을 진단하며 개선방안까지 피드백을 제공한다면, 가치판단의 과정까지 포함된다. 측정, 검사, 평가 중 평가가 가장 포괄적으로 자료를 활용하여 분석하며 가치판단까지 포함되므로 학교 현장에서는 '평가'라는 용어가 주로 쓰인다.

③ 평가의 유형

앞서 양적평가와 질적평가에 대하여 설명하였다. 평가방법에 따른 구분이며, 각각 양적연구와 질적연구 기법을 평가목적으로 활용한 것이라고 볼 수 있다. 또한 평가는 평가기준에 따라 상대평가와 절대평가, 그리고 평가기능에 따라 진단평가, 형성평가, 총괄평가로 나눌 수 있다. 각각을 간략하게 설명하겠다.

1) 상대평가와 절대평가

사실 상대평가와 절대평가는 (교육평가) 비전공자가 편의로 사용하는 용어로, 교육 분야에서의 학술 용어로 보기는 어렵다. 그러나 이들 용어가 사회 전반에서 광범위하게 쓰이고 있기 때문에 우선적으로 소개를 하고, 교육 분야에 특정하여 해당 용어에 대응되는 학술 용어가 무엇인지 살펴볼 필요가 있다고 판단하였다.

평가기준이 상대(예: 같은 시험을 본 다른 학생들)와의 비교에 있는지 아니면 절대적인 준거(예: 학습목표)에 있는지에 따라 각각 상대평가와 절대평가라 한다. 그리고 상대평가와 절대평가에 해당되는 학술 용어는 각각 규준참조평가(norm-referenced test)와 준거참조평가(criterion-referenced test)다. 이는 평가기준이 규준(norm)인지 준거(criterion)인지에 따른 구분이다. 학생평가 맥락에서의 상대평가와 절대평가, 즉 규준참조평가와 준거참조평가를 제7장에서 자세하게 설명하였다.

2) 진단평가, 형성평가, 총괄평가

평가기능에 따라 진단평가, 형성평가, 총괄평가로 분류할 수 있다. 진단평가(diagnostic assessment)는 보통 학년 초(또는 학기 초)에 그 전 학년(또는 그 전 학기) 내용을 얼마나 알고 있는지 평가하여 학생의 출발점이 어디인지 파악함으로써 교수·학습에 활용할 목적으로 시행된다. 진단평가 결과, 대부분의 학생이 그 전 학년 내용을 잘 알지 못하는 것을 알게 되었다면, 교사는 왜 이러한 상황이 발생하게 되었는지, 어떻게 학습 결손을 보충할 수 있을지, 현 학년 내용은 언제 어떻게 다뤄야 할지 등을 숙고하여 현 학년(학기) 교수·학습을 계획하고 적용해야 한다. 참고로 학습동기, 자아존중감과 같은 학생의 정의적 영역 또는 가정환경과 같은 학습 외적 요인 또한 진단평가로 측정하여 교수·학습에 활용할 수 있다(이종승, 2009).

총괄평가(summative assessment)는 보통 학년말(또는 학기말)에 해당 학년(또는 학기)의 교수·학습 결과 및 교육과정 효과를 총괄적으로 판단하기 위한 평가다. 한편, 형성평가(formative assessment)는 교수·학습 상황에서 수시로 실시되어 교사와 학생에게 교수·학습 개선에 필요한 피드백를 제공하는 평가다. 교사는 형성평가를 통하여 파악한 학생의 진척 상황을 바로 다음 교수·학습활동에 적용함으로써 시행착오를 줄일 수 있다. 교수·학습 면에서의 장점으로 인하여 총괄평가로 쏠렸던 관심이 형성평가로 이동하고 있는 상황이다.

3) 요약

교육평가는 평가 대상에 따라 학생평가, 교사평가, 학교평가로 구분할 수 있다. 학생평가는 평가기준에 따라 상대평가와 절대평가, 평가방법에 따라 양적평가와 질적평가, 그리고 평가기능에 따라 진단평가, 형성평가, 총괄평가로 분류된다([그림 1.1]).

[그림 1.1] 교육평가의 유형

교수·학습에 직접적인 도움을 줄 수 있는 형성평가의 중요성이 크게 부각되고 있으므로, 이후 절에서는 형성평가에 초점을 맞춰 자세하게 설명하겠다. 구체적으로 제4절에서는 교실평가와 일제고사를 비교하며 형성평가와 총괄평가의 특징을 설명할 것이다. 제5절에서는 형성평가 시행 시 교사의 역할 및 효과적인 피드백 방안을 논하고, 제6절에서 교육과정, 수업, 평가의 연계와 연결하여 형성평가의 중요성을 설명할 것이다.

4 형성평가와 총괄평가

1) 정의와 특징

형성평가와 총괄평가를 처음으로 정의한 학자는 Scriven(1967)으로, 프로그램 평가 맥락에서 형성평가와 총괄평가를 정의하였다. Scriven의 프로그램 평가 이론에서 형성평가는 어떤 프로그램이나 산출물을 향상시키기 위하여 내부적으로 실시되는 평가였다. 즉, 그 프로그램이 제대로 진행되고 있는지 내부자가 확인하고 문제가 있을 경우 형성적 피드백을 제공하는 것이 목적이다. 반면, 총괄평가는 외부 평가자가 평가를 맡아, 이를테면 그 프로그램에 대한 자금 지원 여부 또는 그 프로그램 채택 여부 등을 최종적으로 결정하는 것이 목적인 평가다. Scriven은 형성평가에서는 형성적인 피드백(formative feedback)을, 총괄평가에서는 총괄적인 피드백(summative feedback)을 활용한다고 하였다.

　Scriven의 이론을 학습상황으로 적용하면 다음과 같다. 총괄평가(summative assessment)는 어떤 일정한 학습 기간 후 그 효과를 측정하여 적절한 발전이 있었는지를 평가한다. 보통 중간고사와 기말고사가 총괄평가의 역할을 담당한다. 교사는 중간고사와 기말고사를 통하여 해당 학년(또는 학기) 학생의 성취도를 평가하고 해당 학년(또는 학기)의 교수·학습 및 교육과정 효과를 전반적으로 점검하는 것이다. 그런데 총괄평가는 학년말 또는 학기말에 시행되기 때문에 그 결과를 해당 학년(또는 학기)에 바로 적용하기 힘들다는 단점이 있다. 이렇게 일정 기간 동안의 효과를 파악하기에는 좋으나, 즉각적인 교수·학습 개선에는 그다지 도움이 되지 않는 총괄평가의 문제를 형성평가가 해결할 수 있다.

　형성평가(formative assessment)는 학년말 또는 학기말까지 평가를 기다리지 않고, 그때그때 수시로 교육활동을 점검하는 평가다. 수업 중 쪽지시험, 교사와 학생 간 문답, 단원평가 등이 모두 형성평가의 예시다. 형성평가는 학습을 개선시킬 목적으로 총괄평가가 시행되기 전 학습 과정 동안 실시하며 교사와 학생 모두에게 즉각적인 도움을 제공할 수 있다. 이러한 형성평가의 장점을 최대한 이끌어 내려면, 형성평가 결과를 최종 성적에 합산하지 않는 것이 좋다. 형성평가는 학습 과정을 모니터링하며 피드백을 제공하는 데 중점을 두는 평가이며, 점수를 매겨서 누가 얼마나 잘했는지를 평가하는 것은 형성평가의 목적이 아니기 때문이다. 학생 입장에서도 수시로 이루어지는 형성평가 결과가 최종 성적에 합산될 경우, 평가에 대한 부담으로 인하여 오히려 학습에 집중하기 어려울 수 있다.

　정리하면, 형성평가를 통하여 개개인의 학생의 수준과 상황을 파악하여 다음 수준 학습으로 나아가도록 교사와 학생에게 직접적인 도움이 되는 정보를 제공할 수 있다. 따라서 학교 현장에서 형성평가의 중요성이 크게 부각되고 있다. 그러나 어떤 특정한 검사가 형성평가 또는 총괄평가로 엄격히 분리되는 것은 아님에 주의해야 한다. 목적 및 쓰임에 따라 형성평가가 될 수도 있고, 총괄평가가 될 수도 있는 것이다. 같은 맥락에서 총괄평가가 시대에 뒤떨어진 평가이므로 총괄평가를 버리고 형성평가만으로 학생평가를 진행해야 한다고 생각하는 것은 옳지 않다. 총괄평가 또한 자연스러운 배움의 과정의 한 부분이라는 점을 명심해야 한다. 고학년 학생평가 시, 그리고 학부모와의 의사소통에서 중요한 역할을 담당하는 성적표 산출 시 총괄평가가 많이 이용되며, 특히 학생 선발이 목적일 경우 총괄평가의 역할이 크다.

2) 형성평가와 총괄평가 vs. 교실평가와 일제고사

형성평가와 총괄평가의 관계는 교실평가와 일제고사(〈심화 1.1〉) 간 관계와 일맥상통하는 면이 있다. Shepard(2000)를 참고하여 일제고사[2]와 교실평가를 비교하였다. 일제고사는 다음과 같은 특징이 있다. 첫째, 책무성(accountability)과 자연스럽게 연결되는 고부담 검사다. 이를테면 국가수준 학업성취도 평가에서 결과가 좋지 않은 학교 또는 교육청은 그 결과에 책임을 다해야 하는 것이다. 따라서 일제고사는 고부담 검사, 대규모 검사, 공식적 검사 등으로도 불린다. 둘째, 고부담 검사인 일제고사는 교수·학습 또는 교육과정까지 바꿀 수 있는 힘이 있다. 그러므로 중요한 학습내용은 물론이고 사고력이나 문제해결력과 같은 고등정신능력까지 일제고사에서 다룰 수 있도록 노력해야 한다. 일제고사의 힘을 이용하여 교수·학습과 교육과정을 바람직한 방향으로 바꿀 수 있기 때문이다. 셋째, 일제고사는 전국의 검사 대상자들이 같은 범위로 1년에 기껏해야 한두 번 시험을 본다. 그리고 그 결과를 검사 종료 후 몇 달 후에나 확인할 수 있다. 따라서 학습 과정에서 교사와 학생에게 필요한 피드백을 적시에 주는 데 적합하지 않다. 정리하면, 일제고사는 그 목적이 교수·학습 개선보다는 집단별 학생 성취도 비교이므로 총괄평가로 활용되는 것이 일반적이다. 비슷한 맥락에서 일제고사이면서 교실평가로도 쓸 수 있는 평가 시스템을 만들기는 쉽지 않다. 책무성을 중시하는 일제고사 요소가 들어가면서 아무래도 교실평가

---

2) 'external assessment'를 우리나라 사정에 맞게 '일제고사'로 번역하였다.

가 표준화되는 부분이 생기기 때문에 개별 학생들을 위한 평가가 되기 어렵기 때문이다.

교실평가(classroom assessment)는 일제고사에 대비되는 평가다. 교실평가는 주로 담임교사 또는 해당 과목의 담당교사가 자신의 반 학생들을 위하여 출제하고 학급 단위로 실시한다. 일제고사도 경우에 따라 형성적으로 이용할 수는 있으나 주로 총괄평가로 활용된다. 반면, 교실평가는 형성평가로 활용하기 좋다. 즉, 학생이 마지막에 얼마나 성취했는지를 판단하기보다는 학생이 다음 단계로 나아갈 수 있도록 도와주는 것을 목표로 한다. 교실평가의 특징은 다음과 같다. 첫째, 교수 · 학습의 결과로 달성해야 하는 구체적인 학습목표가 있다. 둘째, 비교적 최근에 가르친 내용에 대하여 수시로 평가를 하는 것이 가능하다. 셋째, 평가결과를 바탕으로 교사와 학생 모두가 학습 개선을 위하여 필요한 정보를 즉각적으로 파악할 수 있다. 교사는 교수 · 학습 과정 중 수시로 형성평가를 실시함으로써 학생들이 어떤 부분에서 오개념이 생기는지 파악하고, 이 정보를 더욱 융통성 있게 후속 교수 · 학습에 적용할 수 있다. 따라서 형성평가는 학습을 위한 평가(Assessment for Learning: AfL)로도 불리며, 교육현장에서 그 중요성을 인정받고 있다.

일제고사와 교실평가 간 비교를 종합하여 정리하면 다음과 같다. 첫째, 일제고사는 학생 또는 집단 간 비교를 주된 목적으로 하며, 1년에 한두 번 정도 시행된다. 교실평가는 학생의 교수 · 학습을 돕는 것을 목적으로 매일매일의 수업 시간에서 이루어질 수 있다. 둘째, 일제고사가 교육청 또는 국가 단위에서 대규모로 실시되는 반면, 교실평가는 소수의 학생을 대상으로 실시된다. 개별 학생에 대한 가설을 세우고 그에 맞는 평가를 실시하여 어느 부분에서 어떻게 교사가 도와야 할지 결정하는 데 활용된다. 셋째, 고부담 검사인 일제고사는 그 결과로 중요한 결정이 내려지기 때문에 정확하게 측정하는 것이 중요하다. 즉, 검사 신뢰도가 높아야 한다. 반면, 교실평가에서는 상대적으로 타당도가 중시된다. 월요일 평가에서 교사가 학생의 이해도를 잘못 판단했다고 하더라도, 화요일에 같은 학생을 다시 평가하여 학습 진척 상황에 대해 보다 정확한 정보를 얻고 활용할 수 있는 평가가 교실평가인 것이다. 넷째, 일제고사는 다수의 내용전문가와 평가전문가를 동원하여 제작되는 반면, 교실평가는 교사가 학생들의 학습 상태를 파악하고, 그 결과를 바탕으로 교수·학습 방법을 조정하거나 개별적인 피드백을 주기 위해 제작한다.

책무성 부담이 지워지는 일제고사의 특성으로 인하여 학생 개개인의 수준을 파악하고 각자 학생이 더 높은 수준으로 성취하는 것을 목적으로 평가하기보다는, 학생들이 일제고사에서 더 높은 점수를 받을 수 있도록 일제고사와 비슷한 지필검사를 반복적으로 풀게 하는 유혹이 있다. 이처럼 일제고사로 인하여 교실평가가 왜곡되어 버릴 수 있으므로 일제고사를 폐지하자는 움직임이 있는 것이 사실이다. 그러나 일제고사는 집단 간 비교 목적을 훌륭하게 수행하며, 교수·학습은 물론이고 더나아가서 교육과정까지도 바꿀 수 있는 힘이 있다. 이를테면 대표적인 고부담 시험인 대학수학능력시험(이하 수능)에서 제2외국어가 사라지면서 전국 고등학교에서 제2외국어 과목이 없어지게 되고, 그 여파로 전국의 사범대학에서 제2외국어 학과가 축소되는 부작용이 있었다. 이러한 일제고사의 장단점을 충분히 인지하며 일제고사를 어떻게 학생평가로 잘 활용할 수 있을지 숙고할 필요가 있다.

심화 1.1 | 일제고사

일제고사는 주로 집단 간 비교를 목적으로 전국 또는 지역 규모 다수의 학생을 대상으로 같은 날에 일제히 실시되는 표준화 검사다. 일제고사를 통하여 학생의 학력을 파악하고 학교별·지역별 학업성취도를 비교하며 교육 정책에 반영할 수 있다. 그러나 동시에 학교 및 학생의 과도한 경쟁을 유발하며 교육 환경의 차이를 고려하지 않는 불공정한 평가라는 비판으로 인하여, '일제고사'라는 명칭은 현재 공식적인 문서에서는 더 이상 쓰지 않고 있다. 우리나라 초·중등학생 대상의 일제고사로는 국가수준 학업성취도 평가, 시도교육청의 기초학력진단평가 등이 있다.

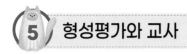

5 형성평가와 교사

앞서 형성평가가 학습을 위한 평가(Assessment for Learning: AfL)로도 불린다고 하였다. 다시 말해, 형성평가를 잘 활용한다면 학생의 학습을 효과적으로 도울 수 있다. 사회 전반에서 증거기반 연구(evidence-based research)의 중요성이 강조되는데, 교실에서도 증거기반(evidence-based) 교육이 진행될 필요가 있다. 즉, 교사가 형성평가 결과를 증거(evidence)로 하여 수업 및 학생지도에 활용해야 하며, 학생 또한 형성평가 결과를 바탕으로 자신의 학습을 적극적으로 관리해야 하는 것이다. 이 절에서는 교수(敎授, instruction)[3] 시작 전, 중, 후 교사의 역할을 형성평가와 연계하여 알아보고, 효과적인 피드백 방법을 고찰하겠다.

1) 형성평가 시 교사의 역할

교수 시작 전 교사가 해야 할 일은 학생들에게 학습목표를 상세하게 제시하는 것이다. 이때 학생들이 잘 이해할 수 있는 언어로 학습목표를 설명하고 학습목표를 학생들과 공유하는 것이 중요하다. 해당 차시에 과제를 내기로 수업설계를 했다면, 과제 및 채점기준을 미리 만들어 교수 시작 전 설명하는 것도 좋은 방법이다. 또는 잘된 과제와 잘못된 과제 예시를 비교·대조하여 보여 주면서 학습목표를 설명할 수 있다. 잘못된 예시를 사용할 때 학생들에게 오개념이 형성되는 것을 우려하여 잘된 예시만 사용하려는 교사들이 있다. 그러나 학생들이 자주 틀리는 잘못된 예시를 보여 주는 것도 필요하다. 잘못된 예시가 반면교사로 작용하여 학생에게 자신의 문제점을 스스로 파악하도록 하는 계기를 제공할 수 있기 때문이다. 이때, 교사가 처음부터 어느 것이 잘된 예시인지 잘못된 예시인지 알려 주지 않고 학생들이 토론을 통하

---

3) 어디부터 어디까지를 '교수'로 보느냐에 대하여 명확하게 합의된 바는 없다. 학자에 따라 수업설계부터 평가까지를 모두 '교수'로 보기도 한다. 이 절에서는 '교수'를 '수업 시간에 교사가 학생에게 가르치는 것'으로 협소하게 정의하겠다.

여 스스로 판단하도록 하는 것도 좋은 전략이 된다. 학생들이 조별 토론에서 채점기준에 따라 예시를 평가하고 각 조의 결과를 전체 토론에서 공유하고 논할 때, 학생들은 보다 적극적으로 학습에 임할 수 있기 때문이다.

교수 중 교사는 퀴즈와 같은 형성평가를 활용하여 학생이 자신의 현재 위치를 알 수 있도록 도와야 한다. 학생들에게 형성평가 결과를 제시할 때 '90점', '참 잘했어요'와 같은 평가적 피드백(evaluative feedback)보다는 무엇을 잘했고 무엇은 개선의 여지가 있다와 같은 설명적 피드백(descriptive feedback)을 줄 것을 권장한다(Black & Wiliam, 1998). 설명적 피드백을 통하여 학생들이 자신의 강점과 약점을 파악하고 무엇을 어떻게 더 해야 하는지 정보를 줄 수 있는 반면, 평가적 피드백은 학습에는 그다지 도움이 되지 않기 때문이다. 같은 맥락에서 교사는 학생이 자기평가를 통하여 목표를 스스로 정하도록 유도함으로써 학생이 스스로 학습에 대한 권한을 가지도록 도와줄 필요가 있다. 물론 학생이 학습에 관한 모든 것을 결정하는 것은 아니다. 이를테면 어떤 주제에 대하여 학생 스스로 자신의 강점과 약점을 평가하고 앞으로 무엇을 더 해야 한다고 판단하도록 한다. 그 후, 그것을 다시 교사가 평가하여 교사와 학생 본인의 의견이 어느 부분에서 일치하고 어느 부분에서 일치하지 않는지 알려주는 방향으로 교사가 학생의 학습을 도와야 하는 것이다.

교수 후 교사는 학생에게 자신의 현재 위치와 학습목표와의 격차가 얼마나 있는지 알리고 그 격차를 좁히기 위하여 어떤 노력을 어떻게 할 수 있을지에 대한 피드백을 제공해야 한다(Chappuis & Chappuis, 2007). 이때 학생이 학습내용을 소화시킬 수 있도록 한 번에 한 가지 요소에 초점을 맞추어 학습을 설계하는 것이 중요하다. 즉, 학습을 하위요소로 나누고 학생이 어려움을 겪는 어떤 하위요소에 집중하여 설명적 피드백을 제공하는 것이다. 또한 학생으로 하여금 자기성찰(self-reflection)을 통해 자신의 학습을 돌아보도록 할 수 있다. 예를 들어, 교사는 '오늘 배운 것 중 두 가지 중요한 것은? 내일 수업에 대한 목표를 하나 말한다면?'과 같은 질문에 대한 답을 학생들로 하여금 매 수업 시간에 작성하도록 할 수 있다. 학생이 포트폴리오[4]를 작성

---

4) 제3장에서 설명하였다.

하는 것 또한 같은 맥락에서 중요하다. 학생들의 자기성찰 결과인 포트폴리오를 제대로 활용하려면 학생은 학습목표를 명확하게 이해하고 어떤 학습 단계를 거쳐 얼마나 왔는지 알아야 하기 때문이다. 학부모-교사 면담 시 학생들을 참여시키는 것도 고려할 수 있다. 학부모-교사 면담을 통하여 학부모뿐만 아니라 학생 본인도 자신의 현재 위치를 인지하는 기회를 한 번 더 얻게 되며, 가정에서의 이해와 지원 또한 자연스럽게 요청할 수 있기 때문이다.

2) 효과적인 피드백 방법

앞서 교사가 형성평가 결과를 활용할 때 학생들에게 평가적 피드백보다는 설명적 피드백을 주는 것이 중요하다고 하였다. Brookhart(2008)를 참고하여 효과적인 피드백(feedback) 방법을 설명하겠다. 첫째, 교사가 학생의 특징을 파악하는 것이 중요하다. 학생의 발달 수준을 고려하여 언제, 어느 정도로 피드백을 줄 것인지를 결정해야 하기 때문이다. 특히 교사의 관점에서 학생이 잘못한 것을 모두 한꺼번에 고치려고 할 수 있는데, 그보다는 학생의 관점에서 학생의 단계에 맞춰 각 단계에서 개선해야 할 부분에 초점을 맞추는 것이 낫다. 즉, 그 단계의 문제가 개선되었다면 다음 단계로 넘어가는 식으로 순차적으로 피드백을 주는 것이 더 효과적이다.

둘째, 과제에 대한 피드백을 줄 때, 과제 결과(예: 산출물)뿐만 아니라 그 과제를 수행하는 과정에 초점을 맞추어 구체적으로 피드백을 주는 것이 좋다. 이를테면 '참 잘했어요', '95점'과 같은 교사의 칭찬은 결과에만 초점을 맞춘 구체적이지 않은 피드백이다. 이러한 피드백을 받을 경우 학생의 기분은 좋을 수 있지만, 학생 입장에서 어떤 부분이 잘되었고 어떤 부분이 그렇지 못한지는 알기 힘들다. 교사는 가능한 한 과제 수행 과정에 대한 자세하고 구체적인 피드백을 제공함으로써 학생들이 다음 단계에 무엇을 어떻게 나아가야 할지를 스스로 파악하도록 도와야 한다.

셋째, 피드백 방법은 서면/구술 또는 개인/집단으로 다양한데, 가장 좋은 피드백은 개별 학생과의 학습 관련 대화 중 나올 수 있다. 즉, 교사가 학생과의 상호작용 없이 학생의 과제를 보면서 눈에 띄는 사항들을 적는 것보다는, 과제를 수행하면서 새롭게 알게 된 것이 무엇인지, 왜 그렇게 생각하는지, 해당 단계에서 왜 그렇게 결정했는지 등을 학생과 대화하며 직접 물어보고 교사의 의견을 제시하는 것이 더 효과적인 피드백이 될 수 있다.

넷째, 피드백은 학생들이 알아들을 수 있는 분명하고 긍정적인 메시지로 줄 때만 효과가 있다. 즉, 피드백은 구체적이고 긍정적이어야 한다. 교사가 그럴 의도가 없었는데도 의사소통이 잘못되어 학생이 잘못 받아들이게 되면 오히려 학습에 악영향을 미칠 수 있다. 특히 교사가 학생 또는 학생의 과제를 무시하는 발언을 한다면 학생은 학습에 흥미를 느낄 수 없고 오히려 반감을 가지게 된다. 교사는 학생의 과제가 학습목표에 얼마나 도달했는지, 장점이 무엇이며 어떤 점을 더 개선해야 하는지를 구체적으로 알려 주며, 학생이 스스로 다음에 무엇을 더 해야 하는지 판단할 수 있도록 돕는 역할을 맡는다는 것을 명심해야 한다.

관련하여, 교사는 판단(judgment)하기보다는 기술(description)하는 피드백을 제공해야 한다. 특히 학업성취도가 낮은 학생은 학습목표에서 제시하는 성취기준에 모두 도달하지 못하는 경우가 빈번하다. 그러나 학업성취도가 낮은 학생이라도 본인의 이전 수준과 비교한다면 학습에서 개선된 부분을 찾을 수 있다. 교사는 그 개선점에 주목하며 학생에게 피드백을 제공하고, 그다음 단계에서 할 수 있는 과제를 제안해야 한다. 이러한 과정을 통하여 성공경험이 누적된다면 학생들이 점차 학습에 흥미를 느끼고 성취도가 향상될 수 있다.

6 교육과정과 수업, 평가(기록)의 연계

한때 '교육과정-수업-평가 일체화'라는 용어가 대두되며 특히 학교 현장에서 그 관심이 뜨거운 때가 있었다. 경기도교육청에서는 2015년부터 '교육과정-수업-평가의 유기적 연계', '교육과정-수업-평가 일체화', 또는 '교육과정-수업-평가의 통합적 실천'과 같은 용어를 사용해 왔으며, 2016년에 정책으로 구체화하였다(김덕년,

2017). 이후 학교생활기록부에 학생의 평가결과를 기록하는 것까지 일관성 있게 실시되어야 한다는 중요성이 대두되면서 교육과정-수업-평가-기록 일체화라는 용어가 학교현장에서 많이 쓰이게 되었다.

교육과정, 수업, 평가(기록)는 원래 유기적으로 연계되어 서로 영향을 주고받는다. 그런데 교육 현장에서 교육과정, 수업, 평가가 분리되는 문제가 발생하고 있다. 특히 '평가' 부분으로 인하여 문제가 대두된다. 다음과 같은 흥미로운 예시가 있다. '농구를 통해 자기관리 능력과 대인관계 능력을 향상시키기'를 학습목표로 하여 체육 수업 시간에 학생들이 조별활동을 통해 농구 경기 전략도 수립하고, 경기에 적용하며, 응원을 위하여 깃발도 제작하고, 농구 기능 또한 향상시켰다. 그러나 정작 평가는 '개별 학생의 자유투 성공 횟수'로 하여 자유투 성공 횟수가 많은 학생이 높은 등급을 받게 된다면(김덕년, 2017)? 학습목표와 수업까지는 연계가 되었으나, 평가 부분에서 뚝 끊어져 버리는 상황이다. 즉, 교육과정-수업-평가가 유기적으로 연계되지 못하여 문제가 생긴 것이다.

교육과정과 수업, 평가가 잘 연계되기 위하여 현장교사의 이해와 노력이 필수적이다. 즉, 교사는 자신이 가르치는 학생이 중심이 되도록 교육과정을 재구성해야 하며, 교육과정이 재구성됨에 따라 수업 또한 바뀌어야 한다. 마찬가지로 수업이 바뀌니 평가 또한 그에 걸맞게 변해야 하는 것이다. 앞선 예시와 같이 수업은 바뀌었으나 평가는 이전처럼 진행한다면 수업과 평가가 분절되어 버린다. 교육과정-수업-평가 연계가 잘되기 위한 여러 가지 요소가 있겠으나, 평가 부분에서는 형성평가와 수행평가(또는 과정중심평가)가 교육과정과 수업, 평가의 연계와 가장 관련된다고 할 수 있다. 교수·학습 과정에서 학생들의 현재 상황을 파악하고 다음 단계에서의 교수·학습을 결정하는 데 형성평가가 큰 역할을 하기 때문이다. 이 장에서 설명한 형성평가의 특징, 형성평가 시 교사의 역할, 효과적인 피드백 방법 등을 깊이 이해하여 현장에서 교육과정과 수업, 평가가 잘 연계될 수 있도록 적용하기 바란다.

연습문제

1. (1) 학창시절 경험했던 형성평가에 대하여 조원과 토론하고 그 형성평가가 잘되었다면 어떤 부분에서 잘되었는지, 잘되지 않았다면 어떤 부분에서 잘되지 않았는지 의견을 나누시오.

(2) 그 형성평가를 좀 더 개선하려면 어떤 방법이 가능한지 토론하시오.

2. 학생(또는 교사)으로서의 경험을 떠올리며 총괄평가 장면 한두 가지를 설명하고, 이 중에 형성적으로 이용할 수 있는 것이 있는지, 있다면 어떻게 이용할 수 있는지 설명하시오.

3. 본인이 다양한 성취도의 학생이 섞인 30명으로 구성된 반을 가르치는 교사라고 가정하자. 두세 명의 학습부진 학생에게 어떻게 긍정적으로 피드백을 줄 수 있을지, 그리고 이러한 학생을 위하여 어렵지 않은 다음 단계를 어떻게 설정하여 제시할 수 있을지 논하시오.

4. 본인이 다양한 성취도의 학생이 섞인 30명으로 구성된 반을 가르치는 교사라고 가정하자. 학습목표를 모두 달성하는 서너 명의 성취도가 높은 학생에게 어떠한 피드백을 줄 수 있을지 논하시오.

5. 교육과정, 수업, 평가 연계가 잘된 수업을 구상해 보고 현재 진행 중인 수업(또는 과거에 수강했던 수업)에서 교육과정과 수업, 평가 연계의 장애물이 무엇인지 그리고 그 장애물을 어떻게 극복할 수 있을지 토론하시오.

제2장

문항의 종류와 특징

➕ 주요 용어

선택형 문항, 선다형 문항, TF 문항, 연결형 문항, 문두, 답지, 정답지, 오답지,
구성형 문항, 단답형 문항, 서술형/논술형 문항, 분석적 채점, 총체적 채점,
채점기준표, 삽입형 문항, 그리드 문항, 인터랙티브 과제

🔍 학습목표

1. 문항의 종류와 특징을 이해하고 설명할 수 있다.
2. 자신의 전공 영역에서 선택형 문항과 구성형 문항을 개발하고 수정할 수 있다.

　국제학업성취도평가인 PISA(Programme for International Student Assessment)[1]의 학생 인지적 특성을 측정하기 위한 검사 문항을 크게 선택형 문항(selected-response items), 구성형 문항(constructed-response items), 그리고 인터랙티브 과제(interactive tasks)[2]의 세 가지로 구분할 수 있다. 선택형 문항은 수험자가 복수의 답지에서 정답을 '선택'하는 문항이고, 구성형 문항은 수험자가 답안을 직접 '구성'하여 만들어 내야 하는 문항이다. 인터랙티브 과제는 디지털 플랫폼(컴퓨터 포함)에서 시뮬레이션(simulation, 가상 실험), 드래그 앤 드롭(drag and drop) 등의 기능을 활용하여 실제 일어날 법한 가상 환경에서의 문제해결력을 측정하는 새로운 형태의 문항으로, 앞으로 점차 그 비중이 늘어날 것으로 예상된다.

　이 장에서는 우리나라 초·중등 지필고사에서 주로 이용되는 문항인 선택형 문항과 구성형 문항에 초점을 맞추어 문항의 종류와 특징을 설명할 것이다. 구체적으로 선택형 문항을 다시 선다형, TF, 연결형으로, 그리고 구성형 문항을 단답형과 서술형/논술형으로 나누어 예시와 함께 설명하겠다. 그리고 특수한 문항 형태인 삽입형 문항, 그리드 문항 등을 언급하며, 인터랙티브 과제 예시도 함께 다룬다. 마지막으로, 실제 문항 제작 시 가이드라인으로 삼을 수 있도록 문항 수정 과정을 다양한 예시와 함께 제시하겠다.

1　문항 및 검사 개발 절차

　문항 종류와 특징을 설명하기 전 문항 및 검사 개발 절차를 간략하게 설명하겠다. 첫째, 출제자는 출제 전 검사 목적을 명확하게 할 필요가 있다. 이를테면 검사 결과를 통하여 학생 간 개별 점수를 비교하는 데 쓸 것인지, 아니면 학생이 학습목표에

---

1) OECD(경제협력개발기구) 주관으로 읽기, 수학, 과학의 세 분야에서 세계 각국의 만 15세 학생을 대상으로 3년마다 실시한다.
2) PISA의 interactive problem solving에서 활용되는 문항(items), 문제(problems), 과제(tasks) 등을 총칭한 것이다.

얼마나 도달하였는지를 알아보는 것이 목적인지에 따라 검사가 달라지기 때문이다.

둘째, 교육목표를 분석하고 진술해야 한다. 이 단계는 교육목표가 명확히 설정되어 있지 않을 경우 특히 필수적이다. 초·중등학교에서는 초·중등 교육과정의 성취기준을 활용하면 된다. 예를 들어, '[6수01-01] 덧셈, 뺄셈, 곱셈, 나눗셈의 혼합 계산에서 계산하는 순서를 알고, 혼합 계산을 할 수 있다.', '[6수01-06] 크기가 같은 분수를 만드는 방법을 이해하고, 분수를 약분, 통분할 수 있다.'와 같은 성취기준을 수업 종료 후 학생들의 종착점 행동으로 쓸 수 있다.

셋째, 평가내용 분류표(초등) 또는 문항정보표(중등)를 작성한다. 평가내용 분류표와 문항정보표는 교과 학습목표에 따른 성취기준과 평가항목을 체계적으로 정리한 것으로, 검사 청사진(test blueprint) 역할을 한다. 평가내용 분류표에서 교과 단원, 내용 영역, 성취기준, 평가내용, 평가요소 및 평가기준을 제시한다. [그림 2.1]은 초등학교 4학년 수학과의 평가내용 분류표 예시다. 내용 영역에 속하는 성취 기준을 중심으로 지식·이해, 과정·기능, 가치·태도의 범주를 평가요소로 구성할 수 있다. [그림 2.2]는 고등학교 1학년 정보과의 문항정보표 예시다. 문항별로 내용영역, 성취기준, 난이도 배점, 정답 등을 기입하도록 되어 있다.

단원명	내용 영역	성취기준	평가내용	평가요소	평가 기준
1. 덧셈과 뺄셈	수와 연산	[4수01-03] 세 자리 수의 덧셈과 뺄셈의 계산 원리를 이해하고 그 계산을 할 수 있다.	받아내림이 한 번 있는 세 자리 수의 뺄셈 결과를 어림하고 계산하기	● 세 자리 수의 뺄셈 결과 어림 ● 받아내림이 한 번 있는 세 자리 수의 뺄셈 계산	상 중 하

[그림 2.1] 평가내용 분류표 예시(초등학교 4학년 수학)

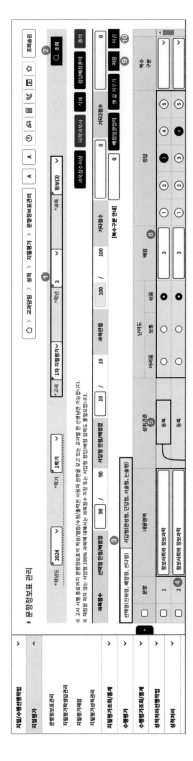

[그림 2.2] 문항정보표 예시(고등학교 1학년 정보)

넷째, 평가내용 분류표/문항정보표에 따라 문항(또는 수행평가 과제)을 출제하고 채점기준표(scoring rubric)를 만든다. 다섯째, 여러 번의 검토 및 수정을 거쳐 문항(또는 수행평가 과제)을 확정한다. 이때 내용타당도를 다시 고려해야 한다. 여섯째와 일곱째, 최종 문항(또는 수행평가 과제)을 조합하여 검사를 구성하고 시행한다. 문항 및 검사 개발 절차를 정리하면 다음과 같다.

① 검사 목적을 명확히 하기
② 교육목표 분석 및 진술
③ 평가내용 분류표(초등)/문항정보표(중등) 작성
  -평가내용, 평가요소 및 기준 등을 결정
④ 문항/수행평가 과제 출제 및 채점기준표 제작
⑤ 문항/수행평가 과제 검토 · 수정 후 확정
  -내용타당도(문항 내용의 적절성) 등 고려
⑥ 검사 구성
⑦ 검사 시행

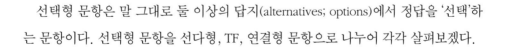

2 선택형 문항

선택형 문항은 말 그대로 둘 이상의 답지(alternatives; options)에서 정답을 '선택'하는 문항이다. 선택형 문항을 선다형, TF, 연결형 문항으로 나누어 각각 살펴보겠다.

1) 선다형 문항

선택형 문항 중 가장 보편적으로 이용되어 온 선다형 문항(multiple-choice item)은 교사가 제작한 중간 · 기말고사부터 국가수준의 학업성취도평가를 비롯하여 대학

수학능력시험(이하 수능), 공무원 시험 등의 다양한 시험에서 널리 이용되어 오고 있다. 선다형 문항에서는 문두(stem)에서 문제가 진술되며, 그다음 선택지 또는 답지가 제시되어 학생이 정답지를 고르도록 한다. 〈예 2.1〉에서 '다음은 50m 달리기 대회의 기록이다. 가장 느린 선수는 몇 번인가?'가 문두이며 ①, ②, ③, ④, ⑤가 답지(또는 선택지)가 된다.

예 2.1 다음은 50m 달리기 대회의 기록이다. 가장 느린 선수는 몇 번인가?

선수 번호	1번	2번	3번	4번	5번
기록	9초	10초	8초	11초	12초

① 1번   ② 2번   ③ 3번
④ 4번   ⑤ 5번

선다형 문항은 문두에 따라 정답형, 최선답형, 부정형 등으로 다양하게 변용되어 쓰일 수 있다. 〈예 2.1〉은 정답을 고르도록 하는 문항이므로 정답형 선다형 문항이라고 할 수 있다. 〈예 2.2〉와 〈예 2.3〉은 각각 최선답형, 부정형 선다형 문항이다. 이때 '않은'에 밑줄을 치거나 굵게 써서, 학생들이 내용을 알고 있는데도 실수로 틀리게 답하지 않도록 해야 한다.

예 2.2 지진 발생 시 대처요령으로 가장 적절한 것은?

① 창문 옆에 붙어 서서 몸을 보호한다.
② 고층 건물인 경우 엘리베이터를 이용해 대피한다.
③ 신속한 이동을 위해 신발을 신지 않고 바로 나간다.
④ 문틀이 변형되어 문이 열리지 않을 수 있으므로 문을 열어 둔다.
⑤ 건물, 가로등, 전신주 등과 같은 보호물과 가까운 곳에 대피한다.

예 2.3   토의에 참여할 때 지켜야 할 태도로 적절하지 **않은** 것은?

① 다른 사람의 의견을 경청한다.
② 주제에 벗어난 말은 하지 않는다.
③ 다른 사람의 발언 시 끼어들지 않는다.
④ 의견을 뒷받침하기 위해 거짓 정보를 활용한다.
⑤ 다른 사람의 의견을 수용하고, 타협점을 찾으려고 노력한다.

우리나라 학생들에게 '시험'을 떠올리라고 했을 때 가장 많이 연상되는 문항 형태는 선다형 문항일 것이다. 수능의 영향이 막강하기 때문에 그러할 수 있다. 선다형 문항으로 이루어진 지필고사는 교과가 추구하는 본질보다는 정답을 찾는 요령에 치중하게 만든다는 비판을 받고 있다. 이로 인해 실제 생활에 필요한 종합적인 문제해결력과 창의성 함양이 저해된다는 지적이 많다.

그러나 선다형 문항은 우리나라 수능뿐만 아니라, 미국 SAT, ACT, TOEFL, GRE 등의 고부담 표준화검사에서 필수적으로 쓰이는 문항 유형이다. 이러한 고부담 시험에서 선다형 문항을 계속 써 온 데는 합당한 이유가 있다. 우선, 선다형 문항은 잘 만들기만 하면 매우 훌륭한 평가도구로 기능할 수 있다. 좋은 선다형 문항은 매력적인 오답지로 구성되는데, 매력적인 오답지는 공부를 덜 한 학생이 선택하게 되는 오답을 의미한다. 이러한 매력적인 오답지를 만들 수 있다면, 선다형 문항도 구성형 문항 못지않게 변별력을 높일 수 있다. 즉, 선다형 문항의 단점으로 지적되는 추측에 의한 정답 맞히기 확률을 상당히 낮출 수 있는 것이다.

다음으로, 선다형 문항은 넓은 교과 영역을 측정할 수 있다는 장점이 있다. 예를 들어, 하나의 오지선다형 문항은 다섯 개의 TF 문항과 동일한 효과를 낼 수 있다. 왜냐하면 각각의 선다형 문항의 답지에 교과 내용을 담을 수 있기 때문이다. 따라서 제한된 검사 시간에 소수의 문항만 제시할 수 있는 서술형/논술형 문항과 비교할 때, 선다형 문항은 같은 시간에 상대적으로 많은 수의 문항을 제시할 수 있어 넓은 교과 영역을 구석구석 다룰 수 있다.

선다형 문항의 또 다른 큰 장점으로, 채점의 객관성을 들 수 있다. 오지선다의 경우 다섯 가지 답지 중 하나가 정답이므로 초등학생이 채점하든, 대학교수가 채점하든 실수하지 않는 한 채점 결과는 같을 수밖에 없다. OMR 카드를 이용한 기계식 채점 또한 쉽기 때문에 짧은 시간 동안 다수의 답안 채점이 가능하다. 즉, 채점의 효율성이 선다형 문항의 큰 장점이 된다.

그러나 이러한 선다형 문항의 장점은 당연하게도 잘 만들어진 경우에 한하여 유효하다. 문제는 선다형 문항을 잘 만들기가 쉽지 않다는 것이다. 전문적인 내용 및 평가 지식으로 무장한 문항 출제자가 실제 훈련을 통해 충분한 경험을 쌓아야만 좋은 선다형 문항을 만들 수 있기 때문이다. 선다형 문항은 채점이 쉬운 대신 제작이 어렵다.

2) TF 문항

가장 단순한 선택형 문항으로 TF(True-False; ○×, 진위형) 문항이 있다. TF 문항은 하나의 진술을 제시하고 그 진술이 참인지 거짓인지 선택하도록 하는 문항이다(〈예 2.4〉). 따라서 참인지 거짓인지가 분명한 사실에 대한 단순한 진술을 다룬다. TF 문항은 선택형 문항으로서 채점이 쉬우며, 단순한 지식 획득 여부를 알아볼 때 매우 유용한 문항 형식이다.

TF 문항에서는 선다형 문항의 답지 하나하나가 독립된 문항이 될 수 있으므로 문항 수가 크게 늘어날 수 있다. 이를테면 5지선다형 한 문항(〈예 2.5〉)이 TF 문항으로는 다섯 개가 되므로(〈예 2.4〉), TF 문항만으로 이루어진 지필고사는 문항 수가 50~100개 이상인 경우가 많다. 반면, 선다형 문항에서는 단순히 진술이 참인지 거짓인지 묻는 형식을 넘어 비슷한 내용의 TF 진술을 묶어 한 문항으로 만들어야 한다. 따라서 TF 문항보다 선다형 문항을 만드는 것이 더 어렵다.

> **예 2.4** 학교 운동시설의 안전한 사용방법으로 옳으면 T(True), 그렇지 않으면 F(False)를 고르시오.
>
> (1) (T, F) 축구 골대에 올라가 매달리지 않는다.
> (2) (T, F) 정글짐에 더 빠르게 오르기 대결을 한다.
> (3) (T, F) 체육관 바닥이 미끄럽지 않은지 확인한다.
> (4) (T, F) 뜀틀 시 안전 매트가 깔려 있는지 확인한다.
> (5) (T, F) 농구 골대가 잘 서 있는지 온 힘을 다해 당겨 본다.

> **예 2.5** 학교 운동시설의 안전한 사용방법으로 적절한 것은?
>
> ① 축구 골대에 올라가 매달려 본다.
> ② 정글짐에 더 빠르게 오르기 대결을 한다.
> ③ 뜀틀 시 안전 매트가 깔려 있는지 확인한다.
> ④ 농구 골대가 잘 서 있는지 온 힘을 다해 당겨 본다.
> ⑤ 농구 경기 시 체육관 바닥이 충분히 미끄럽도록 물을 뿌린다.

TF 문항은 하나의 진술을 읽고 T 또는 F를 고르는 문항이므로 기초적 자료에 근거하여 단순한 문장으로 진술하는 것이 좋다. 부정문이나 이중부정문으로 출제하여 학생을 헷갈리게 하지 않는 것이 좋으며, 정답이 확실하게 참 아니면 거짓이어야 하므로 논란의 여지가 있는 주장이나 이론을 출제하는 것은 지양해야 한다. TF 문항은 정답이 참 아니면 거짓이기 때문에 내용을 전혀 몰라도 산술적인 정답 확률이 50%로 추측 요인이 높게 작용하는 문제점이 있다. 따라서 정답에 패턴을 만들어 학생들이 내용을 몰라도 정답을 추측할 수 있도록 하면 안 된다. 복수의 TF 문항을 출제할 경우 정답 비율을 비슷하게 하며 T와 F를 무선으로 배열하는 것이 좋다. 또한 '전혀', '항상'과 같은 특수한 한정사, 접미어, 수식어를 사용하여 학생들이 쉽게 정답을 추측하지 못하도록 해야 한다.

정리하면, TF 문항은 문항 제작과 채점이 쉬우며, 정해진 검사 시간 내 다수의 문항을 출제함으로써 넓은 교과 영역을 측정할 수 있다는 장점이 있다. 그러나 기초적 자료에 근거한 단순한 진술로 문제를 출제하므로 기억·암기에 의존하는 능력을 측정할 가능성이 높다. 선택형 문항이므로 채점의 객관성이 담보되는 점은 좋지만, 한편으로는 비교적 쉽게 정답을 추측하여 맞힐 수 있다는 단점이 있다. 따라서 문항변별도[3]와 학생의 학습동기가 감소될 수 있다.

3) 연결형 문항

연결형 문항(matching item)은 비슷한 내용을 다루는 것들을 묶어 왼쪽, 오른쪽에 배열하여 연결하도록(혹은 짝짓도록) 하는 문항이다. 이질적인 내용의 선택지가 제시되는 경우 너무 쉬운 문항이 될 수 있으므로 주의해야 하고, 연결형 문항 내에서 답지에 해당하는 오른쪽 선택지는 더 많은 수를 제시하는 것이 좋다(〈예 2.6〉). 예를 들어, 왼쪽에는 동물들의 얼굴을, 오른쪽에는 동물들의 발을 배열하여 동물의 얼굴과 발을 연결하도록 하는 연결형 문항이 있다고 하자. 이때 선택지 중 동물이 아닌 식물이 하나 섞여 있다면 너무 쉬운 문항이 되므로 이질적인 내용은 연결형 문항에서 배제해야 한다. 또한 동물의 얼굴과 발을 같은 수로 제시할 경우 가장 마지막 선택은 답을 몰라도 자동적으로 답이 나오게 된다. 따라서 동물의 발을 한두 개 더 제시함으로써 추측에 의하여 정답을 맞힐 확률을 어느 정도 낮출 수 있다.

연결형 문항은 선택형 문항의 한 유형으로 채점이 쉬우며, 유사한 개념들을 비교하여 구분하는 능력을 측정하기에 좋다. 그러나 TF 문항과 비교 시 유사한 개념들을 비교하여 구분하도록 문항을 제작하기 위하여 많은 시간이 소요되는 편이다.

---

3) 제8장에서 설명하였다.

예 2.6 길이가 같은 음표와 쉼표를 연결하시오.

(1) ♪ ·

(2) ♩ ·

(3) ♩ ·

(4) ♪ ·

· ⓐ ▬

· ⓑ 𝄾

· ⓒ 𝄾

· ⓓ 𝄾

· ⓔ ▬

4) 선택형 문항의 특징 및 제작 관련 주의사항

(1) 선택형 문항의 특징

선택형 문항은 단시간 내에 많은 문항을 제시할 수 있어 폭넓은 영역을 평가할 수 있으며, 객관적이고 효율적인 채점이 가능하기 때문에 대규모 검사에서 특히 유용하게 쓰인다. 그러나 채점이 쉬운 대신 제작은 쉽지 않다. 특히 선다형 문항의 경우 매력적인 오답지를 만들어야 학생이 얼마나 깊이 이해하고 있는지를 평가할 수 있는데, 이는 전문적인 내용 및 평가지식으로 무장한 출제자가 실제 훈련을 통해 충분히 경험을 쌓은 후에야 가능하다. 또한 추측으로 정답을 맞힐 수 있고, 상대적으로 고차원적 사고력을 측정하는 것이 어려운 면이 있다.

(2) 선택형 문항 제작 관련 일반적인 주의사항

선다형, TF, 연결형 문항과 같은 선택형 문항 제작 시 주의사항을 정리하면 다음과 같다. 선택형 문항 제작 시 '않은'과 같은 부정문에 밑줄을 치거나 굵게 표시하여 학생들이 실수하지 않도록 해야 한다. 교재의 내용을 그대로 인용하여 출제함으로써 기억력 테스트가 되지 않도록 해야 한다. 문항의 문두와 답지를 간략하고 명확한 단어로 서술해야 한다. 이를테면 답지에 반복되는 어구는 문두에서 써 주는 것이 좋다. 선택형 문항은 추측 요인이 작용할 수 있으므로 학생들이 내용을 몰라도 답지를 분석하여 정답을 유추하거나, 정답이 특정 패턴을 유지하도록 제작해서는 안 된다. 이를테면 정답이 ①, ②, ③, ④, ⑤ 패턴을 반복하도록 정답지를 구성해서는 안 된다. 또한 정답 번호가 특정 번호에 치우치지 않도록 모든 문항 출제 후 정답지 수를 세고 정답지를 조정할 필요가 있다.

 ## 3 구성형 문항

구성형(constructed-response) 문항은 선택지로부터 정답을 선택하는 것이 아니라, 학생이 답안을 직접 구성하여 만들어 내는 문항이다. 단답형 문항과 서술형/논술형 문항이 구성형 문항의 대표적인 예가 되겠다. 단답형 문항은 말 그대로 간단하게 답을 구성하도록(또는 문장을 완성하도록) 하는 문항으로, 답안이 몇 개의 단어(숫자) 혹은 한 문장 정도로 제한된다는 특징이 있다. 따라서 기억/회상 또는 개념에 근거한 단순한 문제 해결과 같은 상대적으로 덜 복잡한 인지 수준을 측정할 때 주로 활용된다. 반면, 분석적/비판적 사고, 종합 및 평가, 창의적 문제 해결 능력 등의 높은 인지 수준의 경우, 서술형/논술형 문항으로 측정하는 경우가 많다.

1) 단답형 문항

구성형 문항은 선택형 문항과 달리 답지가 주어지지 않고 학생들이 스스로 답안을 구성해야 하는 문항이다. 따라서 요행으로 답을 맞힐 확률이 선택형 문항에 비하여 현저하게 낮아진다. 구성형 문항 중 가장 간단한 형태는 단답형(short-answer) 문항이다. 〈예 2.7〉은 정답이 단어인 단답형 문항 예시다.

예 2.7 다음에서 설명하는 특징을 모두 지닌 동물의 이름을 쓰시오.

> - 나는 목이 길어요.
> - 나는 나뭇잎을 먹어요.
> - 나는 아프리카의 초원에서 살아요.

[   ]

단답형 문항은 말 그대로 정답이 한두 개의 짧은 단어 또는 숫자로 구성되는 문항인데, 괄호 안을 채워 넣는 괄호형(cloze), 그리고 문장을 완성하도록 하는 완성형(completion)도 비슷한 문항 유형으로 볼 수 있다. 〈예 2.8〉과 〈예 2.9〉는 완성형 및 괄호형 문항 예시다.

예 2.8 다음 글의 빈칸에 알맞은 단어를 쓰시오.

> 식물의 광합성 과정에서 _____은(는) 빛 에너지를 이용하여 _____을(를) 생성합니다.

[   ]

예 2.9 다음 ㉠에 들어갈 알맞은 말을 쓰시오.

> **대한민국 헌법 제11조 제1항**
> 모든 국민은 법 앞에 (㉠)하다. 누구든지 성별·종교 또는 사회적 신분에 의하여 정치적·경제적·사회적·문화적 생활의 모든 영역에 있어서 차별을 받지 아니한다.

[   ]

단답형 문항은 여러 문장을 써야 하는 서술형/논술형 문항보다는 채점이 간단하지만, 선택형 문항과 비교할 때는 여전히 채점이 쉽지 않다. 다음 단답형 문항의 예시들은 문제에서 어떻게 묻느냐에 따라서 답이 달라지며 그에 대한 채점 또한 달라진다는 것을 보여 준다. 출제자가 깊이 생각하지 않고 출제한 문항이 〈예 2.10〉이다. 출제자는 정답을 '4' 또는 '4시'라고 생각하고 출제했는데, A 학생이 'Four'라고 적고 B 학생이 'for'를 적었다고 하자. A 학생은 정답이라고 해도 B 학생의 답안은 어떻게 채점하면 될까?

만일 〈예 2.11〉과 같이 출제했다면 B 학생은 오답을 한 것이라고 쉽게 채점할 수 있다. 큰 고민 없이 〈예 2.12〉와 같이 출제했다면 어떻게 채점하면 될까? '숫자로' 적으라고 했지만 오히려 더 어렵게 영어 알파벳으로 답을 쓴 A 학생은 점수를 받을 수 있을지, 숫자로 썼으면 맞힐 수 있었을 텐데 알파벳을 틀리게 쓴 B 학생의 경우는 어떻게 채점해야 할지 혼란스러울 수 있다. 〈예 2.11〉과 〈예 2.12〉에서 각각 'Four'와 '4'만을 정답으로 처리하기로 하고, 이를 바탕으로 미리 채점기준표를 만들어 두었다면 채점 시의 고민이 줄어들 것이다. 특히 알파벳에 대한 '쓰기' 영역을 평가하는 경우, 정답은 'Four'만 가능하기 때문이다.

예 2.10 [영어 듣기 문항] 둘의 대화를 듣고 답하시오. 영수는 수미에게 몇 시까지 공원에 오라고 했나요?

_____

예 2.11 [영어 듣기 문항] 둘의 대화를 듣고 답하시오. 영수는 수미에게 몇 시까지 공원에 오라고 했나요? (영어 알파벳으로 쓰시오.)

_____ O'clock

예 2.12 [영어 듣기 문항] 둘의 대화를 듣고 답하시오. 영수는 수미에게 몇 시까지 공원에 오라고 했나요? (숫자로 쓰시오.)

_____ 시

상대적으로 채점이 쉬울 듯한 수학이나 과학 문항의 경우에도 단답형 문항 채점은 그리 간단하지 않을 수 있다. 예를 들어, 문항에서 소수점 몇째 자리까지 계산하라는 조건을 붙이지 않았다면, 소수점 둘째까지는 맞게 구했는데 소수점 셋째부터 틀린 학생이 있을 경우 답안 채점이 상당히 힘들어진다. 과학 문항의 경우 측정 단위가 문항에서 명시되어 있지 않았다면 '1'(톤)도 맞고 '1000'(킬로그램)도 정답으로 처리할 수 있다.

정리하면, 단답형 문항은 선택형 문항과 비교 시 요행으로 답을 맞힐 확률이 낮으며 문항 제작이 수월한 편이다. 서술형/논술형 문항과 비교 시 답안 작성에 있어 문장력에 의한 효과를 배제할 수 있고 채점의 객관성 또한 높다. 그러나 정답이 여러 개일 수 있고, 단순한 지식, 개념, 사실 등을 위주로 문항을 출제하기 쉬워서 고등정신능력을 측정하지 못한다는 비판이 있다.

2) 서술형/논술형 문항

단순 지식, 기억에 의존한다고 비판을 받는 단답형 문항과 비교 시 서술형/논술형 문항은 분석, 종합 등의 고등정신능력을 측정할 수 있다는 찬사와 기대를 받고 있다. 그러나 서술형/논술형 문항을 출제하는 것만이 능사는 아니다. 먼저, 서술형/논술형 문항은 선택형 문항으로 측정하기 어려운 내용 및 기능(예: 분석, 종합)으로 구현해야 한다. 따라서 '나열하시오.', '이야기해 보시오.'와 같은 지시문보다는 '비교·분석하시오.', '의견을 밝히고 그 이유를 논하시오.'와 같은 지시문이 상대적으로 더 적절하다. 또한 서술형/논술형 문항은 채점이 쉽지 않다. 채점까지 고심하여 출제하지 못한다면, 서술형/논술형 문항은 오히려 선택형 문항이나 단답형 문항보다 못할 수 있다는 점을 주의해야 한다. 서술형/논술형 문항 출제 시 주의사항을 구체적으로 살펴보겠다.

(1) 서술형/논술형 문항 출제 시 주의사항

구성형 문항은 선택형 문항과 장단점이 반대인 경우가 많다. 구성형 문항으로 분류되는 서술형/논술형 문항은 문항 수가 제한적이다. 이를테면 한 시간짜리 검사에서 선택형 또는 단답형 문항은 수십 개를 출제할 수 있다. 특히 선다형 문항의 경우 정해진 시간 내에 많은 수의 문항을 제시할 수 있고, 한 문항당 여러 개의 답지가 있어서 학습내용 및 목적 도달 여부를 포괄적으로 측정할 수 있다. 반면, 서술형/논술형 문항은 문항 내용과 난이도에 따라 다르지만 네댓 개 정도가 최대일 것이다. 서술형/논술형 문항으로만 출제하는 경우 학습내용을 골고루 다루기가 어려울 수 있다. 따라서 일정 기간 내 학습한 내용을 확인하기 위한 검사라면, 한두 개의 서술형/논술형 문항으로 포괄적인 내용을 다루기보다는 이를 작은 단위로 쪼개어 여러 문항으로 제시하는 것이 바람직하다.

또한 서술형/논술형 문항은 무엇을 묻는 것인지가 명확해야 한다. 물론 이는 선택형 문항에서도 마찬가지이지만, 서술형/논술형 문항의 경우 특히 요점을 분명하게 제시하는, 구조화된 질문이 필요하다. 왜냐하면 질문의 요점을 답지 등에서 단서로 찾아볼 수 있는 선택형 문항과 달리 서술형/논술형 문항은 질문만이 제시되기 때문이다. 괴담처럼 내려오는 이야기로, 옛날 모 대학 법학과 교수님은 '법이란 무엇인가?'를 매 학기 출제하셨는데, 이 한 문항을 칠판에 쓰고는 학생들에게 알아서 답을 제출하라고 했다고 한다.[4] 출제자는 문항을 받아 든 학생들이 어떤 답을 써야 할지 막막해하지 않도록 서술형/논술형 조건을 분명하게 제시해야 한다. 이를테면 행정법, 민법, 형사소송법과 같은 법의 종류를 써야 하는 것인지, 아니면 법이 본질적으로 무엇인지를 논해야 하는 것인지, 그리고 이때 자연법, 관습법까지 포함되는지 등을 문항에서 명료하게 밝혀야 한다. 그래야 학생들을 공정하게 비교할 수 있으며, 내용을 알고 있음에도 불구하고 답안 방향을 잘못 잡아서 불이익을 받는 경우를 줄일 수 있다.

서술형/논술형 문항 출제 시 다른 주의할 점은 다음과 같다. 이를테면 '학교에 도

---

[4] '법이란 무엇인가?' 기말고사에서 어떤 학생이 답안 한가득 한자로 '法'을 쓰고 5분만에 나왔는데, 성적이 A+가 나왔다고 한다. 이를 항의하는 다른 학생들에게 이 교수님은 '거기 틀린 말이 어디 있더냐?'라고 답했다고 한다. 이를 유추해 볼 때, 이 교수님은 채점 시 'penalty for guessing', 즉 '틀린 내용에 대한 감점'을 적용한 것으로 보인다.

서관과 체육관 중 어느 것을 짓는 것이 좋을지 견해를 논리적으로 전개하시오.'와 같은 논쟁점이 있는 서술형/논술형 문항은 먼저 학생의 의견을 밝힌 후 그 의견을 논리적으로 전개하도록 하는 것이 좋다. 자신의 의견과 일치하는 주장으로 논지를 전개할 때, 본인의 능력을 최대한으로 발휘할 수 있기 때문이다. 다른 문항들과 마찬가지로 지시문의 어휘 수준은 학생의 어휘 수준을 넘지 않아야 한다. 초등학생용 문항을 출제하면서 대학생 어휘 수준으로 지시문을 작성한다면, 이는 어휘력 검사로 변질될 수 있기 때문이다.

(2) 서술형/논술형 문항 예시

서술형과 논술형을 구분하는 명백한 기준을 찾기는 어렵다. 굳이 구분하자면, 논술형 문항은 서술형 문항에 비하여 답안의 길이가 상대적으로 길거나, 응답자의 의견이나 주장을 논해야 하거나, 답안 작성 시 깊이 있는 이해에 기반하여 복합적 사고력이 요구되는 문항이라고 하겠다(〈심화 2.1〉).

심화 2.1 서술형 문항과 논술형 문항의 구분

제6차 교육과정 문서에서 선다형 일변도의 지필 검사에 대한 개선책으로 '서술형 주관식 평가'라는 용어가 언급된 바 있다. 이것을 우리나라 서술형/논술형 문항의 효시라 하겠다. 이후 2009 개정 교육과정에서 '서술형이나 논술형 평가'라는 용어가 사용되다가, 2023년에 발표된 2028 대학입시제도 개편 확정안에서는 '논·서술형'이라는 용어를 쓰면서 '논술'을 더 강조하는 흐름이다. 그런데 서술형 문항과 논술형 문항을 구분하는 명백한 기준을 찾기는 힘들다. 해외 문헌에서의 'essay'가 우리말의 '논술형 문항'에 대한 번역인데, 우리말의 '서술형 문항'에 해당되는 영문 학술 용어는 찾을 수 없다.

Gronlund(1988)가 essay, 즉 논술형을 범위와 분량을 기준으로 제한 응답 논술형(restricted response essay item)과 확장 응답 논술형(extended response essay item)으로 구분하였던 것을 근거로, 전자를 서술형, 후자를 논술형으로 보는 경우가 있다(예: 박혜영 외 2019; 김선, 반재천, 2023). 또는 서술형이 "서술해야 하는 분량이 많지 않고 채점할 때 서술된 내용의 깊이와 넓이에 주된 관심을 두는 문항"인 반면, 논술형은 응답자가 어떤 주제에 대한 "자신 나름대로의 생각이나 주장을 논리적으로 설득력 있게 조직하여 작성해야 함을 강조하는 문항"이라는 의견도 있다(박도순 외, 2007, p. 139).

〈예 2.13〉과 〈예 2.14〉를 각각 서술형 문항과 논술형 문항의 예시라고 볼 수 있다. 서술형 문항인 〈예 2.13〉과 비교 시, 논술형 문항인 〈예 2.14〉는 답안의 길이가 상대적으로 길고, 응답자는 답안 작성 시 깊이 있는 이해에 기반하여 자신의 견해를 논해야 한다. 즉, 논술형 문항에서는 복합적이며 종합적인 사고력이 요구된다.

예 2.13 나침반 바늘이 항상 남북 방향을 가리키는 까닭이 무엇인지 서술하되, 나침반의 바늘과 지구를 관련지어 설명하시오.

_____

_____

_____

_____

_____

_____

〈예 2.14〉는 중학교 국어 논술형 문항이다. 이 문항에는 교내 스마트폰 사용에 관한 신문 기사, 교사 인터뷰, 학생 인터뷰, 통계표와 그래프 등 다양한 글쓰기 자료가 제시되어 있다. 이를 토대로 응답자는 자신의 의견을 정리한 후, 찬성 또는 반대 입장에서 주장과 근거를 글로 표현한다.

예 2.14 〈자료〉는 '학교 내 스마트폰 사용'과 관련하여 수집한 자료다. '학교 내 스마트폰 사용'에 대한 찬성 혹은 반대 입장을 정하여 주장하는 글을 〈조건〉에 맞게 쓰시오. (12점)

〈자료〉

(가) 신문 기사

스마트폰 사용을 심리적으로 접근해 보면 '충동 조절 기능을 억제하고, 만족을 지연시키며 견디는 인내력을 약화'하기 때문에, '집중력을 방해'하는 원인이 될 수 있다. 스마트폰은 사용자가 원하는 정보와 기능을 즉각적이고 손쉽게 제공해 주고, 자극적인 콘텐츠를 자유롭게 접근할 수 있는 점 때문에 뇌의 쾌락 중추를 과도하게 자극한다. 이런 것들이 복합적으로 작용하여 주의집중, 문제해결 및 계획 설정, 충동 및 감정조절 등의 역할을 하는 전두엽 기능을 떨어뜨리게 되는 것이다. 이 때문에 스마트폰의 사용 시간이 많아질수록 집중력이 떨어질 가능성은 점점 커진다.

(나) A 교사 인터뷰

수업 시간에 스마트폰을 사용하는 학생들이 늘어나면서 적지 않은 학생들이 수업에 집중하지 못하고 있습니다. 수업 중이라는 사실을 잊은 채 수업 시간 내내 스마트폰에서 눈을 떼지 못하는 학생들도 많습니다. 수업 중에 스마트폰을 사용하는 학생뿐 아니라 주변의 학생들에게도 영향을 주어 수업 분위기를 해칠 우려가 있습니다.

(다) B 교사 인터뷰

수업 시간에 스마트폰을 활용하면서 아주 편리하게 지리 수업을 할 수 있게 되었습니다. 세계 곳곳의 영상과 사진을 학생들이 직접 찾아보기도 하고, 어플을 활용해 편집한 사진과 영상을 발표에 활용하기도 합니다. 학생들끼리 만들어 낸 발표 자료를 빠르게 공유할 수 있다는 장점도 있습니다. 학생들은 스마트폰을 통해 수업 내용이나 숙제와 관련된 정보를 검색하기도 하고, 수업 시간에는 필기 내용 그대로 사진으로 찍어서 보관하기도 합니다.

(라) 학생 인터뷰

요즘 친구들과는 거의 스마트폰을 이용해서 대화를 나눠요. 학교에서나 하교 후에도 대화가 계속 이어집니다. 부모님이나 선생님과도 언제든 쉽고 편리하게 대화를 나눌 수도 있어서 편리해요. 얼마 전에는 어려운 과제를 친구들과 공유해서 함께 토론하며 쉽게 해결한 적이 있어요. 또, 친구 관계로 고민하던 중 담임 선생님과 스마트폰 메신저를 통해 상담할 수 있어서 좋았어요. 학교 폭력을 신속하게 신고할 수 있다는 점에서도 든든하고요.

(마) 학년별 스마트폰 과의존 위험군 청소년 통계자료

(마)-1
학년별 과의존 위험군 청소년 (2020, 여성가족부)

(단위: 명)

구분	2018년	2019년	2020년	전년 대비 증감
초 4	55,467	56,344	65,774	(+9,430)
중 1	71,782	76,706	84,462	(+7,756)
고 1	69,088	73,052	77,884	(+4,832)
합계	196,337	206,102	228,120	(+22,018)

(마)-2
일상생활에서 필수적인 매체

(2019, 방송통신위원회)

스마트폰	TV	PC/노트북	라디오	잡지	태블릿PC	서적	신문
63.0	32.3	3.1	0.4	0.3	0.2	0.2	0.2

주: 해당 매체가 일상생활에서 필수적이라고 응답한 사람/전체 응답자 수

⟨조건⟩
- 찬성 또는 반대의 입장 중 하나를 정하여 서론-본론-결론을 갖추어 800자 내외(±50자)로 작성할 것. (6점)
- 자신의 주장과 근거가 명확하게 드러나게 하되, 주장에 대한 근거는 ⟨자료⟩에서 3가지만 찾아 활용하고 근거에 대한 출처를 '(가)에서~' 또는 '(마)-1에서~'와 같이 밝힐 것. (6점)
  (단, 3가지 이상 제시한 경우 앞의 3가지만 채점하고, 자신의 주장에 대한 근거로 ⟨자료⟩의 내용을 그대로 인용한 경우는 채점하지 아니함.)

*출처: 교육부, 한국교육과정평가원(2020). 서・논술형 평가 도구 개발 안내자료(중학교 국어)

(3) 서술형/논술형 문항의 채점

서술형/논술형 문항에 있어 채점이 서술형/논술형 문항 성패의 관건이 된다고 해도 과언이 아니다. 구성형 문항 중 가장 간단한 단답형 문항도 의외로 채점이 쉽지 않은데, 여러 문단으로 자신의 견해를 펼쳐야 하는 논술형 문항의 채점은 더더욱 어렵기 때문이다. 따라서 서술형/논술형 문항을 제작할 때 채점기준표를 같이 제작하는 것이 필수적이며(⟨표 2.1⟩), 가능하다면 모범답안도 함께 만들어 채점 시 참조하는 것이 좋다. 또한 여러 문항이 있다면 문항 간 시행효과(carry-over effect)를 줄이기 위하여 학생 답안지별로 채점하지 않고 문항별로 채점하고, 후광효과(halo effect)를 줄이기 위하여 학생의 개인정보를 가리고 채점하는 것도 좋다.

⟨표 2.1⟩ 서술형/논술형 문항 채점기준표 예시

요소	채점기준			
	3	2	1	0
주장 제시하기 (3점)	쟁점에 대한 자신의 의견을 찬성 또는 반대의 입장이 명확히 드러나도록 작성함.	쟁점에 대한 자신의 의견을 제시하였으나, 찬성 또는 반대의 입장이 명확히 드러나지 않음.	쟁점에 대한 자신의 의견을 제시하지 못하였으나, 찬성 또는 반대의 입장이 명확히 드러남.	쟁점에 대한 자신의 의견과 입장을 쟁점과 전혀 관련없는 내용으로 작성하거나 모두 작성하지 못함.
타당한 근거 제시하기 (6점)	4	3	2	1
	자신의 주장에 따른 타당한 근거를 3가지 이상 제시함.	자신의 주장에 따른 타당한 근거를 2가지만 제시함.	자신의 주장에 따른 타당한 근거를 1가지만 제시함.	자신의 주장에 따른 타당한 근거를 제시하지 못함.
			2	1
			근거에 대한 출처를 모두 제시함.	근거에 대한 출처를 1가지 이상 제시하지 못함.
주장하는 글쓰기 (3점)	3	2	1	0
	서론-본론-결론의 형태로 통일성과 일관성을 모두 갖추어 짜임새 있게 작성함.	서론-본론-결론의 형태로 구성하였으나, 통일성과 일관성 중 1가지만 충족함.	서론-본론-결론의 형태로 구성하였으나 통일성과 일관성 모두를 충족하지 못함.	서론-본론-결론의 형태로 구성하지 못하여 통일성과 일관성 모두 충족하지 못함.

채점자 주관이 개입될 수 있다는 비판으로 인하여 특히 고부담 시험에서의 논술형 문항은 복수 채점자의 채점 후, 채점자간 신뢰도(객관도)[5]를 구하는 것이 일반적이다. 따라서 채점자 훈련이 필수적이다. 보통 그 전 시험의 답안지를 이용하여 훈련생인 채점자가 직접 채점하도록 하고, 채점자를 훈련하는 감독관이 그 결과를 분

---

5) 채점자간 신뢰도(객관도)는 제11장에서 설명하였다.

석하여 채점자들에게 피드백을 주면서 채점자 수준을 일정 수준까지 끌어올린다.

마지막으로, 서술형/논술형 문항 채점 시 분석적 채점 또는 총체적 채점을 적용할 수 있다. 분석적 채점과 총체적 채점은 수행평가에서도 흔히 활용되므로 수행평가를 다루는 제3장에서 예시와 함께 자세하게 설명하였다. 참고로 〈표 2.1〉에 제시된 채점기준표는 분석적 채점의 예시다.

3) 구성형 문항의 특징 요약

선택형 문항과 비교 시 구성형 문항은 추측에 의해 정답을 맞히는 확률이 현저히 줄어들고, 문항 제작이 상대적으로 용이하다는 장점이 있다. 서술형/논술형 문항은 분석·종합 등의 고등정신능력을 측정할 수 있으며 추측이 어려워 요행으로 답을 맞히는 확률을 줄일 수 있다. 반면, 구성형 문항의 채점의 어려움은 잘 알려진 사실이다. 문항을 몇 개밖에 출제하지 못하기 때문에 학업성취도 검사 시 넓은 교과 영역을 측정하기 어렵고 점수 범위 또한 축소되어 검사의 타당도가 떨어지며 학생 간 변별이 상대적으로 어려울 수 있다. 즉, 문항이 제대로 제작되지 않는다면 선택형 문항을 쓰는 것보다 못하게 된다.

구성형 문항은 채점이 어렵다. 구성형 문항을 출제하면서 모든 가능한 답안을 미리 생각하고 그에 따른 결정을 미리 내렸다면 채점이 간단하다 하겠으나, 실제 답안을 채점하다 보면 온갖 기상천외한 답을 쓴 학생들이 많다. 그럼에도 구성형 문항 출제자는 최선을 다하여 모든 답을 예상하고 그에 대한 채점기준을 미리 세워 놓아야 한다. 그래야 미처 생각지 못했던 실제 답안 채점의 어려움이 경감될 수 있다. 특히 서술형/논술형 문항의 경우 채점의 신뢰도(또는 객관도)를 확보하기 위한 장치가 필요하다. 즉, 채점자 훈련이 필수적이며, 채점자간 신뢰도, 채점자내 신뢰도 등을 구하여 채점의 일관성을 유지해야 한다.

4 특수한 문항 형태

1) 그리드 문항

선다형 문항의 특수한 형태로, '그리드 문항(Grid item)'이 있다. 특히 수학이나 과학에서 답이 숫자로 표기될 때, 이를 단답형 문항으로 제시할 경우 채점자가 일일이 채점을 해야 한다. 그러나 [그림 2.3]과 같이 문항을 구성할 경우, 학생들이 답을 손으로 쓰지 않고 OMR 카드에 직접 기입하므로 채점이 훨씬 간단해진다는 장점이 있다.

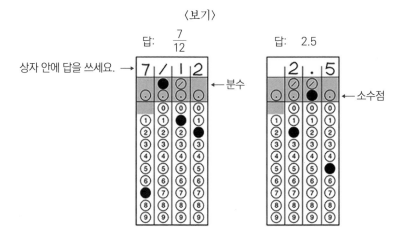

다음 문항의 답은 〈보기〉와 같이 OMR 카드에 직접 표기하세요.

1. 은빈이가 키우는 고양이는 무게가 3.698kg입니다. 소수점 셋째 자리에서 반올림하면 무게가 얼마인가요?

2. 민서의 휴대폰 길이는 10.5492cm입니다. 소수점 둘째 자리에서 반올림하면 길이가 얼마인가요?

[그림 2.3] 그리드 문항 예시

2) 삽입형 문항

최근 컴퓨터를 이용한 검사가 증가하면서, 지필고사에서는 구현하기 힘들었던 여러 가지 새로운 문항이 시도되고 있다. 삽입형 문항(embedded item)이라 불리는 문항은, 예를 들어 역사적인 사료 또는 발전과정을 순서대로 나열할 때, 문제에서 제시된 역사적 사료가 그중 어디에 삽입되는 것이 옳을지 선택하도록 하는 문항이다. 컴퓨터 마우스를 이용하여 학생들이 직접 해당 부분에 삽입해 봄으로써 어느 위치에 삽입했을 때 적절한지 결정하게 된다([그림 2.4]).

---

1. 우리나라 정치체제에서 추구하고 있는 민주공화정의 발전과정과 관련 있는 사료들을 발표된 순서대로 배열할 때, 〈보기〉의 위치로 옳은 것은?

〈보기〉
- 대한민국은 민주공화제로 한다.
- 대한민국은 임시정부가 임시의정원의 결의에 의하여 이를 통치한다.

①

- 대한국은 세계 민국이 공인한 자주독립 제국이다.
- 대한국 대황제는 무한한 군권을 향유하시나니 공법에 말한 바 자립 정체이다.

②

- 우리는 완전한 독립국가의 건설을 기함.
- 우리는 전 민족의 정치적 · 경제적 · 사회적 기본 요구를 실현할 수 있는 민주주의 정권의 수립을 기함.
- 우리는 일시적 과도기에 있어서 국가 질서를 자주적으로 유지하며 대중 생활의 확보를 기함.

③

- 대한민국은 민주공화국이다.
- 대한민국의 주권은 국민에게 있고 모든 권력은 국민으로부터 나온다.

④

[그림 2.4] 삽입형 문항 예시

오디오/동영상 삽입형 문항은 문두에 오디오/동영상을 삽입하여 학생들이 준비되었을 때 오디오/동영상을 재생시켜 듣거나 읽도록 한다. [그림 2.5]는 TOEFL iBT 듣기 문항 예시다.

Listen to the lecture about the poet Sylvia Plath. Take notes while you listen. Then answer the questions. Read all the questions before you start listening. You should listen to the audio twice.

1. The Bell Jar was _____.

   ① about her father

   ② her first novel

   ③ a very successful collection of poems

   ④ her last poem

[그림 2.5] 오디오/동영상 삽입형 문항 예시

3) 인터랙티브 과제

컴퓨터를 이용함으로써 과정에 대한 평가 또한 가능하다. 이를테면 과학과의 경우, 컴퓨터 시뮬레이션(가상 실험)을 통해 문항/과제에서 요구하는 과학 실험 과정을 학생이 순서대로 수행하도록 할 수 있다. 즉, 학생이 실험 절차를 알고 있는지를 평가하기 위해, 컴퓨터를 이용하여 실제 과학 실험 상황처럼 제시하고 학생은 컴퓨터 화면에서 이를 실제처럼 수행하는 것이다. 따라서 지필고사를 이용하는 것보다 더 실제평가(authentic assessment)에 가깝게 문항을 제시하고 학생의 능력을 측정할 수 있게 되었다. 예를 들어, 물의 온도에 따라 물에 용해되는 용질의 양을 비교하기 위한 실험을 컴퓨터로 제시한다고 하자. 학생이 '비커에 뜨거운 물과 차가운 물을 붓는다', '각 비커에 붕산을 넣고 젓는다', '붕산이 모두 녹으면 붕산을 더 넣는다', '각 비커에 용해된 붕산의 양을 비교한다'와 같은 과학실험 절차를 컴퓨터 마우스를 이용하여 차례대로 수행하는지를 알아본다. 즉, 과학실험 절차를 제대로 알고 있는지를 인터랙티브 과제를 통하여 실제 상황에 가깝게 평가할 수 있다.

특히 PISA의 인터랙티브 과제(interactive tasks, 상호작용형 과제)에서는 컴퓨터와 같은 디지털 플랫폼을 통하여 지필고사에서는 구현하기 힘들었던 새로운 문항을 시도하며, 다양한 정보 간의 상호작용을 활용하는 종합적인 문제해결력을 평가한다. [그림 2.6]은 시나리오 기반의 PISA 과학과 CLIMATE CONTROL 과제 예시다. 이 과제에서 학생들은 사용 설명서가 없는 새로운 에어컨의 조절 장치를 조작하며 그에 따른 실내 온도(Temperature) 및 습도(Humidity) 변화를 탐색하고, 조절 장치와 온도 및 습도 간 관계를 그림으로 요약한다(〈심화 2.2〉).

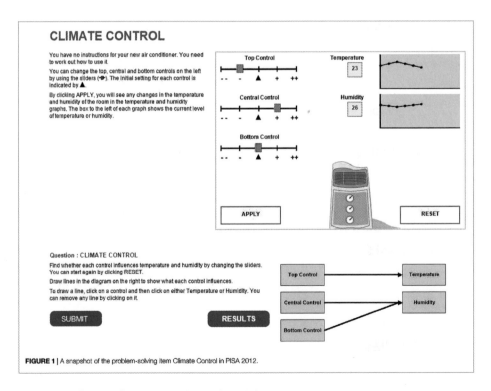

[그림 2.6] PISA 인터랙티브 과제 예시(Han, He, & von Davier, 2019, p. 7)

　　인터랙티브 과제에서는 디지털 플랫폼을 활용함으로써 사용 설명서가 없는 에어컨의 패널 조작이라든지, 처음 보는 자판기 사용, 고장난 기계 고치기와 같이 실제로 있을 법한 낯선 상황을 상정하는 것이 일반적이다. 즉, 지필평가에서는 구현하기 어려웠던 실제평가(authentic assessment)에 가까운 평가를 실시함으로써, 정보 분석 능력, 비판적 · 통합적 사고력, 역동적 문제 해결력 등을 종합적으로 평가할 수 있다.

　　또한 인터랙티브 과제에서는 학생이 자신의 과제 수행 과정을 글로 쓰거나 그림을 그려서 설명할 필요가 없다. 과제 수행 중 어느 부분에서 마우스를 클릭하거나 드래그 앤 드롭을 했는지, 어느 버튼을 눌렀는지, 어떤 드롭다운(drop-down) 메뉴를 열어 보았는지 등의 다양한 활동 정보가 시간, 빈도 등의 정보와 함께 컴퓨터에 자동으로 저장되기 때문이다. 관련하여, 정답뿐만 아니라 정답 도출을 위한 일련의 과정도 과제 채점 시 반영된다. 이를테면, 고장난 기계 고치기 과제에서 왜 고장이 났는지 여러 대안을 확인하는 과정이 없다면, 학생이 추측으로 답을 맞혔다고 판단하여 정답으로 처리하지 않을 수 있다.

심화 2.2　PISA 인터랙티브 과제 예시에 대한 추가 설명

　　[그림 2.6]에서 세 개의 조절 장치가 온도와 습도에 각각 어떤 영향을 미치는지를 파악하고, 그 관계를 그림으로 요약하는 과제를 제시하였다. 학생은 Top/Central/Bottom Control의 세 가지 조절 장치 중 어느 장치가 온도 또는 습도를 조절하는 장치인지, 그 관계를 파악하는 활동을 수행한다. 각 조절 장치를 조정하고 'APPLY' 버튼을 누르면, 오른쪽의 그래프에 온도와 습도 변화가 표시된다. 이를 통해 학생은 어떤 조절 장치가 온도나 습도에 영향을 미치는지를 파악한 후, 우측 하단의 그림에서 그 관계를 연결해야 한다. 예를 들어, Top Control이 온도에 영향을 미친다면, 이를 온도와 연결하는 선을 그린다. 잘못 그린 선은 클릭하여 삭제할 수 있고, 'RESET' 버튼을 누르면 조절 장치가 초기 상태로 돌아간다. 'RESULTS' 버튼을 눌러 결과를 확인하고, 'SUBMIT' 버튼을 눌러 답안을 제출한다.

5 문항 제작 및 수정 예시

문항 제작 후에는 검토하고 수정하는 과정이 반드시 필요하다. 특히 이 과정에서 동료 간 협의가 이루어진다면 더욱 효과적인 개선안을 도출할 수 있다. 〈예 2.15〉부터 〈예 2.19〉까지 문항 수정 전과 수정 후를 비교하였다.

예 2.15

〈수정 전〉	〈수정 후〉
1. 다음 설명 중 옳은 것은?	1. 식물의 광합성에 대한 설명으로 옳은 것은?
① 식물 광합성은 뿌리에서 발생한다. ② 식물의 광합성은 바람에 의해 일어난다. ③ 식물의 광합성은 씨가 퍼지는 과정이다. ④ 식물의 광합성은 양분을 만드는 과정이다.	① 뿌리에서 발생한다. ② 바람에 의해 일어난다. ③ 씨가 퍼지는 과정이다. ④ 양분을 만드는 과정이다.

수정 전 문항에서는 선택지에 '식물의 광합성'이 반복되고 있다. 이를 문두로 옮기면 반복할 필요가 없고, 선택지가 간결해진다. 따라서 학생들이 선택지를 읽는 데 걸리는 시간을 줄일 수 있다.

예 2.16

〈 수정 전 〉	〈 수정 후 〉
2. 다음의 빈칸에 들어갈 도형으로 옳은 것은?	2. 다음의 특징을 모두 지닌 도형으로 옳은 것은?
네 변의 길이가 모두 같은 사각형을 [ ]이라 하는데, 두 쌍의 마주 보는 변이 서로 평행이고, 마주 보는 두 각의 크기가 서로 같다.	• 네 변의 길이가 모두 같다. • 두 쌍의 마주 보는 변이 서로 평행이다. • 마주 보는 두 각의 크기가 서로 같다. • 두 대각선의 길이는 서로 다르지만 수직으로 만난다.
① 마름모 ② 정사각형 ③ 직사각형 ④ 사다리꼴	① 마름모 ② 정사각형 ③ 직사각형 ④ 사다리꼴

수정 전의 문항은 선택지 간 포함관계로 인하여 정답이 명확하지 않다. 수정 후의 문항은 정답이 '마름모'로 명확해질 수 있도록 설명을 추가하여, 해당 특징을 '모두' 지닌 도형을 선택하도록 하였다.

예 2.17

〈 수정 전 〉	〈 수정 후 〉
3. 나뭇잎의 색이 변하고 나무에서 떨어지며 기온이 서늘해지는 계절은 언제인가?	3. (가)에 들어갈 계절로 가장 적절한 것은?
① 가을 ② 봄 ③ 겨울 ④ 여름	우리나라의 (가)은 기온이 서늘해져 단풍과 은행 나무 등은 나뭇잎의 색이 변하고 나무에서 떨어지는 계절이다.
	① 봄 ② 여름 ③ 가을 ④ 겨울

우선, 선택지는 논리적 순서로 배열해야 한다. 답지를 논리적으로 배열하지 않으면 학생의 실수를 유발할 수 있다. 이러한 성취도를 측정하는 문항의 목적은 주의력을 평가하는 것이 아니므로 불필요한 실수가 발생하는 것을 막아야 한다. 따라서 계절의 순서대로 배열되어 있지 않았던 수정 전의 선택지를 수정 후와 같이 재배열하였다. 만약 선택지에 논리적 순서가 없다면 선택지의 길이가 짧은 것부터 긴 것의 순서로 배열하는 것이 가독성을 높이고 불필요한 추측을 막을 수 있다.

다음으로 정답 시비를 줄이기 위하여 '우리나라의'를 추가하여 상자로 처리하고, 문두를 '가장 적절한 것'으로 수정하였다. 이 문항에 대한 설명은 온대 기후 지역에서 낙엽 활엽수림이 주요 식생인 경우에만 해당되며, 기후 이변 등으로 인하여 복수 정답을 요구하는 민원이 발생할 수도 있기 때문이다.

예 2.18

〈 수정 전 〉	〈 수정 후 〉
4. 식물의 광합성에 대한 다음의 설명이 옳으면 T(True), 그렇지 않으면 F(False)를 고르시오. (T,F) 주로 뿌리에서 발생하는데, 씨가 퍼지며 양분을 만드는 과정이다.	4. 식물의 광합성에 대한 다음의 설명이 옳으면 T(True), 그렇지 않으면 F(False)를 고르시오. (T,F) 씨가 퍼지는 현상이다. (T,F) 양분을 만드는 과정이다. (T,F) 주로 뿌리에서 발생한다.

TF 문항은 하나의 진술을 제시해야 한다. 문장이 길어지는 경우, 두 개 이상의 진술을 포함하여, 학생의 정답 선택에 혼란을 줄 수 있다. 수정 전의 문항은 식물의 광합성이 '뿌리에서 발생한다', '씨가 퍼진다', '양분을 만드는 과정이다'라는 세 가지 진술을 한 문장에 포함하고 있으므로 적절하지 않다. 이를 수정 후와 같이 세 개의 문항으로 나누어 제시하였다.

예 2.19

〈 수정 전 〉	〈 수정 후 〉
5. 개인 윤리만으로 해결하기 어려운 윤리 문제에 대한 자신의 생각을 쓰시오.	5. 자료를 읽고 밑줄 친 부분에 해당하는 사례를 제시하고, 제시한 사례가 발생하는 이유를 논하시오. ※ 단, 사례 및 이유는 각각 한 가지만 제시할 것. 한 가지 이상 쓴 경우 처음 서술한 내용만 채점함. 전통 사회에서는 개인의 도덕성을 바탕으로 도덕적인 사회를 구현하고자 하였지만, 현대에서는 개인 윤리만으로 해결하기 어려운 윤리 문제들이 발생하고 있다.

　서술형/논술형 문항은 무엇을 묻는지 명확해야 한다. 선택지에서 단서를 찾아볼 수 있는 선택형 문항과 달리 서술형/논술형 문항은 질문만이 제시되기 때문에 문항의 요점을 분명하고 구체적으로 제시하여야 하는 것이다. 수정 전에는 추상적으로 제시되었던 질문을 수정 후에서는 질문의 배경을 추가하였으며, 사례와 이유를 작성하라는 구체적인 조건을 제시하여 답안의 방향성을 구체적으로 안내하였다. 이와 같이 작성 내용을 답안 작성의 조건을 상세하게 제시하는 것도 문항 개선을 위한 하나의 방법이 될 수 있다. 이를 통해 내용을 알고 있음에도 답안 방향을 잘못 잡아서 불이익을 받는 학생을 줄일 수 있다.

연습문제

1. (조별 활동 시간이 제한적일 경우) (1) 선택형/구성형 문항의 좋지 않은 사례를 하나씩 찾아서, 어떻게 수정하면 좋을지 토론하시오. (2) 이 활동에서 파악한 문항 제작 시 주의사항을 정리하여 발표하시오.

2. (조별 활동 시간이 충분한 경우) 본인의 전공 영역에서 성취기준을 택하시오. 해당 성취기준에 대하여 (1) 선택형 문항과 구성형 문항(채점기준표 포함)을 하나씩 만들고 조별로 의견을 교환하시오. (2) 조별 토론을 반영하여 본인의 선택형, 구성형 문항을 수정하고 수정된 문항에 대하여 다시 조별로 의견을 교환하시오. (3) 두 번에 걸친 조별 토론을 반영한 최종 문항을 완성하시오. (4) 최종 문항을 하나의 검사지로 묶어 제출하되, 다음의 세 가지 내용을 첨부하시오: 문항별 출제자 예상 문항난이도(5% 단위로, 예: 75, 80 등), 문항 배열 근거(예: 내용, 문항난이도, 문항 유형 등), 문제 풀이 및 모범답안.

제**3**장

수행평가

📋 **주요 용어**

수행평가, 대안적 평가, 실제 상황에서의 평가(실제적 평가), 포트폴리오, 채점기준표, 분석적 채점, 총체적 채점

➕ **학습목표**

1. 수행평가의 종류 및 각각의 특징과 장단점을 설명할 수 있다.

2. 본인의 상황에 맞는 수행평가 과제를 개발하고 채점할 수 있다.

3. 수행평가와 관련한 교사의 역할을 이해하고 설명할 수 있다.

1 개관

수행평가(performance assessment)란 말 그대로 수행(performance)을 평가 (assessment)하는 것이다. 소수의 학생을 대상으로 교육이 이루어진 고대, 중세 시대에서 수행평가는 자연스러우며 당연한 것이었다. 이른바 흔히 '산파술'로도 불리는 소크라테스의 문답법은 현대적 관점으로 판단할 때 수행평가가 제대로 활용된 것이다. 소크라테스는 개별 학생의 말을 주의 깊게 듣고 지속적으로 비판적인 질문을 던짐으로써 제자들로 하여금 무지를 자각하도록 하였다. 이때 소크라테스가 제자들과 묻고 답하는(문답) 과정에서 수행평가가 자연스럽게 이루어졌다고 볼 수 있다. 17세기 중반부터 유행했던 유럽 귀족 자녀들의 그랜드 투어(Grand Tour)에서도 마찬가지다. 그랜드 투어 시 젊은 귀족 자녀들은 해외에서 수년간 체류하며, 학문을 맡은 가정교사와 승마, 펜싱, 전술 등을 담당한 가정교사로부터 교육을 받았다고 한다. 조선시대에도 가세가 풍족한 양반가에서는 한 집의 자제만 맡아서 가르치는 독선생을 두고 학문에 정진했는데, 이렇게 소수를 대상으로 한 교육에서는 수업과 평가가 자연스럽게 이루어진다.

21세기에도 소위 엘리트 교육을 표방하는 서구의 사립학교에서는 구두 발표, 논문 작성 등의 수행평가가 여전히 중시되고 있다. 지역을 막론하고 대학원 단계의 고등교육에서 졸업을 위한 필수 요건인 논문자격 시험, 논문계획서 및 논문 발표 등은 모두 수행평가 요소가 무겁게 투입된 것들이다. 그러나 초 · 중등 공교육의 경우 근대화와 더불어 불특정 다수에게 교육의 문호가 열리게 되면서, 소수의 학생을 대상으로 가르치고 평가하는 것이 더 이상 쉽지 않게 되어 버렸다. 따라서 다수의 학생을 상대적으로 짧은 시간 동안 한꺼번에 객관적으로 (적어도 채점상으로) 평가할 수 있는 선다형 지필검사가 각광받게 되었다. 현재에도 선다형 지필검사는 사회 전반에 걸쳐 여전히 광범위하게 쓰이고 있다. 이를테면 대학수학능력시험, 공무원시험 등과 같이 수험생의 인생을 결정할 수 있는 고부담 검사는 주로 선다형 문항으로 구성된 지필검사다. 초 · 중등 교육에서도 국가 간 또는 지역별 비교 등의 목적으로 많은 학생을 한꺼번에 평가할 때 선다형 지필검사가 널리 이용되고 있다.

이렇게 여전히 선다형 지필검사가 널리 이용되고 있음에도 불구하고 많은 사람이 선다형 지필검사를 특히 21세기 교육의 공적(公敵)처럼 여긴다. 선다형 지필검사에서는 정해진 시험 시간 내에 주어진 답지 중 정답을 빨리 고르는 것이 요구되므로 출제자의 의도를 파악하고 답지를 골라내는 요령이 상대적으로 중요하며, 정답 여부에 대한 이의제기를 최소화하는 방향으로 문항이 출제되는 경향이 있기 때문이다. 즉, 급변하는 21세기에 중요하게 여겨지는 문제해결력, 비판적 사고력, 창의력, 협업능력 등의 측정과 계발에 선다형 지필검사가 적절하지 않다고 보아 선다형 지필검사에 대한 대안이 될 수 있는 평가방법을 찾게 되었다. 수행평가는 선다형 평가로만 측정하기 힘든 학생의 실제 수행 능력과 사고과정을 측정할 수 있다는 점에서 (선다형 평가의) '대안적 평가(alternative assessment)'라고도 불린다. 사실 수행평가는 초·중등학교 교육에서보다 의과대학, 군대 등에서 오히려 그 중요성을 인정받고 있다. 이를테면 해부학은 속속들이 알고 있는데 정작 외과 수술은 할 수 없다면, 또는 총의 종류와 역사, 특징, 장단점은 꿰고 있으나 정작 총을 쏘지는 못한다면 각각 외과의사, 군인으로서 자격 미달이기 때문이다. 이렇게 이론과 더불어 실제 현장에서의 적용능력이 중요한 직업군에서는 '수행평가'라는 용어를 명확하게 쓰지 않았을 뿐, 수행평가에 대한 연구가 상대적으로 매우 활발하였다.

② 초·중등학교 수행평가의 역사와 배경

21세기 학습자의 다양한 개성을 존중하며 창의성, 문제해결력과 같은 고등정신능력을 함양하기 위하여 교수·학습 과정에 변화가 있었고, 그 변화를 제대로 평가하려면 선다형 지필평가와 대비되는 수행평가가 필요하다는 인식이 확산되기 시작하였다. 이러한 움직임은 학문적으로는 인지이론(cognitive theory), 구성주의 학습이론(constructivist learning theory)과 관련이 크다고 하겠다(〈심화 3.1〉). 〈심화 3.2〉에서

Shepard(2000)를 참고하여 두 이론의 특징을 교수 · 학습과 관련하여 자세하게 설명하였다.

우리나라의 경우 1990년대 중반부터 교육평가 및 초등교육 학계 차원에서의 수행평가 관련 산발적인 연구가 있었는데, 초 · 중등학교 학교 현장에 수행평가가 공식적으로 도입된 계기는 1998년에 출범한 국민의 정부 교육개혁안이라 하겠다. 당시 교육부는 1998년 12월 전국 시 · 도 교육평가 장학관 회의를 소집하여 1999년 3월부터 전국의 모든 초 · 중등학교에 수행평가를 실시할 것을 하달하였다(남명호, 2007). 1999년부터 국가 시책으로 전국 초 · 중등학교에서 전격적으로 실시되었으니 수행평가는 이미 25년 넘게 시행된 셈이다. 오늘날 수행평가는 지필평가와 함께 초 · 중등학교 학생평가의 두 축을 이루고 있는데, 특히 학생부종합전형, 성취평가제, 자유학기제와 같은 새로운 교육적 시도와 함께 더욱더 큰 관심의 대상이 되고 있다. 최근 2022 개정개정 교육과정(교육부 고시 제2022-33호, 2022. 12. 22.)에서도 문제 해결 및 사고의 과정을 중시하는 평가를 통해 학습의 질을 개선하는 것을 중점으로 꼽으며, 서술형과 논술형 평가의 비중 확대를 언급하며 수행평가의 중요성을 강조한다. 즉, 수행평가는 초 · 중등학교 현장에서 주요한 평가방식으로 자리 잡았다.

그럼에도 여전히 수행평가에 대한 오해 또는 오개념이 여전히 공존하는 상황이다. 수행평가가 1999년에 국가 시책으로 급작스럽게 하향식(top-down) 방식으로 학교에 도입된 것이 혼란의 근본적 원인으로 보인다. 특히 2015 개정 교육과정에서 처음 언급된 '과정중심평가'에서 이를 단적으로 확인할 수 있다. 저자는 '과정중심평가'라는 용어를 처음 접하고는 도대체 이 용어가 기존의 수행평가와 무엇이 어떻게 다른 것인지 매우 혼란스러웠다. '과정중심평가'가 학생의 학습 과정을 면밀히 모니터링하여 평가하며 학생의 수행 과정에 대한 상세한 피드백을 제시하는 것이라면, 이는 기존의 '수행평가'가 이미 포괄하는 개념이기 때문이다. 결론적으로 말하여 과정중심평가는 수행평가와 다른 개념이라고 할 수 없다. 결국 이후에 교육부가 '과정중심평가'라는 용어를 '과정중심 수행평가'로 수정하는 해프닝이 있었다. 새로운 용어 창출에는 매우 신중해야 한다는 것을 알 수 있다. 그러나 이러한 해프닝은 동시에 수행평가와 관련하여 현직 교수, 교사, 교육부 관료를 포함한 교육 관계자들의 이해도가 높지 않다는 것에 대한 방증이라고 볼 수 있다. 즉, 수행평가가 무엇이며 어떤 특징과 장단점을 지녔는지에 대한 이해가 충분하지 않다는 데서 비롯된 혼란 이다.

심화 3.1 **인지이론, 구성주의 학습이론과 수행평가 간 관계**

인지이론(인지주의 학습이론)은 행동주의 심리학의 한계에 대한 대안으로 20세기 중반에 등장한 이론이다. 인지이론에 따르면, 학생이 새로운 정보를 기존의 지식 구조(스키마)에 연결할 수 있을 때 학습이 더 효과적이며, 학생이 문제를 스스로 분석하고 해결하는 과정에서 인지적 구조가 강화되고 확장된다고 본다. 따라서 지식의 단순 암기보다는 개념의 이해와 연결, 그리고 문제해결 적용력을 중시한다. 수행평가에서 문제해결/과제수행 과정을 평가하는 것과 연관되는 부분이다.

한편, 구성주의 학습이론은 특히 1990년대에 이르러 본격적으로 주목받기 시작하였다. 학습자를 지식을 받아들이는 수동적인 존재가 아닌, 자신의 경험을 통해 능동적으로 지식을 구성하는 주체로 간주하며, 학습이 구체적인 상황 또는 맥락 속에서 이루어질 때 가장 효과적이라고 강조한다. 잘 구현된 수행평가는 실제 상황과 비슷한 맥락의 과제로 제시되며, 이때 학습자가 특정 맥락 속에서 어떤 지식과 기술을 적용하여 문제를 해결하는지를 평가할 수 있다. 또한 구성주의 학습이론에서는 학습이 사회적 상호작용을 통해 이루어진다고 보는데, 수행평가에서 다른 학습자와의 협력, 토론 등의 상호작용이 평가요소로 포함되는 경우가 많다.

심화 3.2   교수 · 학습과 관련된 인지이론과 구성주의 학습이론의 특징

Shepard(2000)를 참고하여 교수 · 학습과 관련된 인지이론과 구성주의 학습이론의 특징을 다음과 같이 정리하였다.

첫째, 구성주의 학습이론에서는 지적 능력이 사회적 · 문화적으로 발달한다고 본다. 즉, 아동의 인지 능력은 부모 또는 다른 중요한 성인과의 사회적 상호작용을 통하여 발달하는 것이다.

둘째, 학습자는 사회적 맥락 안에서 지식과 이해를 구성한다. 관련된 이론으로 Vygotsky의 ZPD(Zone of Proximal Development: 근접발달영역) 또는 Bruner의 비계(scaffolding)이론 등이 대표적이다. 특히 구성주의 학습이론에서는 역사적 · 문화적 요인이 단순히 학습에 영향을 주는 것에 그치지 않고 학습자의 정체성뿐만 아니라 자신이 소속된 공동체에서 필요한 지식과 기능까지도 형성한다고 간주한다. 즉, 학습은 사회 · 문화적 맥락과 유리되어 일어날 수 없다.

셋째, 새로운 학습은 이미 알고 있던 지식(선지식)과 문화적 관점에 의해 형성된다. 기계적인 암기가 옛날 패러다임을 대표하는 것이기 때문에 필요 없다고 생각할 수 있으나, 인지이론에 따르면 지식 기반이 있는 사람이 훨씬 더 깊이 있게 추론할 수 있으며 새로운 지식도 더 효율적으로 학습할 수 있다. 교사는 학생의 선지식을 이끌어 내고, 학생은 자신의 선지식을 바탕으로 토론에 임하여 스스로 검토하고 성찰하고 질문을 생성한다. 이를 통하여 효과적인 교수학습 및 평가가 일어날 수 있다.

넷째, 학생에게는 메타인지(metacognition) 또는 자기주도학습 능력이 필요하다. 메타인지 전략을 적용한 상보적 교수법(reciprocal teaching)도 효과적일 수 있다. 상보적 교수법에서 학생과 교사는 서로 역할을 바꿔 가면서 교재를 읽고 대화 형태로 학습을 진행한다. 이때 예측하기, 질문 생성하기, 요약하기, 명료화하기와 같은 메타인지 전략이 이용된다.

다섯째, 깊이 있게 이해하게 되면 전이(transfer)도 잘할 수 있다. 어떤 개념을 제대로 이해한다면 새로운 상황으로 연결시켜 그 개념을 활용할 수 있는 것이다. 다시 말해, 일반화가 가능하게 된다. 교사는 학생이 기존에 이해하고 있던 것을 새로운 방식으로 끊임없이 질문하고, 학생이 선지식을 새로운 상황에 적용하도록 독려하며, 이를 통하여 관련성을 새롭게 추론할 수 있도록 유도해야 한다.

3 수행평가의 유형과 특징

1) 수행평가의 범위와 유형

　학자에 따라 다소 견해가 다를 수 있으나, 보통 어떤 실생활 맥락을 반영한 과제에 대한 학생의 계획, 과정, 그리고 결과물까지 모두 평가할 수 있는 평가를 수행평가라 한다. 따라서 선다형 문항으로 구성된 지필평가는 수행평가로 분류하지 않는다. 실생활 맥락을 반영했다고 보기 어려우며, 문항풀이 계획과 과정을 파악할 수 없고, 주어진 답지 중 정답을 골랐는지 아닌지 그 결과만 확인할 수 있기 때문이다.

　그런데 수행평가의 범위는 실로 상당히 넓다. 수행평가는 기존의 선다형 지필평가에 대한 대안으로 제시된 대안적 평가(alternative assessment)에서부터 실제 상황에서의 평가(authentic assessment)까지를 모두 아우를 수 있는 평가방법인 것이다. 따라서 수행평가를 '선다형 지필평가'만큼 분명한 의미를 지니도록 설명하는 것은 그리 간단하지 않다. '수행(performance)'을 '평가(assessment)'하는 것이므로 전통적인 종이와 연필로 보는 시험(paper-pencil test)과 대비되는 개념이라고 생각하는 경우가 많은데, 꼭 그렇지도 않기 때문이다. 이를테면 작문시험(논술형 문항)은 보통 지필평가로 시행되지만, 학생의 실제 글쓰기 능력을 평가할 수 있는, 그야말로 수행평가다. 즉, 지필평가로 시행되는지 아닌지에 따라 수행평가 여부가 갈리는 것은 아니다.

　수행평가의 범위를 알아볼 필요가 있다. 수행평가적 요소가 최고로 구현된 평가는 바로 실제 상황에서의 평가(authentic assessment, 실제평가)라 하겠다. 예를 들어, 한국어가 모국어가 아닌 다문화 학생의 언어능력을 평가한다고 하자. 언어의 네 가지 영역인 말하기, 듣기, 쓰기, 읽기 중에서 읽기와 쓰기는 지필평가로 평가가 많이 이루어지는데, 말하기와 듣기는 지필평가로 제대로 평가하기 쉽지 않다. 만일 실제 수업 상황에서, 그리고 쉬는 시간과 점심시간에 다문화 학생들이 교사 및 다른 학생들과 한국어로 말하고 듣기를 얼마나 잘하는지 관찰하여 평가한다면, 이는 실제 상황에서의 평가 예시가 된다. 이렇게 실제 상황에서의 평가와 가까울수록 그 평가의 타당도는 높아진다. 다시 말해, 학생들이 '검사 상황'이라고 생각하고 반응하는 것과, 실제 상황이라고 생각하고 반응하는 것을 비교한다면, 후자에서 측정하고자 하는 해당 능력을 학생들이 얼마나 지니고 있는지 평가하기가 좋은 것이다.

그렇다면 수행평가의 다른 한쪽 끝에는 어떤 평가가 있을까? 이를테면 단답형 문항으로 구성된 지필평가는 수행평가라고 할 수 있을까? 짧은 서술형 문항으로 구성된 지필평가는? 이에 대하여 엄밀하게 '수행평가다/아니다'로 판정하기보다는, 상대적으로 수행평가에 더 가깝다 또는 덜 가깝다고 말하는 것이 좋겠다. 정리하면, 단답형 문항보다는 서술형 문항이, 서술형 문항보다는 논술형 문항이, 그리고 논술형 문항보다는 실제 상황에서의 평가가 수행평가에서 추구하는, 결과만이 아닌 과정까지 평가하기 적합하며 타당도가 높은 평가다. 따라서 '수행평가는 무엇이다'라고 정의하기보다는 실제 예시에 대하여 '~는 수행평가라고 보기 어렵다.'로 정리하는 것이 더 이해하기 수월하겠다.

그 외 프로젝트, 토론·토의, 실기시험, 포트폴리오 등도 수행평가로 활용되는데, 특히 비교적 새로운 유형의 평가인 포트폴리오(portfolio)가 수행평가 유형으로 각광받고 있다. 포트폴리오는 학생이 특정 기간 동안 자신이 수행한 과제, 작품, 반성적 글쓰기 등을 체계적으로 모은 자료집이다. 채점의 신뢰도를 비롯하여 공정성 문제 등의 여러 심각한 문제점이 있기 때문에 고부담 검사로 쓰이기에는 적절하지 않으나, 교수·학습이 목적인 교실평가에서 포트폴리오는 수업 및 평가 도구로서 다음과 같은 유용한 특징이 있다. 학생이 자신이 수행한 과제들을 검토하며 그중 어떤 과제로 포트폴리오를 구성할지 선택할 때, 학생은 자기성찰을 하게 된다. 또한 본인이 수행한 과제의 장단점을 평가하며 교사 또는 다른 학생에게 왜 그렇게 생각하는지 그 근거를 설명할 기회도 얻게 된다. 즉, 포트폴리오를 직접 구성하면서 학생들은 자신에게 필요한 것이 무엇인지 이해하면서 스스로 학습을 계획하고 관리하며 평가하게 되는 것이다. 이 과정에서 학생 본인이 학습의 주체로 더욱 능동적으로 참여하게 되므로 메타인지가 자연스럽게 함양되며 자기주도적인 학습자로 성장하게 된다.

2) 수행평가의 특징

예전에 미국의 특전사를 뽑는 텔레비전 프로그램을 시청한 적이 있었는데, 수행평가 요소가 잘 구현되었다는 점에서 매우 흥미로웠다. 특전사에게는 강인한 체력이 요구되므로, 먼저 1단계에서는 체력 요건을 테스트하여 자격 미달인 사람을 떨어뜨렸다. 다음 단계에서는 1단계를 통과한 지원자 중 4~5명으로 팀을 구성하여 팀별로 과제를 수행하도록 하였다. 그 과제는 혼자서는 절대 들 수 없는 무거운 물체를 늦은 밤부터 다음 날 새벽까지 정해진 시간 내에 산을 넘어 운반하는 것이었다. 과제 수행 중 잠을 자는 사람은 탈락하는 것과 제공된 준비물을 이용할 수 있다는 조건도 있었다. 서로 의견을 내세우다가 산 중턱까지만 옮기고 시간이 지나 버린 조가 있는가 하면, 어떤 조에서는 리더십을 지닌 지원자의 통솔하에 합심하여 준비물로 수레를 만들어 과제를 성공적으로 수행한 조도 있었다. 이 모든 과정을 면밀하게 관찰하여 집단의 과제 수행 여부는 물론이고, 어떤 지원자가 리더십이 있는지, 어떤 지원자가 불평불만만 늘어놓는지, 어떤 지원자가 스트레스를 받는 상황에서도 조원의 사기를 북돋우며 과제를 수행하기 위하여 노력하는지 등의 정의적 특성[1] 또한 평가할 수 있었다.

특전사 프로그램 예시는 수행평가 중 실제적 상황에서의 평가라 하겠다. 즉, 특전사에게 요구되는 체력과 과제 수행능력을 실제 상황과 비슷하게 구현한 평가로, 타당도가 매우 높은 평가다. 이렇게 타당도가 높은 평가를 설계하고 실시할 수 있다는 점은 수행평가의 큰 장점이다. 또한 잘 구현된 수행평가에서는 과제 수행 결과뿐만 아니라 문제(과제) 해결 과정까지 평가할 수 있다. 특히 집단 내 조원 간 관계에서 나타나는 협동심, 리더십, 의사소통능력 등과 같은, 지필평가에서는 측정하기 힘들었던 정의적 영역 또한 평가할 수 있다.

그런데 초·중등학교 상황에서 수행평가를 제대로 시행하는 데는 현실적인 어려움이 따른다. 학생의 입장에서 수시로, 지속적으로 진행되는 수행평가 과제는 부담이다. 특히 중등학생의 경우에 더욱 그러하다. 과목별 수행평가 과제 수가 합쳐지면

---

1) 제4장에서 다루었다.

학생 한 명이 수행해야 하는 과제 수가 늘어나기 때문이다. 따라서 학기별 수행평가 과제 시기와 횟수는 학기 시작 전 동 학년 또는 동 교과 협의회를 거쳐 타 교과와의 조정을 통하여 정하는 것이 좋다.

한편, 교사의 입장에서는 수행평가 과제 개발, 시행, 채점 및 기록으로 인한 업무 증가가 부담이다. 이를테면 특전사 프로그램과 같은 수행평가 과제를 교사가 매년 개발하고 시행하는 데 상당한 노력과 시간이 요구된다. 과제 개발 및 시행뿐만 아니라 과제의 평가에 있어서도 수행평가는 채점의 객관성이 담보되는 선다형 지필평가와 비교 시 채점자 신뢰도 확보가 쉽지 않다는 문제점이 있다. 특히 채점 및 기록으로 인한 업무 증가가 현실적인 제약으로 작용한다. 심한 경우 교사는 수업보다 평가에 더 많은 시간을 할애해야 할 수도 있다. 예를 들어, 어느 고등학교 지리교사는 전체 점수의 5%에 해당되는 체험학습 결과보고서를 채점한 적이 있는데, 가르치고 있는 800명 학생의 과제 채점에만 꼬박 3주가 걸렸다고 한다.

또한 교사는 평가의 객관성, 공정성, 신뢰성과 관련된 학생 및 학부모의 이의제기, 심지어는 법적 분쟁에까지 노출될 위험이 있다. 선다형 문항은 OMR 카드 처리도 가능하며, 문항 채점에 주관성이 개입될 여지가 전혀 없다. 반면, 정답이 한 단어로 구성된 단답형 문항이라 할지라도, 모든 가능한 상황을 고려하여 모범답안 및 채점기준표(scoring rubric)를 꼼꼼히 만들어 놓지 않을 경우 채점이 쉽지 않게 된다. 예를 들어, 어떤 영어 문항의 답이 숫자 '4'라고 하자. 만일 이 문항의 문두에서 '숫자로' 답하라고 적시하였다면 '4'만 답이 된다. 문두에 그러한 조건을 명시하지 않았는데, 어떤 학생이 영어로 'four' 또는 'for'를 쓴 경우는? 이러한 경우 채점을 어떻게 할 것인지 미리 생각하고 채점기준표에 제시해야 한다. 단답형 문항도 이럴진대, 서술형 또는 논술형 문항의 경우는 더욱 쉽지 않으며, 과제 수행 과정을 평가하는 경우 더더욱 그러하다. 따라서 채점의 객관성이 강조되는 상황에서 수행평가 문항/과제는 선호되지 않는 경향이 있다. 수행평가가 국가의 정책적 과제로 도입되어 25년 넘게 시행되었음에도, 이러한 연유로 인하여 수행평가 확대 실시에 따른 학교 현장의 우려는 완전히 해소되지 못하고 있다.

마지막으로 수행평가가 절대 선이고 선다형 문항으로 구성된 검사가 절대 악이 아니라는 점을 기억할 필요가 있다. 이를테면 지필평가, 포트폴리오, 프로젝트 평가결과는 각각 다른 종류의 자료로 다른 종류의 학습을 반영하는 것이다. 교사는 다양한 평가방법을 활용하여 학생에 대한 정보를 수집함으로써 학생에 대하여 깊이 이해하고 학생에게 필요한 피드백을 제공하면 된다. 이때 전통적인 빈칸 채우기(괄호형 또는 완성형), 단답형, 선다형 문항도 그에 맞는 지식을 측정하는 것으로, 평가목적에 맞게 사용된다면 문제될 것이 없다. 특히 선다형 문항이 기억과 암기에 치중한다는 비판을 받는데, 중요한 개념과 지식은 책을 찾거나 동료에게 묻지 않아도 될 만큼 머릿속에 가지고 있어야 한다. 21세기의 주요 역량 중 하나로 꼽히는 창의성의 경우에도, 아무런 지식기반 없이 발현되지는 않는다. 선다형 문항으로 구성된 검사는 학생들이 이러한 지식을 얼마나 가지고 있는지 짧은 검사 시간으로도 효율적으로 측정할 수 있다.

4 수행평가 과제 개발 및 채점

1) 수행평가 과제 개발

초·중등학교에서는 새 학년이 시작되기 전에 동 학년(초등) 또는 동 교과(중등) 교사가 미리 모여 어느 영역에서 어떤 성취기준을 평가기준으로 삼을 것인지, 그중 어떤 성취기준에 대하여 수행평가 과제를 개발하고 평가할 것인지를 논의한다. 교육과정 성취기준에 부합하는 수행평가 과제를 개발하고, 그 과제에 대한 채점기준표 및 모범답안을 작성하는 것이다. 과제 구성에 따라 개인의 수행을 평가할 수도 있고, 집단의 수행을 평가할 수도 있으며, 집단 속에서의 개인의 수행 또한 평가 가능하다.

어느 고등학교 생명과학 I의 수행평가 과제 개발 예시를 들어 보겠다. 동 교과 협의회에서 1차 지필평가와 2차 지필평가에 각각 30점씩 60점을 배정하고, 수행평가를 두 가지 과제로 구성하며 각 20점씩 나머지 40점을 배정하였다. 그리고 [12생과 I 02-01]부터 [12생과 I 02-03] 성취기준을 택하여 4주차에 첫 번째 수행평가를 실시하기로 결정하였다(〈표 3.1〉).

〈표 3.1〉 교수·학습 운영 계획 예시(고등학교 생명과학 I)[2]

주	교육과정 성취기준	수업방법 및 수업평가 연계의 주안점	예정 시간 / 실시 누계
1	[12생과 I 01-01] 생물의 특성을 이해하고 생물과 비생물의 차이점을 설명할 수 있다. [12생과 I 01-02] 생명과학의 통합적 특성을 이해하고, 다른 학문 분야와의 연계성을 예를 들어 설명할 수 있다.	[강의식, 탐구학습, 모둠협력수업] – 생물만이 가지고 있는 고유의 특성을 알아보고, 강아지, 강아지로봇과 바이러스의 공통점과 차이점을 찾아보기 – 생명과학의 여러 가지 분야에 대해 조사해 보면서, 각 분야가 다른 분야와 어떤 연계성을 가지고 있는지 조사하기 – 생물의 특성을 모둠에서 하나씩 맡아 생물의 특성이 여러 생물에서 어떻게 발현되는지 인터넷을 통해 찾아보고 발표하기 [관찰평가] 학생들의 모둠활동 참여도 관찰을 통해 각 모둠의 참여도를 적절히 조절할 수 있게 모둠원을 다음 차시부터 조절하기	4 / 4
2	[12생과 I 01-03] 생명과학 탐구 방법을 이해하고 생명과학에서 활용되고 있는 다양한 탐구 방법을 비교할 수 있다.	[강의식, 모둠협력수업] – 역사적으로 또는 쉽게 전할 수 있는 실험을 이용해 탐구방법의 절차를 이해하기(예: 파스퇴르의 탄저균 백신 실험) – 세포설과 임상실험을 통해 연역적 탐구 방법과 귀납적 탐구 방법의 차이를 모둠원과 의견 나눠 보기 – 변인의 종류와 대조실험에 대해 알아보고 모둠에서 실험을 설계해 보기 [형성평가] 모든 실험의 기초의 바탕을 설명하는 중요한 내용이기에 학생들이 잘 이해하고 있는지 알기 위해 여러 ○/✕ 퀴즈를 제시하고 문제 해설을 통해 학생들의 이해를 높이기	4 / 8

---

2) 한국교원대학교 생물교육과 학부 23학번 학생의 교육평가(교직) 강좌 과제를 부분적으로 수정하였다.

주	교육과정 성취기준	수업방법 및 수업평가 연계의 주안점	예정시간 / 실시누계
3	[12생과 I 02-01] 물질대사 과정에서 생성된 에너지가 생명활동에 필요한 ATP로 저장되고 사용되고 있음을 설명할 수 있다. [12생과 I 02-02] 세포 호흡 결과 발생한 노폐물의 배설 과정을 물질대사와 관련하여 설명할 수 있다.	[강의식, 발표활동] - 우리 몸에서 물질대사가 필요함을 이해하고 생명체의 에너지 화폐인 ATP의 사용 방법과 생성 과정을 광합성, 세포호흡과 연관 지어 이해하기 - 물질대사 과정을 역할(기관계, 물질)을 맡아 역할극을 통해 발표하며 기관계와 물질대사의 통합적 과정을 이해하기 [동료평가] 학생들의 참여도를 평가하기 위해 역할극이 끝난 후 조에서 동료평가를 실기하기	4 12
4	[12생과 I 02-03] 물질대사와 관련 있는 질병을 조사하고, 대사성 질환을 예방하기 위한 올바른 생활 습관에 대해 토의하고 발표할 수 있다.	[강의식, 탐구학습] - 개인별 일일 칼로리 섭취량, 소모량을 조사하고 영양의 과소에 따라 생길 수 있는 질병에 대해 알아보기 - 대사성 질환의 의미를 이해하고, 의료사이트를 참고하여 대사성 질환의 종류, 원인과 해결법을 찾아보기 [수행평가: 진료 시나리오 역할극] 진료 시나리오 작성, 1대1 역할극(구술평가)	4 16

이 학교에서 생명과학 I은 고등학교 2학년 학생을 대상으로 주당 4차시로 진행된다. 4주차의 첫 번째 차시에 학생들은 대사성 질환에 대하여 조사하고, 두 번째 차시에 첫 번째 차시 결과를 바탕으로 진료 시나리오를 작성하여 제출한다. 그리고 세 번째와 네 번째 차시에 의사와 환자 간 1대 1 역할극을 수행한다. 20점 만점인 이 수행평가의 평가요소를 질병 사전조사(10점), 진료 시나리오 작성(7점), 그리고 진료 역할극(3점)의 세 가지로 구성하며, 채점기준표와 시나리오 모범답안 예시를 각각 〈표 3.2〉와 〈표 3.3〉에 제시하였다.

〈표 3.2〉 수행평가 채점기준표 예시

평가영역	평가요소	하위 요소	배점	채점기준
진료 시나리오 역할극 (20점)	질병 사전 조사 (10점)	질병의 주요 요소	5	질병의 발생 원인, 증상, 예방 방법, 해결 방법, 진단 방법(5가지)을 모두 제시함. 신뢰할 수 있는 자료를 바탕으로 심도 있게 조사하고 체계적으로 정리함.
			4	질병의 발생 원인, 증상, 예방 방법, 해결 방법, 진단 방법(5가지) 중 3~4가지를 설명함. 논리적 연결이 모호한 부분이 있음.
			3	질병의 발생 원인, 증상, 예방 방법, 해결 방법, 진단 방법(5가지) 중 1~2가지를 설명함. 과학적 근거가 충분하지 않거나 설명의 깊이가 부족한 편임.
			2	질병의 발생 원인, 증상, 예방 방법, 해결 방법, 진단 방법(5가지) 중 하나도 제대로 설명하지 못함.
		기관계의 상호작용	5	기관계의 상호작용을 소화계, 호흡계, 순환계, 배설계, 조직세포(5가지)를 모두 이용하여 옳게 설명함.
			4	기관계의 상호작용을 소화계, 호흡계, 순환계, 배설계, 조직세포 중 3~4가지를 활용하여 옳게 설명함.
			3	기관계의 상호작용을 소화계, 호흡계, 순환계, 배설계, 조직세포 중 1~2가지를 활용하여 옳게 설명함.
			2	기관계의 상호작용에 대해 모두 틀리게 설명하거나, 하나도 설명하지 못함.
	역할극 시나리오 작성 (7점)	의사의 설명	4	의사가 질병의 발생 원인, 예방 방법, 해결 방법, 진단 방법 등과 같은 질병의 주요 요소를 논리적이고 체계적으로 제시함.
			3	의사가 질병의 주요 요소를 논리적으로 제시하고는 있으나, 일부 설명이 부족하거나 논리적 연결이 모호한 부분이 있음.
			2	의사가 질병의 주요 요소 중 일부만 다루고 있으며, 설명이 논리적으로 연결되지 못함.
			1	의사의 설명에서 질병의 주요 내용이 거의 다루어지지 않았거나, 설명이 부정확함.

평가영역	평가요소	하위 요소	배점	채점기준
진료 시나리오 역할극 (20점)	역할극 시나리오 작성 (7점)	시나리오 구성	3	의사와 환자의 대화가 매끄러우며, 질병 사전 조사에서의 세부 사항을 모두 다룸.
			2	의사와 환자의 대화가 대체로 일관성 있게 구성되었으나, 세부 사항이 모호한 부분이 있음.
			1	시나리오의 구성에서 논리적 일관성이 떨어지거나, 일부 정보가 누락됨.
			0	시나리오 형태로 작성하지 못함.
	진료 역할극 수행 및 참여도 (3점)		3	학생들이 역할에 몰입하여 자연스럽게 대화를 이끌어 가며, 실제 진료 상황인 것처럼 재현함.
			2	역할극이 대부분 자연스럽게 진행되었으나, 일부 어색한 부분이 있음.
			1	역할극이 어색하며 상호작용이 제한적임.
			0	역할극에 참여하지 않음.

〈표 3.3〉 모범답안 예시(역할극 시나리오)

의사: "안녕하세요. 오늘 어떻게 오셨나요?"

환자: "며칠 전부터 엄지발가락에 심한 통증이 있어서요. 발이 부어오르고 붉어졌습니다. 밤에 특히 심해서 잠도 잘 수 없었습니다."

의사: "그렇군요. 통풍의 전형적인 증상 같습니다. 통풍은 혈액 내 요산 농도가 높아져 관절에 요산 결정이 쌓여 발생하는 질환입니다. 요산은 주로 퓨린이라는 물질이 분해될 때 생성되는데, 퓨린이 많이 포함된 음식이나 음주가 요산 수치를 높일 수 있습니다."

환자: "음식을 통해 요산이 생긴다고 하셨는데, 어떤 음식이 특히 문제가 되나요?"

의사: "고기, 해산물, 맥주 같은 알코올 음료에 퓨린이 많이 포함되어 있습니다. 특히 간이나 위, 장으로 만드는 순대, 부대찌개 같은 음식이 요산 수치를 높일 수 있습니다. 식단을 조절하는 것이 통풍의 예방과 치료에 매우 중요합니다."

환자: "저는 순대를 좋아해서 자주 먹고, 술도 좋아하는데……. 어쩌죠? 저는 통풍일까요?"

의사: "음……. 정확하게 진단하려면 몇 가지 검사를 해야겠습니다."

환자: "어떤 검사를 해야 하나요?"

의사: "먼저 혈액 검사를 통해 요산 수치를 확인하겠습니다. 요산 수치가 정상 범위를 벗어 나면 통풍을 진단할 수 있는 중요한 단서가 됩니다. 추가적으로, 관절액 검사를 통해 요산 결정이 실제로 관절에 쌓였는지도 확인할 수 있습니다. 이 검사를 통해 통풍 여 부를 정확히 판단할 수 있습니다."

환자: "검사 결과가 나오면 치료는 어떻게 하나요?"

의사: "급성 통풍 발작의 경우, 염증을 줄이기 위해 항염증제를 사용합니다. 요산 수치를 낮 추기 위해 요산 생성 억제제나 요산 배출 촉진제를 사용할 수도 있습니다. 그렇지만 약물에 의존하기보다는 장기적으로는 식단 조절과 체중 관리를 통해 요산 수치를 유 지하는 것이 중요합니다. 약물에 의존하는 경우 나중에 신장 등에도 문제가 생길 수 있습니다."

환자: "정말 걱정이네요. 그러면 앞으로 어떻게 관리하면 좋을까요?"

의사: "요산 수치를 낮추기 위해 퓨린 함량이 높은 음식을 피하고, 물을 많이 마셔서 요산 배 출을 촉진하는 것이 좋습니다. 또한 규칙적인 운동을 통해 체중을 조절하는 것이 필 요합니다. 주기적인 혈액 검사로 요산 수치를 모니터링하는 것도 추천합니다."

환자: "알겠습니다. 식단 조절과 체중 관리에 신경 쓰도록 하겠습니다. 어쨌든 병원에 온 김 에 통풍 검사를 받아보고 싶네요."

의사: "네, 알겠습니다. 잘 관리하시면 통풍을 예방하고 증상을 줄일 수 있습니다. 검사 결 과를 보고 구체적인 진료 계획을 잡는 것이 좋겠습니다."

2) 분석적 채점과 총체적 채점

수행평가 문항/과제 채점 방식으로 분석적 채점(analytic scoring)과 총체적 채점 (holistic scoring)이 있다. 먼저, 분석적 채점은 답안을 요소별로 쪼개어 채점하고 점 수를 합산하는 방식이다. 따라서 과제 해결 시 필수적인 요소가 무엇인지 파악하여 자세한 채점기준표를 만드는 것이 매우 중요하다. 고등학교 수학과에서 문제 해결, 창의융합, 의사소통이 필수적인 요소라고 판단한다면, 〈표 3.4〉와 같이 채점기준표 를 만들어 분석적 채점을 적용할 수 있다. 참고로 〈표 3.2〉의 수행평가 채점기준표도 분석적 채점을 적용한 것이다.

〈표 3.4〉 분석적 채점기준표 예시(고등학교 수학과)

구분	평가요소	배점	채점기준
문제 해결	변과 각이 주어진 삼각형에서 사인법칙과 코사인법칙을 활용하여 문제를 해결한다.	3	(1) 코사인법칙을 활용하여 $\overline{AB}$를 구하고, (2) 사인법칙을 활용하여 $\angle A, \angle B, R$의 값을 옳게 구함.
		2	(1) 코사인법칙을 활용하여 $\overline{AB}$를 구하고 (2) 사인법칙을 활용하여 구한 $\angle A, \angle B, R$의 값 중 하나 또는 두 가지만 구함.
		1	(1)과 (2) 중 하나만 해결함.
		0	(1)과 (2)를 모두 구하지 못함.
	자신의 신체를 활용해 새로운 삼각형을 만들고, 이것과 사인법칙과 코사인법칙을 활용하여 새로운 비트루비안 맨을 그려 내는 문제상황을 해결한다.	3	삼각형 ABE가 아닌 삼각형에 대한 자신의 신체를 측정하고, 사인법칙과 코사인법칙을 잘 활용하며, 자신의 신체를 활용하여 나만의 비트루비안 맨을 완성함.
		2	다음 중 2개만 수행한 경우 (1) 삼각형 ABE가 아닌 삼각형에 대한 자신의 신체를 측정함. (2) 사인법칙과 코사인법칙을 잘 활용함. (3) 이를 활용하여 나만의 비트루비안 맨을 나타냄.
		1	다음 중 1개만 수행한 경우 (1) 삼각형 ABE가 아닌 삼각형에 대한 자신의 신체를 측정함. (2) 사인법칙과 코사인법칙을 잘 활용함. (3) 이를 활용하여 나만의 비트루비안 맨을 나타냄.
		0	그 밖의 오답 또는 무응답
	일상생활 속에서 사인법칙과 코사인법칙을 활용할 수 있는 예를 찾아본다.	2	사인법칙과 코사인법칙을 활용할 수 있는 방법을 2가지 이상 정리함.
		1	사인법칙과 코사인법칙을 활용할 수 있는 1가지 방법을 정리함.
		0	사인법칙과 코사인법칙을 활용할 수 있는 방법을 정리하지 못함.

구분	평가요소	배점	채점기준
창의 융합	레오나르도 다빈치의 비트루비안 맨을 자신의 인체와 삼각함수를 이용하여 재창작한다.	2	자신의 몸에서 측정된 수치들을 활용하여 비트루비안 맨과 유사하게 원에 내접하는 사람을 나타냄.
		1	자신의 몸에서 수치들을 측정하여 삼각형을 만들었으나 비트루비안 맨과 유사한 그림을 그리지 못함.
		0	어떤 수치를 측정해야 하는지 방향을 결정하지 못하거나, 수치를 측정하였으나 삼각형을 완성하지 못함.
의사 소통	자신의 의견을 말하고 다른 모둠의 발표를 경청한다.	2	자신의 의견을 분명하게 밝히고 명확한 근거를 제시하며, 다른 모둠의 발표를 진지하게 경청함.
		1	자신의 의견을 밝히지만 근거가 부족하거나, 근거를 제시하여 말하더라도 다른 모둠의 발표를 경청하지 않음.
		0	자신의 의견을 제시하지 못하거나 다른 모둠의 발표를 경청하지 않음.

출처: 교육부(2018).

분석적 채점에서는 각 구성요소에 대한 점수를 알 수 있어서, 어떤 한 요소의 점수가 크게 낮을 경우 그 영역이 모자라는 부분이므로 구체적인 피드백이 가능하다. 또한 각 구성요소로 쪼개어 채점을 하면 되기 때문에 채점이 쉽고 빠르다는 점도 장점이다. 따라서 분석적 채점은 초·중등학교 시험뿐만 아니라 고부담 검사에서도 흔히 쓰인다. 그러나 분석적 채점은 부분의 합이 전체라는 가정하에 타당한 채점이다. 그렇지 못한 경우, 구성요소의 점수 합산으로 이루어진 전체 점수는 잘못된 정보를 제공할 수 있다.

반면, 총체적 채점은 전체를 하나의 채점 단위로 간주하여 점수를 부여하는 방식으로, 글쓰기, 그림, 악기 연주와 같은 예술 영역에서 말 그대로 총체적으로 채점하여야 하는 경우에 활용된다. 이를테면 그림을 보고 채점자(또는 평가자)가 전반적인 수준을 질적으로 판단하여 점수를 매기는 것이다. 그림을 보고 잘 그렸다고 판단하는 것이 우선이지 그림을 하나하나 요소별로 해체하여 평가하는 것이 무의미하다고 간주한다면, 총체적 채점을 이용해야 한다. 그 결과로 분석적 채점에서의 하위영역에 대한 점수의 합산이 아닌 A, B, C와 같은 전반적인 등급이 산출된다. 특히 글쓰기의 경우 글을 문법, 어휘, 내용 등의 구성요소로 쪼개서 채점하는 것이 의미가 없다는 판단할 경우 총체적 채점을 실시할 수 있다.

　총체적 채점은 답안의 전반적인 질을 전체적으로 판단하여 단일 점수를 부여하는 방법이므로 분석적 채점에서와 같이 요소별로 구체적인 피드백을 제공하는 것이 어렵고, 채점에 대한 근거 제시가 쉽지 않다. 또한 분석적 채점에서보다 채점자의 높은 전문성이 요구되므로 채점 비용이 증가하는 점이 단점으로 작용한다. 일반적으로 총체적 채점의 신뢰도 또한 분석적 채점의 신뢰도보다 낮다. 그러나 채점자 훈련이 잘되었을 경우, 분석적 채점보다 빠르고 효율적이며, 글쓰기, 그림, 악기 연주와 같이 과제 성격에 따라 총체적 채점이 적절한 경우도 있다. 〈표 3.5〉에서 총체적 채점기준표 예시를 제시하였다. 학생이 기술적으로 정확하게 연주하면서, 감성적으로 공감할 수 있는 음악적 표현을 할 수 있는지를 포괄적으로 평가할 경우, 총체적 채점이 적합하다.

〈표 3.5〉 총체적 채점기준표 예시(초등학교 악기 연주)

등급	기대 수행
매우 잘함	연주가 매우 표현력이 뛰어나며, 음악에 대해 매우 잘 이해하고 있습니다. 정확한 리듬, 음정, 다이내믹(강약)을 사용하여 연주합니다. 음색이 맑고 듣기 좋습니다. 눈에 띄는 실수가 없습니다. 자신감 있게 곡에 몰입해 연주합니다.
잘함	연주에 어느 정도 표현력이 있으며 음악에 대해 일정 부분 이해하고 있습니다. 대부분 올바른 리듬과 음정으로 연주하지만, 눈에 띄는 실수가 있습니다. 다이내믹과 음색에서 일관성이 부족한 부분이 있습니다. 연주 중간중간에 자신감 없이 연주를 하는 경우가 있습니다.
노력 요함	연주에 표현력이 부족하며 음악에 대해 제대로 이해하지 못합니다. 리듬, 음정, 다이내믹에서 상당한 어려움을 겪으며, 실수가 빈번합니다. 음색이 좋지 않으며, 자신감 및 몰입이 부족합니다.

3) 수행평가 과제 채점 시 주의사항

분석적 채점을 쓰든 총체적 채점을 쓰든 과제 개발 시 채점기준표 작성은 필수적이라는 점을 명심해야 한다. 특히 논술형 문항의 경우 제작 시 모범답안을 만드는 것이 채점에 도움이 된다. 모범답안을 바탕으로 채점기준표를 작성하기 좋기 때문이다. 교육부의 학생평가지원포털[3]에서 수행평가 유형별로 채점기준을 제공한다. 원하는 메뉴를 선택하여 클릭하면 채점기준을 다운로드받을 수 있다. [그림 3.1]에서 '중학교', '실험 · 실습' 수행평가 중에 '과학_실험'의 '채점기준 개발'을 선택할 때의 예시를 보여 준다. 사용자는 영역, 평가요소, 배점, 성취수준기술 등을 선택/입력하고 클릭하여 다운로드받아서 바로 활용할 수 있다.

또한 수행평가 과제는 두 명 이상의 전문가가 독립적으로 채점한 후, 그 결과가 일관되는지를 확인하는 것이 원칙이다. 특히 공정하고 객관적인 내신 성적 산출이 상대적으로 더 중요한 고등학교에서는 두 명 이상의, 즉 객관도(채점자 일치도, 채점자 신뢰도)를 구하는 것이 좋다.[4] 채점자 일치도는 채점 결과가 '상, 중, 하'와 같이 서열 척도인 경우 이용하고, 채점 결과가 점수인 경우 피어슨 상관계수를 활용한 채점자 간 신뢰도를 쓴다. 만일 일치도 또는 신뢰도가 일정 수준보다 낮다면, 어느 부분에서 불일치가 발생하는지 서로 논의하고 의견을 조율해야 한다. 필요하다면 수행평가 과제 채점 전 미리 작성했던 채점기준표 및 모범답안을 수정할 수도 있는데, 학생 수가 많을 경우 다시 되돌아가서 채점을 고치는 것은 쉽지 않은 일이다. 따라서 대규모 학생의 수행평가 과제를 채점할 경우에는 전체 학생의 전반적인 반응 정도를 훑어보기 위하여 전체의 약 10%에 해당하는 과제를 표집함으로써 채점기준표 및 모범답안의 수정이 필요한지 확인하는 절차가 수반되는 것이 일반적이다.

그러나 우리나라 중등학교의 학생평가에서는 채점기준표 및 모범답안을 수정하는 것이 쉽지 않다는 점을 주의해야 한다. 채점기준표가 정보 공시 항목에 포함되기

---

3) https://stas.moe.go.kr/cmn/main
4) 제11장에서 객관도를 자세하게 설명하였다.

[그림 3.1] 학생평가 유형별 채점기준

때문이다.[5] 각 과목의 학기별 교수학습 및 평가계획이 정보 공시 항목으로 매년 4월과 9월에 공개되는데, 공개 이후 채점기준표를 포함한 평가기준 수정은 단위학교 학업성적관리위원회의 심의를 거쳐 학부모와 학생에게 공지하는 절차를 따라야 한다. 따라서 평가 전에 다각도로 고심하여 평가기준을 수립하는 것이 최선이다. 참고로, 지필평가에서의 서술형 문항에 대한 채점기준표 및 모범답안 수정은 정보 공시 항목이 아니므로 수행평가의 수정보다 수월하다.

5 수행평가 확대와 교사 전문성

1) 교육과정-수업-평가 연계와 수행평가

2022 개정 교육과정은 교과목의 핵심 아이디어를 중심으로 지식·이해, 과정·기능, 가치·태도의 내용 요소를 유기적으로 연계하여 수업을 설계하며 학교의 여건과 학생의 특성을 고려하는 '학생 맞춤형 수업'을 강조하고 있다. 이와 더불어 문제 해결 및 사고의 과정을 중시하는 평가를 통해 학습의 질을 개선하도록 한다. 즉, 학습을 평가(Assessment of Learning)하던 관행에서 벗어나 학습을 위한 평가(Assessment for Learning: AfL), 그리고 학습으로서의 평가(Assessment as Learning)를 강조하며, 인지적 영역뿐만 아니라 정의적 영역을 포괄하는 균형 있는 평가를 다루도록 한다. 따라서 교수·학습의 한 부분으로 자연스럽게 실시되는 형성평가 및 수행평가의 중요성이 더욱 커지게 되었다. 즉, 교육부는 수행평가의 내실화를 통해 2022 개정 교육과정의 성공적인 안착을 도모하는 일환으로, 국가교육과정정보센터 웹사이트(ncic. go.kr)에서 교사가 수행평가 시 참고할 수 있도록 초·중등 교육과정의 교과별 성취

---

5) 각급학교의 학업성적관리시행지침은 학교알리미에 탑재된다(https://www.schoolinfo.go.kr/Main.do).
 [학교별 공시정보]-[관심학교급/지역/학교명 선택]-[공시정보(연도 선택)]-[학업성취상황]

기준 및 성취수준을 제공한다.

그러나 초·중등학교 현장에서의 여러 제한점으로 인하여 수행평가가 제대로 시행되지 않는 경우가 많다. 예를 들어, 작문시험에서 선다형 문항으로 문법, 철자, 구두점만을 평가하고 정작 글을 쓰는 능력은 평가하지 않는 경우가 있으며, 글쓰기로 시험을 본다고 하더라도 인위적인 검사 상황에서의 글쓰기 평가를 통하여 실제 글쓰기 수행능력을 평가하는 것은 여전히 쉽지 않다. 학교 작문시험 자체가 실제 상황에서의 평가(authentic assessment)이기 힘들기 때문이다. 시험 상황에서 학생들은 오로지 시험을 위하여 글을 쓰기 때문에 동기가 낮은 편이고, 작문 주제 또한 익숙하지 않으며, 실제 상황과 달리 책을 참고하거나 친구에게 물어볼 수도 없고, 시간도 제한되어 있어 퇴고할 시간도 없다. 이 모든 상황은 실제로 글을 잘 쓰기 위한 조건과 다른 것이다(Shepard, 2000). 다시 말해, 실제 상황에서 글을 잘 쓰는 것을 학습목표로 하여 수업을 진행하였음에도 평가는 실제 상황과 다르기 때문에 제대로 평가하지 못한다는 문제가 발생한다. 교육과정, 수업, 평가의 연계가 잘 안 된 것이다. 교육과정과 수업, 평가의 연계가 잘되려면 교사는 학년별로 읽기와 쓰기 능력이 어떻게 발전해 가는지에 대한 지식기반을 쌓을 필요가 있으며, 교수활동과 실제 상황을 평가하는 과제가 되도록 유사하게 과제를 구성해야 한다. 또한 학습 과정에 초점을 맞추며 학생이 더 잘 학습하도록 하려면, 평가를 가르치고 난 후가 아니라 가르치는 중에 실시하는 것이 좋다. 이렇게 교육과정과 수업, 평가를 연계할 목적으로는 수행평가가 선다형 문항으로 구성된 검사보다 효과적일 수 있다.

2) 수행평가 관련 교사의 역할

수행평가가 국가의 정책적 과제로 도입되어 25년 넘게 시행되고 있으나, 수행평가 확대 실시에 따른 학교 현장의 우려는 여전하다. 교사들은 어떻게 공정한 평가를 실시할 수 있는지, 그리고 그로 인한 학생·학부모의 이의제기를 줄일 수 있는지가 고민이다. 학생 및 학부모는 사교육의 필요성 증가, 수행평가 결과에 대한 학부모 개입, 교사의 평가 전문성 부족 등을 우려한다. 수행평가를 비롯한 학교에서의 학생평가가 제대로 시행되려면 근본적으로는 학교에서 학생평가를 수행하는 교사들의 학생평가에 대한 높은 전문성이 요구된다. 교사는 광범위한 내용학 지식을 가져야 하며 구성주의 교육학 지식도 있어야 한다. 또한 평가를 잘하기 위한 훈련도 받아야 하며, 자신이 가르치는 학생 집단의 수준 및 발달 단계 역시 잘 알고 있어야 한다. 그래야 자신이 담당한 학생들에게 어느 내용을 어느 비중으로 어떤 평가방법을 써서 평가할 것인지 결정할 수 있기 때문이다. 관련하여, 평가(evaluation)를 제대로 시행하려면 양적평가와 질적평가 모두를 잘 이해해야 하며, 두 가지 평가를 활용할 수 있는 전문성을 지녀야 한다. 따라서 교사는 양적 · 질적연구자의 관점으로 관찰, 면담, 성찰적 일기, 구두 발표, 과제 표본, 프로젝트, 포트폴리오 등의 다양한 자료를 모으고 분석하여 교수 · 학습에 활용할 필요가 있다.

〈심화 3.1〉과 〈심화 3.2〉에서 설명한 바와 같이, 인지이론 · 구성주의 학습이론을 수행평가의 학문적 배경이라 할 수 있다. 〈심화 3.3〉에서 Shepard(2000)를 참고하여 인지이론 · 구성주의 학습이론 관점에서 교사의 역할을 정리하였다.

심화 3.3 **인지이론 · 구성주의 학습이론 관점에서 교사의 역할**

첫째, 교사는 모든 학생이 학습할 수 있다고 믿어야 한다. 즉, 교사는 학생의 타고난 능력이 인생에서의 기회를 결정한다는 예전 패러다임을 정면으로 반박해야 한다.

둘째, 학생들이 학교에서 도전적이고 복잡한 과제를 해결하기 위해 노력할 기회를 가질 수 있도록 수행평가 과제를 구성함으로써 고차원적 사고능력과 문제해결능력을 함양시켜야 한다. 최소 성취수준만 강조하며 쉬운 것만 가르칠 경우 학생들에게 배울 기회를 박탈하는 것과 마찬가지가 되기 때문이다.

셋째, 다양한 배경의 학습자에게도 동등한 기회를 제공해야 한다. 경제적으로 어렵거나 문화적으로 배경이 달라도 학습 기회는 동등하게 부여해야 한다.

넷째, 학생이 학교에서 배운 것을 일상생활로 연결시키고, 해당 학문영역에서의 추론/사고방식을 경험하도록 해야 한다. 이를테면 교사가 수업 시간 중 학생에게 자신이 생각한 과정 또는 용어를 설명하는 것을 내면화할 수 있다면, 이후 수업에서는 교사가 시키지 않아도 학생들이 자신의 사고과정을 설명하고 자신이 사용한 용어를 명확하게 정리하게 된다.

다섯째, 학교에서 배우는 지식이 실제 맥락에서도 잘 적용될 수 있도록 도와야 한다. 교사는 실제 맥락으로 수업을 하는 동시에 학생들이 학교에서 배운 탐구기술을 학교 밖에서의 문제해결에 적용할 수 있도록 해야 한다.

여섯째, 학생들에게 중요한 기질과 습관을 함양해야 하는데, 교사는 수업을 통하여 학생들이 '탐구하는 습관(a habit of inquiry)'을 가지도록 해야 한다. 교실에서의 상호작용 본질을 바꾸는 것은 교육과정 내용을 바꾸는 것만큼이나 중요하다. 학생들에게 탐구하는 습관을 함양시킴으로써 현재의 학업성취를 향상시키는 것은 물론이고 새로운 상황으로 지식과 기능을 적용하고 이용하도록 동기를 부여할 수 있기 때문이다.

마지막으로, 학생을 배려하는 공동체 분위기에서 학생이 민주적 소양을 실천할 수 있어야 한다. 교사와 학생 간 관계를 돈독히 함으로써 학업성취 향상뿐만 아니라 협동 및 상호존중까지 도모할 수 있다. Dewey의 민주주의 개념도 공동체에 기초한 것으로, 학생들이 학교에서 사회정신을 함양하고, 학교는 학생이 자신이 소속된 공동체에 유용한 방향으로 살아갈 수 있도록 동기를 부여해야 한다고 주장한 바 있다.

연습문제

1. (1) 내가 경험했던 학창시절 수행평가 중 가장 기억에 남는/인상적인 수행평가를 떠올려 보고 그 내용, 방법, 평가기준 등에 대해 설명하시오.

   (2) 내가 해당 수행평가를 시행해야 하는 교사라면 어떻게 수정할 수 있을지 채점기준표를 포함하여 수행평가 과제를 자세하게 제시하시오.

2. 자신의 전공 분야에서 선다형 지필평가로는 평가하기 어려운 영역의 한두 차시를 선정하시오.

   (1) 해당 차시의 성취기준을 쓰고, (2) 수행평가 과제를 개발하여(채점기준표, 모범답안 포함) 발표한 후 잘된 점과 개선점에 대하여 토론하시오.

제4장

정의적 영역의 평가

주요 용어

관찰, 참여관찰, 비참여관찰, 면담, 비구조화 면담, 구조화 면담, 반구조화 면담, FGI, 질문지법, 표준화검사, 동료평가, 자기평가

학습목표

1. 정의적 영역 평가의 특징을 설명할 수 있다.
2. 관찰법의 종류와 특징을 설명할 수 있다.
3. 면담의 종류와 특징을 설명할 수 있다.
4. 질문지법의 종류와 특징을 설명할 수 있다.
5. 관찰, 면담, 질문지법을 비교하고 각 방법의 장단점을 설명할 수 있다.
6. 평가목적에 부합하는 정의적 평가를 계획하고 제작하여 교수ㆍ학습 시 활용할 수 있다.

1 개관

　학생평가를 인지적(cognitive), 정의적(affective), 심동적(psychomotor) 영역으로 나눌 수 있다(Bloom, 1956). 초·중등교육에서는 그간 인지적 영역의 평가에 초점을 맞추어 왔다. 이 책에서도 인지적 영역의 대표격인 학업성취도 평가를 중심으로 학생평가를 설명하였다. 그런데 전통적으로 중시되어 온 인지적 영역의 평가와 더불어, 정의적 영역의 평가 또한 최근 주목을 받고 있다. 예를 들어, 대입 수시 전형에서 중요한 평가요소로 작용하는 고등학교 학교생활기록부(이하 생기부) 교과 세부능력 및 특기사항(이하 세특)에서 정의적 영역의 평가가 강조된다. 교사는 검사 결과, 관찰, 면담 등을 통하여 파악한 학생의 성취 과정 및 결과를 교과 세특에 기재한다. 이때 인지적 영역뿐만 아니라 정의적 영역의 평가결과도 함께 반영한다. 대입 전형 시 대학교 입학사정관은 생기부 세특을 통해 학생의 학업 역량뿐만 아니라, 지원 학과 관련 진로 준비 과정, 문제해결능력, 리더십, 팀워크 등의 정의적 영역의 역량까지 판단하며 지원자를 종합적으로 평가한다.

　정의적 영역의 평가는 학생의 전인적 성장을 위해서도 필수적이다. 2022 개정 교육과정(교육부 고시 제2022-33호)에서 지향하는 자기주도성, 창의와 혁신, 포용성, 세계시민성 등의 핵심 가치가 바로 정의적 영역의 평가와 맞닿아 있다. 또한 2022 개정 교육과정에서는 과목별 내용 체계를 지식·이해, 과정·기능, 가치·태도의 세 가지 영역으로 제시하며, 인지적 영역뿐만 아니라 정의적 영역 평가의 중요성을 강조하고 있다. 지식·이해 영역에서는 교과별 핵심 개념과 내용을 통해 학생들이 학습하는 사실, 개념, 원리 등을 습득하고 이해하는 것을 목표로 한다. 과정·기능은 탐구와 문제 해결에 필요한 기능과 절차에 대한 것으로, 이 영역에서는 학생들이 학습한 지식과 이해를 실질적으로 활용할 수 있는 능력을 함양할 것을 강조한다. 가치·태도 영역의 목표는 특정 교과와 관련된 올바른 가치관과 태도를 형성하고, 그에 따라 행동하도록 하는 것이다. 즉, 지식과 기능을 습득하는 것을 넘어, 가치와 태도까지 포괄적으로 성장시키는 것을 목표로 학생평가를 확장할 필요가 있다.

이렇게 정의적 영역은 그 자체로도 가치가 있는데, 인지적 영역과의 연계로 인하여 그 중요성이 배가된다고 하겠다. 이를테면 프로젝트 수업이나 토의 · 토론 수업에서 학생의 문제해결력, 책임감, 팀워크, 리더십, 동기와 열정, 의사소통 능력과 같은 정의적 특성은 수업의 성패를 좌우할 만한 주요 요소로 작용한다. 같은 맥락에서, 자기효능감과 같은 정의적 특성을 활용하여 학생의 학업성취도를 높이려고 노력할 수 있다. 즉, 학생들의 학업성취도를 높이기 위해 공부 시간을 늘리거나 학습 튜터를 두어 오개념을 바로잡는 정공법을 취하기가 어려울 수 있다. 그렇다면 학업성취도와 관련된 정의적 특성을 찾아 그 변수를 통해 학업성취도를 향상시키는 것도 가능하다.

이 장에서는 인지적 영역과 정의적 영역의 교육목표를 비교한 후, 정의적 영역 평가의 특징 및 평가방법을 설명할 것이다. 구체적으로 관찰, 면담, 질문지법(표준화검사 포함)의 장단점을 살펴보고, 방법 간 특징을 비교하겠다. 마지막으로 학교 현장에서의 정의적 영역 평가 실천 예시를 제시하겠다.

2 정의적 영역의 교육목표

1) 인지적 영역과 정의적 영역의 교육목표 비교

Bloom(1956)은 『Taxonomy of educational objectives: The cognitive domain (Handbook I)』이라는 책을 편집하며 인지적 영역을 지식(knowledge), 이해(comprehension), 적용(application), 분석(analysis), 종합(synthesis), 평가(evaluation)의 여섯 가지 위계적 단계로 분류하였다. 이후 Krathwohl(2002)은 Bloom의 상위 두 단계인 '종합'과 '평가' 중 '종합'을 삭제하고, 최상위 단계를 '창조'로 변경하였다. 그리고 명사형이었던 Bloom의 단계를 동사형으로 바꾸며 인지적 영역의 교육목표를 기억하다(remember), 이해하다(understand), 적용하다(apply), 분석하다(analyze),

평가하다(evaluate), 창조하다(create)와 같은 행동 단어로 쓸 수 있다고 하였다.

한편, 정의적 영역은 느낌, 가치, 감상, 동기, 태도 등과 연관된다. 학생평가에서 정의적 영역의 예시로 자아존중감, 자아효능감, 창의성, 자기주도적 학습 태도, 학습 동기, 학습불안, 직업적성 등이 있다. Krathwohl, Bloom, Masia(1964)는 『Taxonomy of educational objectives: The affective domain (Handbook II)』에서 정의적 영역의 교육목표를 (자극) 수용(receiving phenomena), (자극) 반응(responding to phenomena), 가치화(valuing), 조직화(organization), 인격화(characterization)의 다섯 가지 위계적 단계로 분류하였다. 다섯 가지 위계적 단계는 학생이 감정이나 태도, 즉 가치를 내면화하며 행동으로 표현하는 점진적인 발전 과정을 반영한다.

2) 정의적 영역 교육목표의 다섯 가지 위계적 단계

정의적 영역 교육목표의 다섯 가지 위계적 단계를 설명하겠다([그림 4.1]). 첫 번째 단계인 수용 단계에서 학생은 정보를 인식하고 수용한다. 교사의 설명이나 다른 학생의 발표를 들으며 어떤 가치에 대해 관심을 가지는 단계는 수용 단계다. 이를테면, '사람은 정직해야 한다'는 교사의 설명을 들으며 정직이 중요한 가치라는 점을 인식하고 관심을 가지는 단계라 하겠다.

두 번째 단계인 반응 단계는 첫 번째 단계인 수용 단계를 기반으로 한다. 즉, 학생이 수용 단계에서 받아들인 어떠한 정보(가치)를 바탕으로, 주어진 자극에 대해 행동으로 반응한다면, 이 학생은 반응 단계에 있다. 이를테면, 수업 시간에 정직해야 한다고 배웠기 때문에, 정직을 실천하려는 모습을 보인다. 또는 수업 중 질문에 답하거나 토론에 참여하는 식으로 반응할 수 있다.

세 번째 단계인 가치화 단계에서 학생은 특정 신념이나 가치를 중요하게 여기며 내면화한다. 이를테면 정직을 중요한 개인적 가치로 내면화하여, 자신의 삶에서 중요한 원칙으로 여기며 이를 지속적으로 실천하려는 모습을 보이게 된다.

네 번째 단계인 조직화 단계에서 학생은 여러 가치를 비교하고 가치 간 우선순위를 정하며 가치 체계를 형성한다. 둘 이상의 가치가 있을 때, 어느 가치가 더 중요한

지 정리하고 가치를 조화롭게 실천하도록 노력하는 단계다. 예를 들어, 시험 중 친구의 부정행위를 목격한 학생이 갈등 상황 속에서 정직과 친구관계라는 두 가지 가치를 조율하고 해결하는 모습을 보여 준다면, 이는 조직화 단계의 예시가 된다.

마지막 단계인 인격화 단계에서 가치체계가 확립되고 내면화된다. 이 단계에서는 특정 가치가 삶의 일부분으로 완전히 내면화되어, 일상생활 속에서 그 가치를 꾸준히 실천하는 모습을 보여 준다. 이를테면, 정직을 생활 신조로 삼고, 모든 상황에서 정직하게 행동할 경우, 인격화 단계에 있다. 정직을 핵심 가치로 삼았기 때문에 본인의 행동이 정직했는지를 지속적으로 성찰하며, 본인이 정직하게 행동하는 것은 물론이고 다른 사람들에게도 정직을 권장한다.

[그림 4.1] 정의적 영역 교육목표의 다섯 가지 위계적 단계

③ 정의적 영역 평가의 특징

정의적 영역의 평가는 인지적 영역의 평가와 비교 시 몇 가지 특징이 있다. 우선, 평가방법이 다르다. 정의적 영역 평가에서는 학생의 태도, 가치나 신념의 내면화 및 실천을 평가하므로 관찰, 면담 등의 질적 방법을 주로 쓴다. 동료평가와 자기평가를 활용하기도 한다. 평가결과 또한 점수, 등급, 순위 등의 수치(정량적) 자료보다는,

학생의 행동, 또는 태도나 감정 변화를 서술한 질적(정성적) 자료 형태로 제시되는 경우가 많다. 따라서 인지적 영역 평가와 비교 시 상대적으로 평가자의 주관적 해석이 개입될 여지가 크다. 평가결과의 일관성을 확보하려면 채점기준표를 명확하게 작성하고, 채점자 객관도를 확인할 필요가 있다.

다음으로, 정답이 명확하게 존재하는 인지적 영역의 평가와 달리, 정의적 영역의 평가는 정답이 없다. 특히 질문지법을 활용할 경우, 학생들은 평가문항에 본인이 원하는 쪽으로 마음대로 답을 할 수 있다. 이와 관련된 정의적 영역 평가의 문제로, 학생들이 사회적으로 바람직한 방향으로 답을 하려는 경향 및 허위반응이 있다. 예를 들어, '어려움에 처한 사람들에게 본인은 얼마까지 기부가 가능한가요?'와 같은 문항에 실제보다 더 많이 기부할 것처럼 사회적으로 바람직한 방향으로 답을 하는 것이다. 이를 사회적 바람직함 편향(social desirability bias)이라 하며, 이는 자기보고식(self-report) 설문에서 흔하게 발생하는 문제 중 하나다. 또는 여성 흡연자에게 '임신을 한다면 담배를 끊을 마음이 얼마나 있나요?'에 사실은 금연할 생각이 전혀 없는데도 본인에게 유리한 쪽으로 답을 하기로 마음먹고 금연을 할 것이라고 허위반응하는 경우가 되겠다. 따라서 제대로 된 반응을 얻으려면, 연구자(예: 교사)가 참여자(예: 학생)에게 정답이 없으며 결과가 연구목적(예: 수업 개선 및 학습활동 지원) 외 다른 용도로 쓰이지 않을 것이므로 솔직하게 답하는 것이 중요하다고 강조해야 한다.

비슷한 맥락에서, 정의적 영역 평가문항에 대한 반응은 상황에 따라 달라질 수 있다. 수학문제를 실수로 틀릴 수는 있지만 특별한 처치(treatment) 없이 모르던 내용을 갑자기 알게 되거나, 아니면 반대로 어제는 풀 수 있었는데 오늘은 갑자기 손도 못 댈 확률은 희박하다. 그러나 이를테면 진로탐색 검사의 경우 어제는 요리사가 되고 싶었는데 오늘은 경찰이 되고 싶다고 답하는 경우가 충분히 발생할 수 있다. 이렇게 그때그때 상황에 따라 반응이 달라지게 된다면 검사 신뢰도가 낮을 수밖에 없고, 검사 타당도 또한 크게 낮아지게 된다. 따라서 시간에 따른 변화를 관찰하고 평가해야 하며, 일회성 평가보다는 학기 또는 연간 단위의 평가가 이루어질 필요가 있다. 정리하면, 정의적 영역의 평가는 인지적 영역의 평가보다 상대적으로 어려운 면이 있다.

④ 평가방법[1]

　정의적 영역 평가방법을 크게 관찰(observation), 면담(interview), 질문지법 (questionnaire; 설문지법)으로 나눌 수 있다. 표준화검사(standardized test), 동료평 가, 자기평가는 질문지법의 일종으로 볼 수 있다. 예를 들어, 교사가 학생의 리더십 을 측정하고 평가한다고 하자. 관찰법을 쓴다면, 학교생활 면면에서 학생이 자신감 이 강하고 자기관리를 잘하는지, 승부욕이 있으며 과제에 몰입하고 책임감이 있는 지, 친구를 사귀는 데 어려움을 느끼지 않으며 밝고 활력이 있는지 등을 교사가 관찰 하고 기록한다. 면담의 경우 비슷한 내용으로 학생에게 질문하고 학생의 답변을 범 주화한다. 관찰과 비교 시 면담은 교사(연구자)가 궁금한 점을 학생(면담대상)에게 직 접 물어볼 수 있다는 장점이 있다. 또는 학생이 스스로 응답하는 자기보고식 리커트 (Likert) 척도로 측정하는 질문지법 또는 표준화검사를 쓴다고 하자. 학생은 '나는 내 가 맡은 일은 잘 해낸다', '과제제출 마감시간을 잘 지키는 편이다', '마음 먹으면 친구 사귀는 것이 어렵지 않다', '다른 사람에게 지기 싫어하는 편이다'와 같은 문항에 '전 혀 동의하지 않는다'부터 '매우 동의한다'의 리커트 척도에 답을 하게 된다. 관찰, 면 담 등의 기법에 대한 구체적인 설명은 유진은, 노민정(2023) 등을 참고하면 된다. 관 찰, 면담, 표준화검사, 그리고 동료평가와 자기평가를 살펴보겠다.

1) 관찰

　관찰은 면담과 더불어 질적연구(qualitative research)의 양대 분석기법이다. 관찰법 의 특징은 다음과 같다. 첫째, 관찰이 가능하기만 하면 되므로 관찰대상과 소통이 불 가능해도 관찰법을 쓸 수 있다. 이를테면 말/글을 모르는 영유아 또는 심지어 동물

---

[1] 관찰, 면담, 질문지법과 같은 사회학, 심리학 등의 사회과학 학문 영역에서 발전해 온 기법들을 학생평가 맥락에서 정의적 영역 평가기법으로 활용하고 있다. 이 장에서는 연구자로서 교사를 상정하며 이러한 기 법들을 설명하였다.

도 관찰로 측정할 수 있다. 반면, 겉으로 드러나지 않는 특성은 관찰하기 힘들다는 점이 관찰의 제한점이 된다. 둘째, 응답자(예: 학생)가 직접 답을 하는 질문지법과 달리, 관찰에서는 관찰자의 시점이 중시된다. 관찰대상이 달라진 심리 상태를 겉으로 드러내지 않는 한, 관찰대상의 기분에 따라 조사결과가 왔다 갔다 하지 않는다는 점은 장점이 될 수 있다. 질문지법을 쓸 경우 관찰대상의 심리 상태에 따라 매번 결과가 달라질 수 있다. 셋째, 관찰대상이 관찰당하고 있다는 사실을 인식할 경우 의식적으로 특정 행동을 더 하거나 덜 할 수 있다. 특히 어떤 행동을 사적인 영역이라고 생각하여 관찰당한다는 것에 거부감을 느낀다면 관찰대상이 그 행동을 아예 안 할 수도 있다는 점이 관찰법의 단점이다. 관찰대상의 과잉/과소 반응 문제를 해결하기 위하여 연구자는 관찰 기간을 늘릴 수 있다. 초기에는 관찰당한다고 의식했던 관찰대상도, 시간이 지나면서 관찰자에게 익숙해져서 의식적인 과잉/과소 반응이 줄어들 수 있는 것이다.

관찰에는 참여관찰과 비참여관찰이 있다. 참여관찰의 경우 관찰대상과 함께하며 일상생활에서 자연스럽게 관찰대상을 관찰하면서 관찰대상의 거부감을 줄이고 더 풍부한 결과를 얻을 수 있다. 주로 질적연구에서 관찰을 많이 활용하며 관련 연구가 많다. 이를테면 노숙자의 삶을 심층적으로 이해하기 위하여 노숙자와 같이 생활하고 상호작용하는 것은 참여관찰 기법을 활용한 유명한 사례다. 이 사례에서 사회학자이자 질적연구자인 관찰자는 사회학 또는 사회복지학의 관점으로 노숙자의 삶을 가까이에서 직접 관찰하고 같이 경험함으로써 풍부한 자료를 얻고 노숙자에 대하여 깊이 있게 이해하게 된다. 참여관찰을 쓰는 경우 연구자 1인이 연구를 수행하는 경우가 많으므로, 관찰자는 그 연구기법뿐만 아니라 해당 내용에 대하여도 전문가여야 한다.

관찰대상과의 상호작용을 최소화하며 관찰하는 것을 비참여관찰이라고 한다. 이를테면 동물행동 연구와 같이 관찰대상과의 상호작용이 어렵거나 불필요할 때 비참여관찰 기법을 활용한다. 또는 관찰대상이 관찰당하는 것을 너무 의식하여 연구 결과에 영향을 미칠 수 있다고 판단할 경우 비참여관찰을 할 수 있다. 북한이탈학생이 우리나라 학교에서 어떻게 적응하고 있는지 알아보기 위하여 관찰법을 쓰기로 했다고 하자. 그런데 북한이탈학생이 자신의 신분이 노출되는 것을 원하지 않아서 참여관찰 대상이 되는 것을 꺼린다면(김미숙, 2005), 비참여관찰을 활용하는 것이 낫다. 또는 학교부적응학생이 되는 원인을 파악하고자 할 때도 학교부적응학생의 학교생활을 비참여관찰을 통하여 알아볼 수 있다.

관찰의 예를 들겠다. 강의식 수업 중 학생의 집중도를 측정하기 위하여 관찰법을 쓰기로 했다고 하자. 강의자가 강의에 집중하느라 관찰자만큼 자신의 수업의 면면을 들여다보기 힘든데, 관찰을 통하여 더 풍부한 정보를 얻을 수 있다는 장점이 있으므로 관찰자를 따로 둘 수 있다. 관찰자는 관찰이 시작되기 전 미리 해당 교실의 좌석표를 준비하고 각 학생의 성별, 이름 등을 숙지한다. 또한 학생이 집중하지 않는 예시들을 미리 범주화하여 학생들의 잡담을 A, 시계를 보는 행동을 B와 같이 표기하도록 범례를 만든다. 관찰이 시작되면 모든 학생을 관찰할 수 있는 위치에 자리 잡고 5분 간격으로 학생들의 잡담, 집중 결여 행동 등을 표에 기록한다(〈표 4.1〉).

〈표 4.1〉 관찰법 예시

	10:10	10:15	10:20	10:25	10:30	10:35	10:40	10:45	10:50	합계
A(잡담)	2	1	0	1	2	1	0	1	5	13
B(시계 보기)	1	0	0	0	0	2	3	4	6	16

관찰 결과를 수량화하여 양적자료로 활용할 수도 있다. 양적연구와 질적연구를 모두 활용하는 혼합방법연구(mixed methods research)에서 이러한 접근을 주로 취한다. 관찰을 연구에서 활용할 때, 관찰자가 어떤 내용을 얼마나 자주 관찰할지를 미리 정해야 한다. 또한 관찰자 훈련을 통하여 관찰자 간 일치도가 일정 수준 이상이 될 때만 관찰을 시켜야 한다. 다음으로 수업을 비디오로 찍거나 녹음한 것을 2인 이상의 관찰자가 반복하여 보고 들으며 독립적으로 점수를 매긴 것으로 관찰자 간 일치도를 구하여 이 값이 일정 수준 이상이 되어야 한다. 이 부분은 검사 객관도(제11장)를 참고하면 된다.

2) 면담

면담(interview)은 면담 프로토콜(interview protocol)의 구조화 정도에 따라 구조화(structured) 면담, 비구조화(unstructured) 면담, 반구조화(semi-structured) 면담으로 나뉜다. 구조화 면담(structured interview)은 질문 리스트가 있어서 같은 질문을 같은 순서로 모든 면담대상자에게 묻는 방법이다. 따라서 면담을 처음 쓰는 연구자의 경우에 적합하며, 신뢰도가 높은 편이다. 그러나 융통성이 없는 방법이므로 돌발 상황에 대처하기 힘들며, 새로운 사실을 발견할 가능성이 낮다는 문제가 있다.

비구조화 면담(unstructured interview)은 사전에 계획된 명확한 질문 리스트가 없는 방법이다. 연구 주제와 관련된 하나의 큰 일반적인 질문으로 비구조화 면담을 시작하나, 면담대상자의 답변에 따라 다음 질문은 모두 달라질 수 있는 방법이다. 비구조화 면담은 심층면담(in-depth interview)이라고도 불리며, 일대일로 실시되는 개별면담(individual interview) 방법을 이용한다. 비구조화 면담의 경우 면담대상자에 따라 융통성을 발휘할 수 있으므로 면담 중 연구자의 전문성이 가장 많이 요구되는 반면, 면담대상자들에게 다른 질문을 할 수도 있고 질문 순서도 같지 않기 때문에 양적연구 관점에서의 신뢰도는 낮다. 그러나 전문성을 지닌 연구자가 비구조화 면담을 하게된다면 구조화 면담으로는 불가능한 풍부한 정보를 얻을 수 있다는 큰 장점이 있다.

반구조화(semi-structured) 면담은 구조화 면담과 비구조화 면담 방식을 절충한 방법이다. 반구조화 면담 중 FGI(Focus Group Interview; 초점집단면담)가 가장 많이 쓰인다. 또한 FGI는 집단면담(group interview)의 한 방식으로, 개별면담(individual interview)으로 시행되는 비구조화 면담과 차이점이 있다. 예를 들어, 기업에서의 신상품 출시 또는 선거 이슈에 대한 여론을 파악할 목적이라면, FGI는 보통 7~8명의 면담대상자와 한 명의 진행자(facilitator; 촉진자)로 구성된다. 진행자가 미리 계획된 질문 리스트로 FGI를 시작하지만, 면담대상자의 반응 또는 답변에 따라 질문 순서가 바뀔 수 있고, 다음 질문이 이전 답변에서 다뤄졌다고 판단한다면 아예 생략할 수도 있다. FGI는 집단면담이므로 면담 집단 내 상호작용까지 파악할 수 있다는 장점이 있다.

면담은 글을 모르는 문맹자나 어린이에게도 실시할 수 있다는 점에서 유용하다. 얼굴을 맞대고 면담을 하면서 면담대상자의 반응을 보고 자연스럽게 추가 질문을 하고 정보를 얻을 수 있고, 말로 설명을 해 줄 수 있기 때문에 복잡한 질문도 가능하며, 답변을 듣다가 떠오른 어떤 주제에 대하여 자세히 캐묻기(probing)까지 가능하다는 점이 면담의 장점이다. 그러나 고위직 정치인 또는 교도소 수감자와 같은 특수계층을 대상으로 하기 어려우며, 보통 대면으로 면담을 하기 때문에 결과가 '무기명'으로 쓰일 것이라고 납득시키는 것이 어렵다. 이를테면 동성애와 같은 민감한 주제를 다루며 동성애자를 면담하는 경우 면담대상자인 동성애자들이 자신의 신분이 노출되는 것을 우려하며 면담에 협조적이지 않을 수 있다. 마지막으로, 면담자 편향(interviewer bias; 면담자 편견)이 작용하지 않도록 주의해야 한다. 예를 들어, 면담자는 면담대상자가 허름하고 냄새나는 옷을 입은 것을 보니 게으르고 자기관리를 못하는 사람일 것이라고 생각하는 식의 선입견을 가져서는 안 된다.

3) 질문지법: 표준화검사

질문지법(questionnaire, 설문지법)에서는 여러 문항으로 이루어진 질문지(설문)를 활용한다. 질문지법 중 표준화검사는 검사 제작에 다수의 내용전문가 및 평가전문가가 투입되어 검사 실시, 채점, 해석의 모든 과정이 표준화된 검사를 뜻한다. 이를테면 성격과 흥미를 측정하는 표준화검사 예시로 각각 MMPI(Minnesota Multiphasic Personality Inventory), SII(Strong Interest Inventory)가 있다. 표준화검사에서는 검사 실시, 채점, 해석에 있어 따라야 하는 절차들이 있으며, 이는 보통 검사 매뉴얼(test manual)에 구체적으로 명시된다.

표준화검사는 대규모 학생을 대상으로 검사를 실시할 수 있다는 장점이 있다. 예전에는 우편조사 또는 전화조사를 통하여 표준화검사를 실시하였으나, 최근에는 기술의 발달로 인터넷을 많이 이용한다. 특히 인터넷 조사는 실수로 응답하지 않거나 잘못 응답하는 경우 다음 문항으로 넘어가지 못하도록 할 수 있기 때문에 무응답을 줄일 수 있다는 장점이 있어서 선호되는 편이다. 질문지법은 관찰, 면담과 비교 시 결과 회수율이 낮으므로, 회수율을 높이기 위한 여러 방안을 강구한다. 예를 들어, 응답자 중 추첨을 통하여 상품을 주기도 하고, 우편조사일 경우 봉투 안에 소정의 돈을 동봉하기도 했다.

(1) 폐쇄형: 순위형과 선택형

질문지법은 폐쇄형(closed) 또는 개방형(open-ended) 문항으로 구성된 질문지를 이용한다. 폐쇄형 문항은 순위형, 선택형, 평정형, 의미변별형 등의 척도를 쓸 수 있다. [그림 4.2]의 '순서대로 나열하시오.'와 같은 문항이 순위형 문항이다. 그런데 이렇게 서열척도로 측정되는 순위형 문항은 응답하기 어렵고 시간이 상대적으로 많이 걸릴 뿐만 아니라 분석하는 것도 쉽지 않다. [그림 4.3]과 같이 하나만 선택하도록 하는 선택형 문항을 쓸 경우 응답도 쉽고 분석도 쉬워진다.

---

1. 다음 직업군을 관심이 있는 <u>순서대로</u> 나열하시오. 예: ⑤-④-①-③-②.

　① 기술자(건축설계, 자동차 정비, ……)

　② 영화배우, 영화감독

　③ 운동선수, 운동코치

　④ 의사, 약사

　⑤ 교사, 사서

[그림 4.2] 순위형 문항 예시

---

2. 다음 중 가장 관심 있는 직업군을 <u>하나</u> 고르면?

　① 기술자(건축설계, 자동차 정비, ……)

　② 영화배우, 영화감독

　③ 운동선수, 운동코치

　④ 의사, 약사

　⑤ 교사, 사서

[그림 4.3] 선택형 문항 예시

(2) 폐쇄형: 평정형

평정형 척도(rating scale)로 리커트(Likert), 서스톤(Thurstone), 거트만(Guttman) 등이 있다. 그중 가장 많이 쓰이는 척도는 리커트(Likert) 척도다. 원래 리커트 척도는 1(전혀 동의하지 않는다), 2(약간 동의하지 않는다), 3(보통이다), 4(약간 동의한다), 5(매우 동의한다)의 5점 척도로 구성된다. 리커트 척도를 좀 더 쪼개어 7점 척도 또는 9점 척도로 제시하는 경우도 있다. 7점 척도나 9점 척도일 경우 각 척도의 중앙값에 해당되는 4와 5가 '보통이다'가 된다. 연구목적에 따라 '보통이다'를 빼고 동의하는지(3, 4) 동의하지 않는지(1, 2)를 강제로 선택하도록 하는 4점 척도를 쓰기도 한다. [그림 4.4] 는 TIMSS(Trends in Mathematics and Science Study) 학생 설문의 일부 문항으로, 4점 리커트(Likert) 척도를 썼다.

3. 다음 제시문에 어느 정도 동의하거나 동의하지 않는지 표시하시오.	1. 전혀 동의하지 않음	2. 약간 동의하지 않음	3. 약간 동의함	4. 매우 동의함
1) 나는 수학을 배우는 것이 즐겁다.	○	○	○	○
2) 수학을 배울 필요가 없다면 좋겠다.	○	○	○	○
3) 수학은 지루하다.	○	○	○	○
4) 나는 수학을 통해 재미있는 것을 많이 배운다.	○	○	○	○
5) 나는 수학을 좋아한다.	○	○	○	○
6) 수학을 잘하는 것은 중요하다.	○	○	○	○

[그림 4.4] 평정형 문항 예시

① 리커트 척도의 특징[2]

리커트 척도는 만들기도 쉽고 사용하기도 쉬워서 널리 쓰인다. [그림 4.4]의 예시에서와 같이 '나는 수학을 배우는 것이 즐겁다.', '수학은 지루하다.', '나는 수학을 좋아한다.'와 같은 진술들을 여러 개 만들기만 하면 척도는 1, 2, 3, 4로 이미 제시되어 있기 때문이다. 이러한 문항들로 구성된 구인의 신뢰도가 높을 경우, 1, 2, 3, 4 값들에 대한 합이나 평균을 이를테면 '수학 흥미'로 명명하고 통계분석을 진행하는 것이 일반적이다. 그러나 리커트 척도는 서열척도로, 척도의 동간성은 충족하지 못한다는 점을 알고 있어야 한다. 즉, 1(전혀 동의하지 않음)과 2(약간 동의하지 않음)의 간격이 3(약간 동의함)과 4(매우 동의함)의 간격과 같지 않다.

② 리커트 척도의 반응 편향

리커트 척도가 만들기 쉽고 쓰기 쉬운 반면, 여러 가지 반응 편향(response bias)[3]이 발생할 수 있다. 집중경향(central tendency) 편향은 '보통이다'가 있는 5점, 7점, 9점 리커트 척도에서 응답자가 설문 문항에 대해 의견이 있음에도 불구하고 고민하기 싫거나 확신이 없어서 중앙값인 '보통이다'를 선택하는 경우를 뜻한다. 한편, 응답자가 설문의 항목을 충분히 이해하지 않거나 깊이 생각하지 않고 모든 문항에 긍정적인 응답을 선택할 경우, 일관성(acquiescence; 묵인) 편향이 발생한다. 즉, 모든 문항에 자신의 실제 의견과 상관없이 '매우 그렇다'라고 응답하는 것이다. 반대로 불만이 있는 응답자가 모든 문항에 대해 부정적으로 응답할 경우, 부정적 응답 편향(disacquiescence bias)이 발생한다. 응답자가 실제로는 그렇지 않은데 자신의 의견을 더 강하게 표현하기 위하여 극단적인 값인 '매우 그렇다' 또는 '전혀 아니다'를 선택할 때, 극단적 응답(extreme response) 편향이 일어날 수 있다.

---

2) 제5장의 서열척도에서도 다루었다.
3) '편향(bias)' 대신 '오류(fallacy)'라는 용어를 사용하는 경우가 있는데, 오류는 너무 뜻이 강하다고 판단하여 Whitley & Kite(2018)를 참고하여 편향으로 정리하였다.

③ 정의적 영역의 평정에서 발생 가능한 편향

다음은 리커트 척도 포함 정의적 영역의 평정에서 발생 가능한 편향이다. 관용 (leniency) 편향은 평정대상의 어떤 좋은 특성으로 인하여 다른 특성도 좋게 평정하는 것으로, 후광(halo) 편향으로도 불린다. 응답자가 어떤 교사를 매우 좋아해서 그 교사와 관련된 모든 문항에 대해 긍정적으로 응답한다면, 후광 편향이 발생한다. 반대로 역후광(reverse halo) 편향도 가능하다. 즉, 평정대상의 어떤 좋지 않은 특성으로 인하여 다른 특성도 나쁘게 평정하는 것이다. 후광 편향과 역후광 편향을 인상 편향으로 부르기도 한다.

대비(contrast) 편향은 평정자가 가지지 못한 어떤 특성을 평정대상에게서 관찰할 때 그 점을 실제보다 더 부각시켜 평정하는 것을 말한다. 논리(logic) 편향은 잘못된 논리로 평정할 때 발생한다. '이 교사는 학생들에게 부드럽게 말한다'와 '이 교사는 학습 자료를 효과적으로 활용한다'라는 문항이 있다고 하자. 만약 부드럽게 말하는 교사가 학습 자료도 효과적으로 활용할 것이라는 옳지 않은 논리에 따라 평정한다면, 논리 편향이 발생한다.

표준 또는 기준 차이에 의한 편향은 응답자에 따라 기준이 달라서 발생한다. 수업 참여도 평정에서 어떤 사람은 매우 활발한 토론 참여가 기준인 반면, 다른 사람은 조용히 집중해서 듣는 것도 참여로 간주할 수 있다. 그렇다면 동일한 척도라도 평정자의 기준이 달라서 편향이 발생할 수 있다.

그 외 사회적으로 바람직한 답변을 선택하는 편향(social desirability bias), 설문이 길거나 복잡할 때 대충 응답하는 길이 편향(length bias), 문항 배치나 순서가 답변에 영향을 미치는 문항 순서 편향(order effect bias), 설문의 첫 번째 문항에 크게 영향을 받아 반응하는 첫인상 편향(primacy bias), 시간이 지나면서 기억이 왜곡되어 발생하는 기억 편향(recall bias) 등도 있다.

(3) 폐쇄형: 의미변별척도

의미변별척도(Semantic Differential Scale)는 어떤 개념 또는 대상에 대한 태도, 인식, 가치관 등을 양적으로 측정할 목적으로 활용된다. 응답자는 평가(evaluation), 능력(potency), 활동(activity) 차원으로 구성되는 3차원의 의미공간(semantic space)에서 제시되는 '좋다-나쁘다', '크다-작다'와 같은 대비되는 형용사/동사군에 대하여 자신의 느낌에 해당되는 것을 선택한다. 이를테면 수업이나 교과에 대한 학생들의 인식을 평가할 때 '재미있다 vs. 지루하다', '어렵다 vs. 쉽다', '유익하다 vs. 불필요하다'와 같은 양극단의 형용사를 사용할 수 있다. [그림 4.5]는 '교사'에 대한 응답자의 인식을 알아보기 위하여 평가, 능력, 활동의 각 차원에서 대비되는 형용사/동사군을 제시한 의미변별척도 예시다.

4. '교사'에 대한 자신의 느낌에 해당되는 것을 고르시오.

		+3	+2	+1	0	-1	-2	-3	
평가 차원	좋다								나쁘다
	아름답다								추하다
	깨끗하다								더럽다
능력 차원	크다								작다
	강하다								약하다
	무겁다								가볍다
활동 차원	적극적								소극적
	능동적								수동적
	빠르다								느리다

[그림 4.5] 의미변별척도 예시

실제 연구에서는 의미변별척도를 필요에 따라 유연하게 적용할 수 있다. 예를 들어, 수업 컨설팅에서 수업의 구조에 대해 '조직적이다 vs. 혼란스럽다', 교사의 태도에 대해 '권위적이다 vs. 상냥하다', 교사의 배려하는 말하기 정도에 대해 '부드럽다 vs. 딱딱하다', 학습 자료 활용에 대해 '계획적이다 vs. 즉흥적이다', 그리고 수업 분위기에 대해 '즐겁다 vs. 불쾌하다' 중에서 선택하게 할 수 있다. 3차원의 의미 공간을 고려하지 않고 대조되는 형용사/동사군을 제시한 예시다.

(4) 개방형 문항

개방형 또는 자유반응형 문항은 응답자가 자유롭게 자신의 의견을 쓰도록 한다. 보통 폐쇄형 문항들을 앞에 두고 마지막에 개방형 문항을 놓는다. [그림 4.4]와 같은 폐쇄형 문항 뒤에 '이 외에 수학 교과에 대한 다른 의견이 있으면 자유롭게 적어 주세요.'와 같은 문항을 제시하여 결과를 분석함으로써 좀 더 풍부한 정보를 얻을 수 있다. 참고로 이렇게 폐쇄형 문항과 개방형 문항을 한 질문지에 함께 쓰는 것은 혼합방법연구에서 양적자료와 질적자료를 함께 얻는 방법 중 하나다(Creswell & Clark, 2018).

(5) 기타: 투사법

'수학을 좋아하나요?'와 같이 응답자의 의견을 직접적으로 물어보는 방법이 일반적인데, 투사법(projective method)을 통하여 의견을 간접적으로 알아보는 방법도 가능하다. 언어적 기법을 쓰는 투사법으로 단어연상법과 문장완성법이 있다. [그림 4.6]은 문장완성법을 활용한 투사법 예시다. [그림 4.7]에서와 같이 인칭(1인칭과 3인칭)만 달리하여 같은 내용으로 질문을 할 때 응답이 달라진다면 연구자는 1인칭만으로 또는 3인칭만으로 물어볼 때는 얻기 힘든, 응답자의 솔직한 자료를 얻을 수 있다. 응답의 불일치 정도를 통하여 응답의 신뢰성 또한 알아볼 수 있다. [그림 4.7]은 리커트 척도를 활용한 투사법 예시가 될 수 있다.

---

1. 철수는 어려운 사람을 보면 _____

2. 나는 어려운 사람을 보면 _____

[그림 4.6] 문장완성형을 활용한 투사법 예시

	1. 매우 낮다	2. 약간 낮다	3. 보통이다	4. 약간 높다	5. 매우 높다
1) 수학 교과에 대한 <u>자신</u>의 흥미는?	○	○	○	○	○
2) 수학 교과에 대한 같은 <u>반 친구들</u>의 흥미는?	○	○	○	○	○

[그림 4.7] 리커트 척도를 활용한 투사법 예시

다른 투사법으로 그림을 이용하는 주제통각검사(Thematic Apperception Test: TAT), Rorschach 잉크반점 검사, 만화대사 완성법, 그리고 사이코드라마 등이 가능하다. 주제통각검사는 명백하지 않은 애매한 상황의 그림을 제시한 후, 응답자가 그 그림을 어떻게 해석하는지 분석하는 방법이다. Rorschach 잉크반점 검사는 종이에 잉크를 뿌려 대칭되는 모양을 보여 주고 마찬가지로 응답자가 무엇을 연상하는지 알아보는 방법이다. 만화대사 완성법은 말 그대로 만화를 몇 컷 제시하고, 문장완성검사에서와 같이 만화대사를 완성하도록 한다. 사이코드라마는 역할극 상황에서 직접 역할을 맡아서 그 상황에서의 생생한 반응을 이끌어 낼 수 있다. 투사법을 활용할 경우 응답자는 외부의 시선이나 압력으로부터 자유롭게 응답할 수 있으므로 연구자는 응답자의 무의식적인 인식, 가치관 등을 파악할 수 있다는 장점이 있다. 그러나 이러한 검사에 익숙한 사람이 의도적으로 답할 때 가려내기 힘들다는 단점 또한 있다.

4) 질문지법: 동료평가와 자기평가

학생들이 자신의 태도와 감정을 스스로 평가하고, 친구들과 서로 피드백을 주고받는 과정에서 행동 및 태도가 성장할 수 있으므로 정의적 영역 평가에서 동료평가와 자기평가는 특히 중요하다. 동료평가의 예시를 [그림 4.8]에 제시하였다. 조별 과제 중 조원의 과제 수행을 의사소통, 적극성, 협동심, 참여도의 네 가지 영역에서 평가한다. 각 영역에 대한 설명과 예시를 평가지에 함께 제공하여, 동료평가가 더 원활하게 이루어지도록 하였다. 또한 영역별 점수 부여의 이유를 구체적으로 작성하도록 하여, 성실하고 충실한 평가를 유도하였다.

〈**조별** 동료평가 채점표〉

이름:

- ▪ **본인을 제외**한 각 조원을 평가하세요.
- ▪ **모든 영역별** 점수를 자연수로 입력하세요(예: 2, 3). 합계는 자동계산됩니다.
- ▪ 의견(영역별 점수 부여 이유, 잘한 점, 아쉬운 점 등)을 자세하게 서술하세요.

- 의사소통: 자신의 생각이나 의견을 명확하고 설득력 있게 설명함/자신의 입장만 내세우거나 독단적으로 행동하지 않음/갈등 상황 발생 시 문제를 해결하기 위한 대화의 분위기를 마련함
- 적극성: 팀원들이 과제에 관심을 갖고 적극적인 참여를 할 수 있도록 활동함/과제 수행에 대해 의견만 제시하는 것이 아니라 행동으로 보임/과제 수행에 관심을 보이며 최대한의 시간과 노력을 투자함
- 협동심: 필요한 경우 자신의 의견을 굽히고 팀원들의 의견을 따름/자신의 이익을 희생하더라도 팀 활동을 우선시함/과제 수행이 미흡한 팀원에게 관심을 가지고 도와줌
- 참여도: 팀 회의 및 발표 시 필요한 자료를 사전에 철저히 확인함/자신의 지식을 과제 수행 시 적극적으로 활용함/자신에게 주어진 과제를 적당히 하거나 요령 피우지 않고 끝까지 최선을 다함

평가 대상 ＼ 평가 영역	의사소통 (3점)	적극성 (3점)	협동심 (2점)	참여도 (2점)	합계 (10점 만점)	의견

[그림 4.8] 동료평가 예시

　자기평가 예시는 [그림 4.9]와 같다. 학습 개선 목적으로만 사용되며 성적에는 반영되지 않는다고 명시함으로써 학생들의 솔직한 응답을 유도하였다. 예시에서 1번

〈자기평가〉

이름:

▪ 본 평가는 학습 개선 목적으로만 사용되며, 성적에는 반영되지 않습니다.
▪ 자신의 수업 활동을 스스로 평가하고, 솔직하게 응답해 주세요.

1. 학습목표를 스스로 설정하고 이를 달성하기 위한 계획을 세웠나요?
　① 전혀 설정하지 않았다　　② 조금 설정했다　　　　③ 보통이다
　④ 많이 설정했다　　　　⑤ 매우 구체적으로 설정했다

2. 학습 중 어려움이 있을 때 스스로 해결책을 찾아내기 위해 노력했나요?
　① 전혀 노력하지 않았다　　② 가끔 노력했다　　　　③ 보통이다
　④ 많이 노력했다　　　　⑤ 매우 많이 노력했다

3. 팀 활동에서 내가 맡은 역할을 얼마나 책임감 있게 수행했나요?
　① 전혀 수행하지 않았다　　② 조금 수행했다　　　　③ 보통이다
　④ 많이 수행했다　　　　⑤ 매우 책임감 있게 수행했다

4. 팀원들의 의견을 존중하고 경청하는 태도를 얼마나 보였나요?
　① 전혀 보이지 않았다　　② 가끔 보였다　　　　③ 보통이다
　④ 자주 보였다　　　　⑤ 항상 보였다

5. 수업에서 스스로 잘했다고 생각하는 부분은 무엇인가요? 그 이유도 함께 작성해 주세요.

----

6. 본인의 수업 활동을 되돌아볼 때, 개선이 필요하다고 생각하는 부분은 무엇인가요?
　그 이유도 함께 작성해 주세요.

[그림 4.9] 자기평가 예시

과 2번은 자기주도적 학습, 3번과 4번은 협력 및 소통 능력에 대한 평가다. 자신의 수업 활동을 전반적으로 되돌아보며 자기 성찰을 촉진할 수 있도록 개방형(자유반응형) 문항(5번과 6번)을 두었다.

5) 방법 간 특징 비교

관찰은 관찰대상과 소통이 불가능해도 쓸 수 있으나, 겉으로 드러나지 않는 특성은 관찰하기 힘들다. 면담의 경우 관찰대상과 말만 통하면 쓸 수 있으며, 특히 비구조화 면담의 경우 심층적으로 들어가서 깊이 있는 정보를 얻을 수 있다는 장점이 있다. 관찰과 면담 모두 관찰자와 면담자 선정 및 훈련이 중요한 방법이다. 관찰/면담은 훈련된 관찰자/면담자가 소수의 관찰/면담대상에 대하여 관찰/면담을 실시하기 때문에 인력·시간·비용이 많이 들기는 하나, 일반적으로 얼굴을 맞대고 실시되므로 특히 질문지법에 비해 결과 회수율 문제가 적다는 장점이 있다. 그러나 한번에 수백, 수천 명의 자료도 모을 수 있는 질문지법, 특히 표준화검사에 비하여 관찰/면담으로는 몇 명 또는 기껏해야 수십 명 정도의 자료 수집에 그치므로 연구 결과를 일반화하기는 쉽지 않다.

요약하면, 관찰, 면담, 질문지법은 연구 목적과 대상에 따라 활용된다. 특히 관찰과 면담은 심층적인 정보를 얻는 데 유리하나 시간과 비용이 많이 들고 일반화가 어려운 반면, 질문지법은 대규모 데이터를 빠르게 수집하고 통계적으로 검정할 수 있는 장점이 있다. 질적연구에서는 관찰과 면담을, 양적연구에서는 질문지법을 활용한다. 〈표 4.2〉에서 각 방법의 특징을 정리·비교하였다.

〈표 4.2〉 관찰, 면담, 질문지법 간 특징 비교

	관찰	면담	질문지법
적용 범위	관찰 대상과 의사소통이 불가능해도 활용 가능함. 겉으로 드러나지 않는 특성은 관찰하기 어려움.	관찰 대상과 의사소통이 가능할 때 활용 가능함. 특히 비구조화 면담을 통해 심층적인 정보를 얻을 수 있음.	대규모 표본에도 시행 가능함. 표준화검사에 유리함.

	관찰	면담	질문지법
장점	관찰자/면담자가 훈련되어 있으면 소수 대상에 대해 심층적인 자료 수집이 가능함. 관찰 결과 회수율이 높음.	관찰자/면담자가 훈련되어 있으면 심층적인 정보 획득이 가능함. 결과 회수율이 높고 면담 대상을 깊이 있게 이해할 수 있음.	인력·시간·비용을 절약하면서 대규모 자료 수집이 가능함. 통계적 검정 및 결과의 일반화가 가능함.
단점	훈련된 관찰자/면담자가 필요함. 인력, 시간, 비용이 많이 듦. 연구 결과의 일반화가 어려움.		응답률은 상대적으로 낮을 수 있음. 대상과의 직접 소통이 어려워 깊이 있는 정보 획득이 어려움.
활용 분야	주제나 대상을 깊이 있게 이해하려는 질적연구에서 주로 활용함.		연구 문제를 통계적으로 검정하고 일반화하려는 양적 연구에서 주로 활용함.

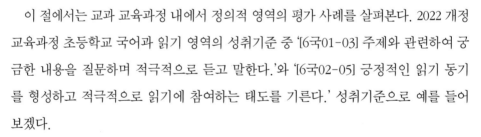

5 정의적 영역 평가 실천하기

　이 절에서는 교과 교육과정 내에서 정의적 영역의 평가 사례를 살펴본다. 2022 개정 교육과정 초등학교 국어과 읽기 영역의 성취기준 중 '[6국01-03] 주제와 관련하여 궁금한 내용을 질문하며 적극적으로 듣고 말한다.'와 '[6국02-05] 긍정적인 읽기 동기를 형성하고 적극적으로 읽기에 참여하는 태도를 기른다.' 성취기준으로 예를 들어 보겠다.

　정의적 영역의 평가도 인지적 영역의 평가와 마찬가지로 교육과정 성취기준 분석이 첫 번째 단계로 선행되어야 한다. 특히 [6국02-05] 성취기준은 '변화'의 개념에 초점을 두고 있다. 읽기를 통해 학생의 생각과 태도가 어떻게 변하는지 살펴보고, 독서의 긍정적인 영향을 인식하는 것이 본 성취기준의 핵심이다. 적극적인 읽기 참여 태도는 지식과 감정이 함께 성장하는 경험을 제공한다. 앞서 제시한 성취기준과 관련하여 학생들이 책을 읽고 자신의 생각이나 태도가 어떻게 변화하는지 살펴보며, 독서의 중요성과 읽기의 긍정적인 영향을 인식할 수 있도록 교수·학습 및 평가 계획을 세워야 한다. 이때 성취기준 도달 정도를 타당하게 측정하려면 '적극적으로 읽기에 참여하는 태도'를 관찰 가능한 활동으로 규정하는 것이 중요하다. 예컨대, 독서 성찰 일지나 독서 기록장을 작성하는 활동은 관찰 가능한 활동이며, 이러한 활동을 근거로 성취기준 도달 여부를 판정하는 것이다. 다른 예로 자기 점검표나 관찰 기록표를 작성하도록 할 수 있고, 또는 학습자 흥미나 수준을 고려하여 스스로 책을 찾아 읽게 하고 읽은 후의 느낀 점을 이야기하는 활동을 통한 평가도 가능하다.

두 번째 단계는 평가계획을 수립하는 단계로, 이 단계에서는 성취기준에 맞춰 구체적인 평가항목, 내용, 방법 등을 정한다. 보통 학기 초에 단위학교의 학업성적관리위원회 또는 교과협의회의 논의를 거쳐 교수·학습 계획과 평가계획을 수립한다. 〈표 4.3〉에서 [6국01-03]과 [6국02-05] 성취기준에 따른 교과역량, 평가영역, 평가과제, 평가요소를 정리하였다.

〈표 4.3〉 평가내용 분류표

관련 성취기준	[6국01-03] 주제와 관련하여 궁금한 내용을 질문하며 적극적으로 듣고 말한다. [6국02-05] 긍정적인 읽기 동기를 형성하고 적극적으로 읽기에 참여하는 태도를 기른다.
교과역량	의사소통역량, 문화향유역량, 자기성찰·계발역량
평가영역	듣기·말하기, 읽기
평가과제	관심 있는 분야의 읽을거리를 찾아 읽고, 친구들과 이야기 나누기
정의적 영역 평가요소	경청하는 태도, 독서에 대한 관심 정도, 적극적인 참여

평가의 일관성을 확보하기 위해서는 채점기준표가 반드시 필요하다. 세 번째 단계에서 채점기준표를 개발한다. 채점기준표에는 정의적 영역에 관한 평가요소, 평가요소별 척도(예: 수준, 배점), 학생의 행동을 구별할 수 있는 세부적인 내용(예: 평가기준)이 포함되어 있어야 한다(〈표 4.4〉).

〈표 4.4〉 평가과제 채점기준표 예시

평가요소	수준/배점	평가기준
경청하는 태도	상(3)	다른 학생의 이야기를 매우 주의 깊게 듣고, 적절한 피드백과 공감을 표현하며, 친구의 발표를 듣고 상대방의 관심 분야를 이해함.
	중(2)	다른 학생의 이야기를 경청하며, 비교적 적절한 피드백이나 반응을 보임.
	하(1)	다른 학생의 이야기를 듣기는 하지만, 반응이 제한적이거나 소극적임.
독서에 대한 관심 정도	상(3)	독서에 대한 높은 관심을 가지고 자발적으로 책을 찾아 읽으며, 독서의 긍정적인 효과를 내면화하여 그 가치를 다른 학생들에게 설득력 있게 전달함.
	중(2)	독서에 관한 관심을 보이며 수업에서 제시된 책을 읽고 내용을 요약하는 모습을 보임.
	하(1)	독서에 관한 관심은 다소 낮지만, 수업에서 요구하는 독서 활동을 기본적으로 수행하며, 독서의 필요성을 이해함.
적극적인 참여	상(3)	자신의 관심 분야에 맞는 글을 찾아 읽고, 자발적으로 의견을 제시하며, 새로 알게 된 내용을 다른 학생들에게 소개한다.
	중(2)	책을 읽고 자신의 의견을 비교적 적극적으로 표현하며 이야기 나누기에 참여함.
	하(1)	책을 읽고 간단히 자기 생각을 표현하며, 교사가 제시한 예시자료 중에서 관심 분야의 글을 선택할 수 있음.

네 번째 단계는 교수·학습 과정에서 정의적 영역 평가를 실천하는 단계다. 평가에 앞서 교사는 학생들에게 평가의 내용과 기준을 명확히 안내해야 하며, 이를 통해 학생들이 평가기준을 이해하고 대비할 수 있게 된다. 이러한 사전 안내는 이후 평가 과정에서 교사와 학생 간의 약속으로 작용한다. 교수·학습 과정에서 교사는 정의적 영역 평가를 시행하며, 학생들의 관찰 가능한 행동을 기록하고 피드백을 제공하면서 평가를 진행한다.

이 단계에서 자기평가와 동료평가를 활용하는 것도 좋은 전략이다. 자기평가는 학생이 학습 중이나 학습 후 자신의 학습 결과를 스스로 평가하고, 이를 바탕으로 다음 학습을 개선하는 형성평가 활동의 한 부분이다. 동료평가는 학생들이 동료의 수행 과정이나 산출물을 평가하는 활동으로, 특히 상호 피드백을 통해 공동체 내에서의 사회적 성장 촉진에 중요한 역할을 한다. 즉, 자기평가와 동료평가 과정에서 학생들은 자신 및 동료의 태도와 감정을 평가하며 성찰할 기회를 얻게 된다. 이를테면 자신의 행동 및 태도를 돌아보며 학습 과제에 대한 책임감 및 비판적 사고 능력을 향상시키며, 다른 학생의 과제를 피드백하는 과정에서 상호협력의 가치를 깨닫게 된다.

　마지막 단계는 정의적 영역 평가결과를 기록하는 것이다. 교수·학습 과정에서 교사는 학생들과 지속적으로 의사소통하며 학생들의 수준을 파악해 왔다. 최종 평가결과는 일반적으로 학기말이나 학년말에 학생들에게 제공되며, 이는 학교생활기록부의 교과·학습 발달 상황에 기록된다. 〈표 4.5〉에서 교과 세부능력 및 특기사항(세특) 기재 예시를 제시하였다.

〈표 4.5〉 교과 세특 기재 예시

교과학습발달상황		
학년	과목	세부능력 및 특기사항

* 세부능력 및 특기사항
　가. 세부능력 및 특기사항은 구체적이고 세부적인 능력과 태도를 입력한다.

◎ 기재 예시

- 국어: 자신이 관심 있어 하는 분야의 읽을거리 찾아읽기 활동에서 '기후변화'에 관련된 글을 찾아 읽으려는 계획을 구체적으로 세우고 글을 읽음. 글을 읽으면서 알게 된 점과 궁금한 점을 적극적으로 찾고 이를 토대로 다음 읽기 계획을 세움. 비슷한 분야에 흥미를 보이는 친구들과 이야기를 나누는 활동에서 상대방의 의견을 끝까지 듣고 궁금한 점을 물어보면서 독후활동에 참여하는 모습이 인상적임.

연습문제

1. 어느 교사가 공개수업(장학) 전 학생들의 정의적 특성을 조사하고 수업에 그 결과를 반영하고자 한다.

(1) 어느 교과, 어느 영역의 한 차시에 대한 정의적 특성을 측정할지 정하고(예: 수학과의 확률과 통계영역 중 백분율에 대한 학생들의 흥미 및 호기심, 영어과의 과거형 발화에 대한 학생들의 학습불안 등), (2) 그 정의적 특성을 측정하기 위한 평가방법 및 평가기준을 제시하시오. (3) 평가결과를 어떻게 수업에 반영할 수 있을지 피드백 방법을 계획하시오.

2. (1) 조별로 연구 주제를 하나 택하여(예: 우리 학교 급식에 대한 학생 만족도 조사) 관찰ㆍ면담 프로토콜과 질문지 문항을 각각 만들어 발표하시오.

(2) 발표한 조를 제외한 다른 조가 발표 내용의 장단점을 정리하여 제출하시오.

제5장

척도와 표집[1)]

⊞ 주요 용어

척도, 명명척도, 서열척도, 동간척도, 비율척도, 표본, 표집, 확률적 표집,
비확률적 표집, 단순무선표집, 유층표집, 군집표집, 체계적표집, 다단계표집,
편의표집, 의도적표집, 할당표집

⊕ 학습목표

1. 척도의 종류와 특징을 이해하고 설명할 수 있다.

2. 양적연구에서 표집의 중요성을 모집단과 표본의 관계를 이용하여 설명할 수
있다.

3. 확률적 표집법과 비확률적 표집법을 구분하고, 대표적인 확률적 표집법과 비
확률적 표집법의 특징을 설명할 수 있다.

---

1) 제5장은 유진은(2022, 2024), 유진은, 노민정(2023)을 참고하여 집필하였다.

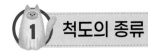

1 척도의 종류

통계를 활용하는 양적연구에서 중요한 측정학적 개념으로 '척도'가 있다. 크게 명명척도(nominal scale, 명목척도), 서열척도(ordinal scale), 동간척도(interval scale, 등간척도), 비율척도(ratio scale)의 네 가지로 나뉜다. 명명척도와 서열척도로 측정된 변수는 질적변수, 동간척도와 비율척도로 측정된 변수는 양적변수라 한다. 양적연구에서 변수가 어떤 척도로 측정되었는지에 따라 분석 방법이 달라지기 때문에 각 척도의 특징을 구분할 수 있어야 한다.

1) 명명척도

명명척도(nominal scale, 명목척도)는 말 그대로 측정 대상에 이름을 부여하는 것이다. 성별, 종교, 직업과 같은 질적변수의 경우 명명척도로 측정된다. 명명척도에서는 '크다, 작다'는 알 수 없고, 범주를 나열하는 순서는 의미가 없다. 이를테면 자료 코딩 시 편의상 남자를 1, 여자를 2(또는 0)로 코딩한다고 해도 남자냐 여자냐의 분류의 의미만 있을 뿐, 남자가 여자보다 1만큼 작다고(또는 크다고) 볼 수 없는 것이다. 따라서 명명척도로 된 변수의 대표값으로 최빈값(mode)이 적절하다.

다른 예시를 들어 보겠다. [그림 5.1]의 직업 조사 문항(DQ4)에서 직업을 열 개 군으로 분류하고, 각각 1부터 10까지 수치를 부여하였다. 그러나 1의 값인 관리자가 2의 값인 전문가 및 관련 종사자보다 1만큼 작거나, 9의 값인 단순노무종사자보다 8만큼 작은 것은 아니다. 또한 이 문항에서는 직업이 없거나 문항에서 제시한 열 개 군에 속하지 않는 경우, 다시 하위 문항(DQ4-1)에서 전업주부, 학생, 무직, 기타의 네 가지 중 하나에 답하도록 한다. DQ4-1도 DQ4와 마찬가지로 분류의 의미만 있는 명명척도의 예시가 된다.

DQ4 귀하께서는 직업이 있습니까?

① 있음 (직업코드를 참고하시어 표기해 주시기 바랍니다) ② 없음

코드입력 | ☞ DQ4-1로 이동

코드	직업명	직업 예시
1	관리자	**업무의 80%이상을 기획, 관리 분야에 투입하는 일:** 국회의원, 고위공무원, 단체 또는 기업의 경영자, 고위임원, 관리자
2	전문가 및 관련 종사자	교수, 교사, IT 및 각종 기술 전문가, 학원강사, 예술인, 모델, 작가, 연예인, 매니저, 운동선수, 종교인, 해외영업원, 기술영업원, 부동산 중개인, 프로게이머, 레크레이션 강사 등
3	사무 종사자	(중하위직) 공무원, 문서/통계/영업지원/전산/회계/홍보 등의 사무원 및 사무보조원, 비서, 접수/발권/전화교환 등 안내직, 고객상담 및 모니터요원, 속기사 등
4	서비스 종사자	여행(승무원, 여행안내원)/음식·조리(주방장, 조리사)/미용(코디네이터, 분장사)/기타 (웨딩플래너 등) 등 각종 대인서비스, 경찰관, 소방관, 교도관, 청원경찰, 경호원 등 보안관련 서비스
5	판매 종사자	대금수납/매표/요금정산원, 보험설계사, 제품/광고 영업원, 매장판매직, 방문통신 판매원, 홍보도우미 및 판촉원 등
6	농림어업 숙련 종사자	농업 숙련 종사자, 임업 숙련 종사자, 어업 숙련 종사자
7	기능원 및 관련 기능 종사자	건설·금속·기계·세공·음식료·선박 등 각종 기능종사자 또는 물품 제조원 등
8	장치·기계 조작 및 조립 종사자	장치·기계조작·조립원/각종 차량운전원 등
9	단순노무 종사자	간이음식점 조리사, 건설단순노무, 건물관리/경비, 건물청소, 배달, 주유원, 단순조립원, 포장원, 제품운반원 등 단순노무
10	군인	직업군인(장기 부사관 및 준위 등)

DQ4-1 직업이 없다면 다음 중 어디에 해당됩니까?

① 전업주부 ② 학생 ③ 무직 ⑪ 기타 ( )

[그림 5.1] 명명척도 예시[2)]

2) 서열척도

서열척도(ordinal scale)는 측정 대상에게 상대적 서열을 부여한다. 예를 들어, '다음의 다섯 가지 교사의 특징을 현재 일선 초등학교에서 가장 필요로 하는 순서대로 나열하시오.'와 같은 문항([그림 5.2])에 대하여 어떤 교사가 만일 ③-④-②-①-⑤로 답했다고 하자. 그렇다면 이 교사는 '교과 전문지식이 높은 교사'가 '교수 · 학습 방법을 잘 이용하는 교사'보다 일선학교에서 더 필요하다고 생각하며, '학교 운영에 적극적으로 협력하는 교사'가 가장 필요하지 않다고 생각한다. 그러나 이때 상대적 서열만 알 수 있을 뿐, 얼마나 더 그렇게 생각하는지는 알 수 없다. 즉, '교과 전문지식이 높은 교사'를 10만큼 중요하게 생각하고, '교수 · 학습 방법을 잘 이용하는 교사'를

2) 국민생활체육조사 설문 문항.

4만큼 중요하게 생각하며, '학교 운영에 적극적으로 협력하는 교사'를 1만큼 중요하게 생각할 수도 있고, 아니면 8, 7, 2의 크기로 중요하게 생각할 수도 있다. 서열척도를 쓸 경우 이러한 것까지는 알 수 없다. 즉, 서열척도로 '크다, 작다'는 알 수 있지만 얼마나 크고 작은지에 대한 정보를 얻을 수 없다는 단점이 있다. 서열척도를 쓰는 변수는 최빈값 또는 중앙값이 대표값으로 적절하다.

---

1. 다음 다섯 가지 교사의 특징을 현재 일선 초등학교에서 가장 필요하다고 생각하는 순서대로 나열하시오.

① 학생을 잘 이해하는 교사
② 학급 운영을 잘 하는 교사
③ 교과 전문지식이 높은 교사
④ 교수 · 학습 방법을 잘 이용하는 교사
⑤ 학교 운영에 적극적으로 협력하는 교사

[그림 5.2] 서열척도 예시

설문(questionnaire)에서 흔히 쓰는 리커트(Likert) 척도도 서열척도다. 5점 리커트 척도는 '보통이다'를 가운데에 두고 양 끝에 각각 '(전혀) 동의하지 않는다'와 '(매우) 동의한다'를 배치한다. 이때, '전혀 동의하지 않는다'와 '약간 동의하지 않는다' 또는 '보통이다', '약간 동의한다', '매우 동의한다'가 서로 간격이 같지 않기 때문에 리커트 척도는 동간척도라 할 수 없다. 참고로 리커트 척도는 '동의한다/동의하지 않는다' 대신 [그림 5.3]에서와 같이 '~하지 않는 편이다', '그저 그렇다', '~한 편이다'와 같이 문항 내용에 따라 다양한 변주가 가능하며, 반응을 세분화시켜 7점, 9점 척도로 쓸 수도 있다.

01	귀하의 건강상태는 현재 어느 정도라고 생각하십니까?				

전혀 건강하지 않은 편이다	별로 건강하지 않은 편이다	그저 그렇다	건강한 편이다	매우 건강한 편이다
①	②	③	④	⑤

[그림 5.3] 5점 Likert 척도 예시[3]

또한 '보통이다'/'그저 그렇다'를 제외한 짝수 개 응답도 가능하다. 긍정/부정 중 어느 한쪽으로 의견을 밝히도록 강제할 필요가 있을 때 이렇게 짝수 개 응답 척도를 쓴다([그림 5.4]). 단, 리커트 척도는 반응 편향에서 자유로울 수 없다(〈심화 5.1〉).[4]

Q12	독서에 관한 다음 내용에 어느 정도 동의합니까?				
PA158	*(책, 잡지, 신문, 웹 사이트, 블로그, 이메일 등과 같은 다양한 종류의 읽기 자료를 포함하여 생각하시오.)* *(각 항목에서 하나를 선택하시오.)*	전혀 그렇지 않다	그렇지 않다	그렇다	매우 그렇다
PA158Q01HA	나는 필요한 경우에만 독서를 한다.	☐	☐	☐	☐
PA158Q02IA	독서는 나의 취미 중 하나이다.	☐	☐	☐	☐
PA158Q03HA	나는 다른 사람과 책에 대해 이야기하는 것을 좋아한다.	☐	☐	☐	☐
PA158Q04IA	나에게 독서는 시간 낭비다.	☐	☐	☐	☐
PA158Q05HA	나는 필요한 정보를 찾기 위해서만 독서를 한다.	☐	☐	☐	☐

[그림 5.4] 4점 Likert 척도 예시[5]

---

3) 국민생활체육조사 설문 문항.
4) 제4장 정의적 영역의 평가에서 다루었다.
5) PISA의 학부모 설문 문항이다. 문항 좌측에서 변수명을 확인할 수 있다.

리커트 척도와 같은 서열척도로 측정된 문항들로 이루어진 검사의 경우, 검사 신뢰도가 높다면 문항 평균 또는 문항 합을 구하여 다음에 설명할 동간척도처럼 취급하기도 한다. 예를 들어, '나는 수학을 공부하는 것이 즐겁다', '나는 수학 과목에서 흥미로운 것을 많이 배운다', '나는 수학을 좋아한다', '수학을 잘하는 것은 중요하다'의 네 가지 문항으로 수학 흥미도를 측정하기 위하여 리커트 척도를 사용했다고 하자. 이때 문항들의 신뢰도가 이를테면 0.8 이상으로 높은 경우, 문항 평균을 '수학 흥미도'라고 보고 분석에서 활용할 수 있다. 참고로 Nunnally(1978)에 따르면 신뢰도[6]는 최소 0.7은 되어야 한다.

심화 5.1 리커트 척도의 반응 편향

리커트 척도가 만들기 쉽고 쓰기 쉬운 반면, 여러 가지 반응 편향(response bias)[7]이 발생할 수 있다. 집중경향(central tendency) 편향은 '보통이다'가 있는 5점, 7점, 9점 리커트 척도에서 평정자가 중앙값인 '보통이다'를 주로 선택하는 것을 말한다.

관용(leniency) 편향은 평정대상자의 어떤 좋은 특성으로 인하여 평정해야 하는 다른 특성도 좋게 평정하는 것으로, 후광(halo) 편향으로도 불린다.

반대로 역후광(reverse halo) 편향도 가능하다. 즉, 평정대상자의 좋지 않은 어떤 특성으로 인하여 평정해야 하는 다른 특성도 나쁘게 평정하는 것이다. 후광 편향과 역후광 편향을 인상 편향으로 부르기도 한다.

대비(contrast) 편향은 평정자가 가지지 못한 어떤 특성을 평정대상자가 가졌을 때 그 점을 실제보다 더 부각시켜 평정하는 것을 말한다.

논리(logic) 편향은 잘못된 논리로 평정을 할 때 발생하는 편향이다. 예를 들어, 교사가 학생의 정의적 영역을 평정할 때 공부 잘하는 학생이 도덕성, 준법성도 높을 것이라고 생각하고 평정하는 것이다.

---

6) 제11장에서 자세하게 설명하였다.

7) '편향(bias)' 대신 '오류(fallacy)'라는 용어를 사용하는 경우가 있는데, 오류는 너무 뜻이 강하다고 판단하여 Whitley & Kite(2018)를 참고하여 편향으로 정리하였다.

표준 또는 기준 차이에 의한 편향은 사람에 따라 기준이 달라서 발생하는 편향을 뜻한다. 리커트 척도에서 '그렇다'가 기준이라서 웬만하면 '전혀 그렇지 않다'는 선택하지 않는 사람이 있는가 하면, 다른 사람은 '그렇지 않다'가 기준이기 때문에 웬만하면 '매우 그렇다'를 선택하지 않는 사람이 있다.

일관성(acquiescence, 묵인) 편향도 있다. 응답자가 성실하게 설문에 응하지 않을 때 발생한다. 이를테면 모든 문항에 자신의 실제 의견과 상관없이 '매우 동의한다'고 응답할 경우, 일관성 편향이 발생한다.

그 외 응답자가 비판받는 것을 피하려고 사회적으로 바람직한 답변을 선택하는 편향(social desirability bias), 설문 문항이 길거나 복잡할 때 대충 응답하는 길이 편향(length bias), 문항 배치나 순서가 답변에 영향을 미치는 문항 순서 편향(order effect bias), 설문의 첫 번째 문항에 크게 영향을 받아 반응하는 첫인상 편향(primacy bias), 시간이 지나면서 기억이 왜곡되어 발생하는 기억 편향(recall bias) 등이 있으나, 리커트 척도에 국한되지는 않는다.

3) 동간척도

동간척도(interval scale; 등간척도)는 말 그대로 '같은 간격(equal interval)'에 대한 정보를 부가적으로 부여한다. 즉, 동간척도를 쓰는 변수는 서열척도의 '크다, 작다' 성질에 더하여 얼마나 큰지, 작은지까지 알 수 있다. 동간척도를 쓰는 변수의 경우 수치 비교를 통하여 숫자 간 차이가 절대적 의미를 갖는다. 이것이 가능하려면 척도에 가상적 단위를 매길 필요가 있다. 온도의 경우, 1도마다 같은 간격으로 커지거나 작아진다. 예를 들어, 20도와 25도의 온도 차이는 15도와 20도의 온도 차이와 같다.

동간척도로 측정된 변수는 최빈값, 중앙값은 물론 평균을 구할 수 있다. 동간척도를 서열척도 또는 명명척도로 변환하여 통계분석을 할 수는 있다. 그러나 동간척도를 서열척도 또는 명명척도로 변환할 경우 동간척도가 갖는 '같은 간격'에 대한 정보가 상실되므로, 특별한 이유가 있지 않는 한 동간척도를 유지하는 것이 좋다. 변수가 동간척도만 되어도 통계적 분석이 좀 더 쉬워진다는 장점이 있다. 동간척도에 대한 자세한 설명은 유진은, 노민정(2023)의 제2장을 참고하기 바란다.

4) 비율척도

비율척도(ratio scale)는 동간척도의 '같은 간격'에 절대영점(absolute zero)의 특성이 더해진다. 동간척도의 상대영점(relative zero)과 비교 시 절대영점은 아무것도 없는 것을 말한다. 예를 들어, 섭씨 온도 0도는 '1기압에서 물의 어는 점'이라고 임의로 정한 것이지, 온도가 아예 없는 것을 뜻하지 않는다. 반면, 길이가 '0mm'라고 한다면, 길이를 측정할 수 없을 정도로 길이가 없다는 것을 뜻한다. 무게, 길이, 지난 1년간 수입, 재직 기간, 자녀 수 등이 비율척도의 예가 될 수 있다. 비율척도로 측정된 변수는 절대영점이 있으며 사칙연산을 자유롭게 할 수 있으므로 통계적 분석 관점에서는 가장 좋은 척도다.

5) 요약

〈표 5.1〉에서 척도의 종류에 따른 특징을 정리하였다. 명명척도, 서열척도, 동간척도, 비율척도의 순서로 점점 전달하는 정보가 많아진다. 통계분석 시 정보가 많을수록 좋기 때문에 가능하다면 비율척도로 된 변수를 이용하는 것이 낫지만, 사회과학 연구에서 관심 대상인 변수는 비율척도가 아닌 경우가 많다. 사회과학 연구에서 측정 이론이 발달할 수밖에 없는 배경이다. 마찬가지로 교육학 연구에서도 관심 대상인 학업성취도, 효능감, 창의성 등의 구인(construct)을 비율척도로 직접 측정할 수 없기 때문에 조작적 정의(operational definition)를 통하여 문항을 만들고 검사를 구성하여 간접적으로 측정하게 된다(〈예 5.1〉 참고).

〈표 5.1〉 척도의 종류와 특징

	분류	순서(크다, 작다)	동간성(같은 간격)	절대영점
명명척도	○	×	×	×
서열척도	○	○	×	×
동간척도	○	○	○	×
비율척도	○	○	○	○

예 5.1 조작적 정의

통계를 활용하는 양적연구에서는 수치를 통해 개념 또는 대상을 측정하므로 조작적 정의가 필수적이다. 조작적 정의를 통하여 추상적 개념도 측정 가능하다. 이를테면 '카페 이용 수준'을 다음과 같이 조작적으로 정의할 수 있다.

• 카페 이용 수준
  – 일주일 간 방문 횟수
  – 1회 방문 시 평균 이용 시간
  – 1회 방문 시 평균 이용 금액

2 표집법

통계적 방법을 이용하는 양적연구에서 표집(sampling)은 무척 중요하다. 사회과학 연구에서 연구대상 전체를 모두 다루는 것은 거의 불가능하며, 만일 가능하다고 하더라도 효율적이지 못하다. 연구자가 새로운 교수법을 만든 후 이것이 전국의 초등학교 6학년 학생에게 효과가 있는지 알아보고자 한다고 하자. 이때 '전국의 초등학교 6학년 학생'이 바로 모집단으로, 연구 결과를 일반화하고자 하는 대상이다. 그런데 전국의 초등학교 6학년 학생을 모두 연구대상으로 한다는 것은 불가능에 가깝다. 모집단, 즉 연구대상 전체를 모두 조사하는 인구총조사(census, 센서스)는 국가 차원에서나 가능하다. 국가 차원에서 전국 단위로 치러졌던 국가수준 학업성취도 평가 경우에도 전국의 모든 초등학교 6학년 학생이 참여하지는 못하는 것이 현실이다. 또한 모집단을 연구대상으로 삼는다면 엄청난 비용이 발생하며, 이는 통상적으로 개개인의 연구자가 부담하기 힘든 비용일 것이다. 따라서 양적연구에서는 표집을 통하여 표본을 구하는데, 이때 표본이 모집단을 얼마나 잘 대표하는지가 관건이 된다. 이를 알아보기 위하여 표집으로부터 표본의 특성을 나타내는 수치인 추정치(estimate, 추정값) 또는 통계값을 구한다. 추정치(또는 통계값)가 모집단의 특성을 나타내는 수치인 모수치에 보다 가깝게 추정될수록 편향(bias)이 적으며 추정이 잘되었다고 한다.

표집이 잘못되는 경우 전체 연구의 틀이 어그러져 버린다. 거의 90년 전의 예지만, 표집의 중요성을 역설하는 예로 1936년 미국 대통령 선거에 대한 여론조사 결과를 들 수 있다. *Literary Digest*라는 잡지에서 1,000만 명이나 되는 유권자에게 설문을 우편으로 보낸 후, 약 240만 명으로부터 응답을 회수하였고, 그 결과 57%의 지지율로 공화당 랜든(A. Landon) 후보의 당선을 예상하였다. 그러나 실제 선거에서는 민주당의 루스벨트(F. Roosevelt) 후보가 60%가 넘는 압도적 지지로 당선되었다. 사실 천만 명이나 되는 유권자에게 설문을 발송하고 240만 명의 응답을 회수하는 것은 그 수치로만 판단할 때 매우 큰 숫자임에 틀림없다. 240만 명이나 되는 유권자의 응답을 분석했는데도 어떻게 이러한 불일치가 일어나게 되었을까? *Literary Digest*가 실시한 표집법의 결함을 주요한 원인으로 꼽을 수 있다(최제호, 2007). *Literary Digest*는 잡지 정기구독자, 전화번호부, 자동차 등록부, 대학 동창회 명부 등에서 명단을 얻었다. 선거가 있었던 1936년은 미국 대공황 시기였는데, 이 시기 잡지를 정기구독하거나, 전화나 자동차를 소유하거나, 대학을 졸업한 사람들은 사회 계층상 중산층 이상이라고 할 수 있다. 즉, *Literary Digest*의 표본은 전체 미국 유권자를 대표한다고 볼 수 없으며, 이러한 표집의 결함은 선거 결과로 확인되었다. 마치 우리나라 대통령 선거 여론조사에서 호남지역 또는 영남지역에서만 표집하는 것과 비슷한 방법이라 할 수 있다. 이렇게 표집이 양적연구에서 중요한 위치를 차지하므로, 연구자는 다양한 표집법에 대하여 분명하게 이해할 필요가 있다.

양적연구에서 표집법은 모집단 목록의 활용 여부에 따라 확률적 표집(probability sampling)과 비확률적 표집(non-probability sampling)으로 나뉜다. 즉, 확률적 표집을 하는 경우 모집단 목록을 활용해야 한다. 그렇다면 앞서 예를 들었던 '전국의 초등학교 6학년 학생'의 경우 확률적 표집이 아예 불가한 것이 아닌가 생각할 수 있다. '전국의 초등학교 6학년 학생'은 43만 명이 넘는데, 이렇게 많은 학생을 목록화하기 어렵기 때문이다. 이 경우 개별 학생의 이름을 모두 목록화할 필요 없이 그 학생들이 재학 중인 학교 명단만으로도 모집단 목록을 알고 있다고 생각할 수 있다. 이후 설명할 군집표집(cluster sampling)에서 자세히 설명할 것이다.

1) 확률적 표집

표집을 확률적 표집과 비확률적 표집으로 나누었다. 확률적 표집은 다시 단순무선표집(simple random sampling: SRS), 유층표집(stratified sampling), 군집표집(cluster sampling), 체계적 표집(systematic sampling)으로 나뉜다. 둘 이상의 표집법을 쓰는 경우 다단계 표집(multi-stage sampling)이라고 한다. 각각을 설명하겠다.

(1) 단순무선표집

단순무선표집(simple random sampling: SRS; 단순임의추출)은 모든 확률적 표집의 기본이 되는 기법이다. 단순무선표집에서 모집단의 각 사례는 표본으로 뽑힐 확률이 모두 같다. 예전에는 난수표(table of random numbers)를 수동으로 이용하기도 했으나, 현재는 자동으로 난수(random number)를 생성하는 컴퓨터 소프트웨어를 이용하여 단순무선표집을 시행한다(〈심화 5.2〉 참고).

심화 5.2 　**단순무선표집 예시**

google에서 'random number generator'로 검색한 결과 중 한 프로그램을 활용하여 단순무선표집의 예시를 보여 주겠다. 1번부터 60번까지 학생 중 무선으로 30명만 표집한다고 하자. 'How many random numbers?'에는 30을 입력하고, 최소값(Minimum value)과 최대값(Maximum value)에는 각각 1번과 60번에 해당하는 1과 60을 입력한다. 이때 'Allow duplicate numbers'에는 'False'를 선택해야 같은 학생이 반복하여 표집되지 않는다. 'Seed(optional)'의 경우, 'None'을 선택하고 'Calculate' 버튼을 누르면 매번 다른 표집 결과를 얻게 된다.

Random Number Generator

Use the Random Number Generator to create a list of random numbers (up to 10,000 numbers), based on your specifications. The numbers you generate appear in the Random Number Table.

For help in using the Random Number Generator, read the Frequently-Asked Questions or review the Sample Problems.

- Enter a value in each of the first three text boxes.
- Indicate whether duplicate entries are allowed in the table.
- Click the **Calculate** button to create a table of random numbers.

How many random numbers?	30
Minimum value	1
Maximum value	60
Allow duplicate numbers	False ∨
Seed (optional)	None ∨

Calculate

Note: A seed value of "None" produces new random numbers with each computation. Any other setting produces the same random numbers, until the seed value is changed. The seed allows you to recreate the same random number table time after time.

다음의 '30 Random Numbers'는 이 과정을 거쳐 얻은 결과다. 순서대로 19, 44, 32, 31번부터 마지막으로 24번과 60번 학생이 무선으로 표집된 것을 확인할 수 있다. 앞서 설명한 대로, 'Seed(optional)'에 특정 수치를 입력할 경우 반복해서 실행해도 결과는 같다.

30 Random Numbers

19 44 32 31 10 47   8 51 45 59   5 16   4 58 52 50 34 55 15 41 20 25   3 27 54 57 46 21 24 60

Specs: This table of 30 random numbers was produced according to the following specifications: Numbers were randomly selected from within the range of 1 to 60. Duplicate numbers were not allowed. This table was generated on 8/3/2024.

Print Table

(2) 유층표집

유층표집(stratified sampling; 층화추출)은 표집 시 연구문제와 관련된 중요한 변수를 이용한다. 예를 들어, 남녀공학에서 학업성취도에 성별 간 차이가 있는지 연구하고자 한다면 단순무선표집을 쓰는 것은 좋지 않다. 확률적으로는 낮지만, 운이 없을 경우 표집된 학생 모두가 남학생일 수도 있기 때문이다. 이 경우 '학생 성별'이 연구문제와 관련된 중요한 변수이므로 표집 시 필히 이용해야 한다. 즉, 전체 학생을 남학생과 여학생으로 나눈 다음, 각각의 집단에서 단순무선표집을 시행하는 것이 좋다. 유층표집에서 '학생 성별'과 같이 표집에 활용된 변수를 유층변수(stratifying variable; 층화변수)라고 한다.

(3) 군집표집

군집표집(cluster sampling; 집락추출)에서 '군집(cluster)'은 생물학에서 유래된 용어로, 자연적으로 형성된 집단을 뜻한다. 교육학 자료에서 군집의 대표적인 예는 학교가 될 수 있다. '전국의 초등학교 6학년 학생'을 모집단으로 1,200명을 표집한다면, 전국 5,766개 초등학교(2024년 기준, 분교 제외) 중 1,200개 초등학교에서 각각 한 명씩 표집될 수도 있다. 이 경우 1,200개 초등학교에 공문을 보내고 각 학교에서 한 명의 학생을 대상으로 연구를 수행해야 한다. 그런데 학생이 아닌 학교를 대상으로 표집할 경우 모든 절차가 훨씬 간단해진다. 각 학교에 6학년 학생이 60명씩 있고 이 학생들을 모두 표집한다면, 전국 초등학교 중 20개 학교만 표집하여 1,200명(=학교 20개×학생 60명)을 연구에 참여시킬 수 있다. 이 경우 학생이 아닌 학생들이 모인 집단인 학교를 표집하는 것이 군집표집의 예가 된다. 단, 군집표집은 다른 표집법보다 표집오차가 큰 편이라는 점을 주의해야 한다.

(4) 체계적 표집

체계적 표집(systematic sampling; 계통추출)은 특히 모두 집 전화가 있던 시절 조사연구에서 각광받던 표집법이었다. 이때의 모집단은 '전화번호부에 등재된 사람들'이 되며, 전화번호부가 모집단 명부가 되므로 복잡한 표집법을 이용할 필요 없이 전화번호부를 가지고 간단한 규칙을 적용하여 표집을 바로바로 할 수 있는 점이 장점이었다. 예를 들어, 30의 배수인 쪽의 가장 왼쪽 열 첫 번째 전화번호를 규칙적으로 뽑는 것이다. 전화번호부가 아니라 하더라도 모집단 목록이 있을 경우 사례에 일련번호를 부여한 다음 규칙에 따라 표집하면 체계적 표집이라 한다. 단, 규칙을 적용할 때 어떤 패턴이 있지는 않은지 주의해야 한다. 이를테면 30의 배수인 쪽의 가장 왼쪽 열 첫 번째 전화번호가 알고 보니 상업용 전화번호라면, 가정용 전화번호는 아예 표집되지 않을 수도 있다. 이 경우 표본의 대표성에 큰 문제가 발생하게 되므로 체계적 표집이 아닌 다른 표집법을 쓰거나 체계적 표집의 규칙을 바꿔서 이러한 패턴이 생기지 않도록 해야 한다.

(5) 다단계 표집

'전국의 6학년 학생'을 모집단으로 군집표집만을 시행하려고 하였는데, 학교 소재지의 도시 규모가 연구에 매우 중요한 변수였다고 하자. 그렇다면 단순히 군집표집만을 시행하는 것보다는 학교 소재지를 대도시, 중소도시, 읍면지역의 세 가지 도시 규모로 구분한 후, 각 도시 규모에서 학교 단위로 군집표집을 실시하는 것이 바람직하다. 즉, 군집표집과 유층표집이 동시에 이용된 것이며, 이렇게 두 가지 이상의 표집을 시행하는 것을 다단계 표집(multi-stage sampling)이라고 한다. 만일 군집표집과 유층표집을 실시한 후, 각 학교에서 모든 6학년 학생을 연구에 참여시키지 않고 무선으로 한 반만을 뽑는다면, 마지막 단계에서 단순무선표집을 시행한 것이다. 이 경우 표집법을 세 가지 이용하였다.

다단계 표집은 TIMSS(Trends in International Mathematics and Science Study), PISA(Programme for International Student Assessment), NAEP(National Assessment of Educational Progress), 그리고 우리나라의 국가수준 학업성취도 평가 연구와 같은 대규모 조사 연구에서 주로 쓰인다. [그림 5.5]에서 지금까지 설명한 확률적 표집을 정리하였다.

[그림 5.5] 확률적 표집법의 종류

2) 비확률적 표집

가능하다면 확률적 표집을 하는 것이 좋으나, 확률적 표집이 불가능하거나 비현실적인 경우 대안적으로 비확률적 표집을 할 수 있다. 예를 들어, 'ADHD 판정을 받은 전국의 중학생'이 모집단이 되는 경우, 이러한 모집단의 목록은 구할 수 없다. 이처럼 개인의 병력에 관한 정보는 민감한 사안이므로 목록화하기도 힘들고, 목록화된다고 하더라도 표집에 써도 좋다는 개개인의 동의를 얻기 힘들기 때문에 확률적 표집이 거의 불가능하다. 비확률적 표집을 하는 경우, 각 사례가 뽑힐 확률을 알지 못하므로 통계적 추론의 의미가 퇴색되나, 실제 연구에서 비확률적 표집을 이용할 수밖에 없는 경우도 많다. 비확률적 표집에는 할당표집, 의도적 표집, 편의표집 등이 있다.

(1) 할당표집

할당표집(quota sampling)은 확률적 표집의 유층표집과 대비되는 표집법이다. 유층표집에서는 모집단 목록을 구하여 확률적으로 표집을 하는 반면, 할당표집은 모집단 목록 없이 손쉽게 표집할 수 있는 점이 장점이다. 중요한 변수에 따라 표집을 한다는 점에서는 유사하지만, 모집단 목록에서부터 출발하는 것이 아니라 미리 정해진 범주에 따라 구해야 할 표본의 개수를 할당한다는 것이 차이점이다. 여론조사에서 할당표집을 주로 활용한다. 이를테면 대통령 선거에서 전체 유권자를 인구통계학적 비율에 따라 지역, 연령, 성별로 나누어 설문조사 인원을 할당한다. 시간과 예산이

빠듯할 때 쓸 수 있으나, 비확률적 표집으로 확률론을 쓰는 데 제약이 있기 때문에 확률적 표집과 비교 시 일반화가 제한된다는 단점이 크다.

(2) 의도적 표집

대표적이거나 특정적인 사례를 연구자가 의도적으로 표집하는 의도적 표집 (purposive sampling, purposeful sampling) 또한 확률론이 적용되지 않는 비확률적 표집법이다. 질적연구에서 주로 쓰이는 방법으로, 연구자가 정보를 많이 얻을 수 있을 것 같은 사례들을 의도적으로 표집하는 것이다. Patton(1990, pp. 169-183)은 의도적 표집법을 극단적이거나 일탈적 사례 표집(extreme or deviant case sampling), 강렬한 사례 표집(intensity sampling), 전형적 사례 표집(typical case sampling), 결정적 사례 표집(critical case sampling), 준거 표집(criterion sampling), 눈덩이/체인 표집(snowball or chain sampling) 등으로 구분하였다.

의도적 표집은 양적연구 관점에서는 특히 연구자의 주관이 잘못되었을 때 오류를 막기 힘들다고 여겨지는 표집법이다. 그러나 연구문제를 잘 조명해 줄 것이라고 판단되는 사례를 표집하여 심층적으로 면담하고 관찰하는 질적연구에서는 의도적 표집을 하는 것이 옳다. 유진은, 노민정(2023)의 연구방법 책 제7장에서 의도적 표집에 대하여 자세하게 설명하였다.

(3) 편의표집

편의표집(convenience sampling)은 연구자가 다른 의도 없이 편하게 구할 수 있는 사례를 표본으로 이용하는 것이다. 편의표집은 우연적 표집(accidental sampling, haphazard sampling)이라고도 불린다. 연구자가 시간과 자금 등의 제약으로 인해 쉽게 자료를 모을 수 있는 본인의 반 학생들을 연구에 이용한다면 편의표집을 한 것이 된다. 편의표집은 표집법 중 가장 쉽고 편리한 방법으로 가장 많이 쓰이는 방법인데, 일반화 가능성 역시 가장 심각하게 제한되는 방법이므로 되도록 사용하지 않는 것이 좋다. 참고로 Patton(1990)은 의도적 표집을 16가지로 나누면서, 편의표집도 의도적 표집의 한 종류로 분류하였다.

연습문제

1. 명명척도, 서열척도, 동간척도, 비율척도에 대하여 각 척도의 특징을 넣어 사행시를
짓고 발표하시오.

2. (1) 조별로 연구 주제를 하나 택하여(예: 우리 학교 급식에 대한 학생 만족도 조사) 어떤 방
식으로 표집을 할 것인지 정하고 그 근거를 밝히시오.

(2) 각 조의 발표 내용에 대하여 다른 조가 피드백을 주고 어떤 점을 개선할 수 있을지
토론하시오.

제**6**장

기술통계[1]

➕ **주요 용어**

기술통계, 추리통계, 중심경향값, 산포도, 평균, 중앙값, 최빈값, 분산, 표준편차, 사분위편차, 범위

🔍 **학습목표**

1. 기술통계와 추리통계의 특징을 설명하고 비교할 수 있다.

2. 중심경향값과 산포도의 종류를 나열하고 특징을 설명할 수 있다.

3. 스프레드시트를 이용하여 중심경향값과 산포도를 구할 수 있다.

---

1) 제6장은 유진은(2022, 2024)을 참고하여 집필하였다.

1 통계학과 확률론

통계학과 확률론의 관계를 이해하기 위하여 추론 방법을 이해할 필요가 있다. 추론 방법에는 연역적 추론(deductive inference)과 귀납적 추론(inductive inference)이 있다. 연역적 추론은 일반적 지식으로부터 구체적 특성을 끌어내는 것으로, "'모든 사람은 죽는다', '소크라테스는 사람이다', 그러므로 '소크라테스는 죽는다'"는 연역적 추론의 예가 된다. 반면, 귀납적 추론에 기반한 연구에서는 경험에서 얻어지는 사실들을 관찰·수집하고 분석하여 가설을 제시하고, 실험적 증거를 통하여 일반적 원리를 확립하고자 한다. 수학의 확률론은 연역적 추론을 기반으로 한다. 수학의 확률론과 비교할 때, 통계학은 귀납적 방법을 쓰는 학문이라고 볼 수 있다.[2] 그런데 귀납적 추론을 할 때 다음과 같이 주의할 점이 있다. 첫째, 관찰에서는 오차가 발생한다. 둘째, 모든 사실을 관찰할 수는 없다. 즉, 귀납적 추론에서 일반적 원리를 확립하고자 노력하지만, 그 결과는 잠정적인 가설일 뿐이다. 다시 말해, 귀납적 추론을 이용하는 통계학에는 불확실성(uncertainty)이 내재되어 있다. 정리하면, 통계학의 불확실성을 통제하기 위하여 통계학에서는 수학의 확률론을 그 이론적 근간으로 한다(김해경, 박경옥, 2009).

2 기술통계와 추리통계의 차이점

통계학을 이용한 사회과학 양적연구는 기술(description), 설명(explanation), 예측(prediction), 인과 추론(causal inference) 등을 주된 목적으로 한다. 통계는 기술통계(descriptive statistics)와 추리통계(inferential statistics; 추론통계)로 구분할 수 있다. 통

---

2) 질적연구와 비교할 때, 통계학을 이용하는 양적연구는 상대적으로 연역적 방법을 쓴다고 볼 수 있다.

계를 가르치다 보면, 평균과 같은 기술통계치로 집단을 비교하면 되는데 왜 굳이 추리통계를 써야 하느냐는 질문을 종종 받는다. 기술통계와 추리통계의 목적이 무엇인지를 생각해 보면 그 답을 알 수 있다. 기술통계는 수집된 자료의 특성을 평균, 표준편차 등의 각각 중심경향값과 산포도를 대표하는 값으로 요약 · 정리하며, 그 결과를 모집단으로 추론하지는 않는다.

반면, 추리통계는 모집단에서 표본을 추출하여 분석한 후, 그 결과를 통하여 모집단의 특성을 추론하고 모집단 전체로 일반화하는 것이 목적이다. 기술통계로는 기술과 설명 정도까지는 가능하나, 예측과 인과 추론은 힘들 수 있다. 만일 연구자가 모은 자료만으로 충분하며 모집단에 대한 추론을 할 필요가 없다면 굳이 추리통계를 쓸 필요가 없다고 할 수 있다. 그러나 표집을 하는 통계분석에서는 표본을 통하여 모집단의 특성을 추론하고자 하는 것이 일반적이므로, 추리통계에 대하여 잘 이해할 필요가 있다. 양적연구에서 쓰는 t-검정, 회귀분석, ANOVA, ANCOVA, repeated-measures ANOVA, 로지스틱 회귀모형, 비모수 검정 기법 등은 모두 추리통계로 분류된다. 유진은(2022, 2024)에서 각 기법을 예시와 함께 자세하게 다루었으니 참고하면 된다. 다음 절에서 기술통계의 종류와 특징을 설명하겠다.

③ 기술통계

기술통계는 중심경향값과 산포도로 구성된다. 중심경향값은 다시 평균, 중앙값, 최빈값, 그리고 산포도는 범위, 분산, 표준편차, 사분위편차 등으로 나뉜다. 각각에 대하여 설명하겠다.

1) 중심경향값

중심경향값은 수집된 자료 분포의 중심에 있는 값이 무엇인지 정보를 준다. 대표적인 값으로 평균(mean), 중앙값(median), 최빈값(mode)이 있다. 특히 자료가 정규분포를 따르지 않을 경우 평균, 중앙값, 최빈값을 모두 참조하는 것이 바람직하다.

(1) 평균

평균은 통계치 중 가장 중요한 값이라고 생각할 수 있다. 평균(mean)은 다음 공식에서와 같이 전체 자료 값을 더한 후, 사례 수로 나눈 값이다. 평균을 구하는 방법은 모집단이든 표본이든 관계없이 같다.

[모집단 평균 공식]

$$\mu = \frac{\sum_{i=1}^{N} X_i}{N} \quad (\mu: 모집단\ 평균,\ X_i: 관측치,\ N: 전체\ 사례\ 수)$$

[표본 평균 공식]

$$\overline{X} = \frac{\sum_{i=1}^{n} X_i}{n} \quad (\overline{X}: 표본\ 평균,\ X_i: 관측치,\ n: 표본의\ 사례\ 수)$$

초등학교 수학 시간에도 평균을 구하는 방법을 배운다. 통계에 대하여 잘 모르는 사람들도 평균이 무엇이고 어떻게 구하는지는 알고 있다. 그런데 어떤 경우에 평균이 적절하지 않은지에 대해서는 의외로 잘 모르는 경우가 많다. 따라서 실제 사례에서 평균이 오용되는 경우가 빈번하다.

저자가 학부에 다닐 때 너무 춥거나 더운 지역을 피하여 교환학생을 가고자 하였다. 미국의 대학 자료들을 구하여 검토하던 중, 어느 대학의 1월 월평균 기온이 0도이고, 7월 월평균 기온이 22도라는 자료를 발견하고는 그 대학을 선택했다. 그런데 막상 가 보니, 1월 기온이 영하 15도에서 영상 15도까지 변덕스러웠고, 7월 기온도 30도를 웃도는 날이 빈번하였다. 그러나 한 달 내의 기온 차가 심하였어도 어쨌든 1월 월평균은 0도이고 7월 월평균은 22도였던 것이다. 지금 알고 있는 것을 젊었을 때도 알았더라면 세상 살기가 더 쉬웠을 것이다. 이 경우 월평균보다는 월중 최저 온도와 최고 온도가 몇 도인지를 알아보는 것이 더 좋았을 것이다.

특히 정규분포를 따르지 않는 자료의 경우 이와 비슷한 사례가 많다. S전자에서 일하는 지인이 하소연하기를, S전자의 상여금 금액에 대하여 상여금 시즌 때마다 언론에서 떠들어대고 주변에서도 그렇게 알고 있는데, 본인은 한 번도 그만큼 큰돈을 받아 본 적이 없다고 하였다. 언론에서 S전자 임직원의 상여금 평균을 보도하기 때문인데, S전자 회장단 등 임원들이 받는 거액의 상여금까지 모두 뭉뚱그려 평균을 낸다면 무게중심이 당연히 오른쪽으로 쏠린다. 이 경우 전체 평균이 아니라 직급별 평균을 내는 것이 더 바람직한 기술통계 방법일 것이다.

(2) 중앙값

평균은 극단치가 있을 경우 그 극단치에 의해 영향을 많이 받는다는 단점이 있다. 검사점수가 50, 50, 50, 90인 자료가 있다고 하자. 이 자료의 최빈값과 중앙값은 모두 50이다. 그런데 4개 값 중 3개가 50이고 나머지 1개 값이 90으로 큰 자료이기 때문에 평균은 60으로 무게중심이 90 쪽으로 쏠리게 된다. 이렇게 극단치가 있는 자료의 경우 중심경향값으로 중앙값이 적절할 수 있다.

중앙값(median)은 자료를 순서대로 줄 세울 때, 중앙에 위치하는 값이다. 자료가 짝수 개인 경우 중앙값은 중간의 두 개 값의 평균으로 계산된다. 예를 들어, 1, 2, 2, 3, 4, 5, 5, 5, 6, 7인 자료가 있다면, 중앙값은 4와 5의 평균인 4.5가 된다. 이 경우 중앙값인 4.5는 자료에서 아예 없는 값이다. 중앙값은 중앙에 있는 값을 구하기 때문에, 편포인 분포에서 극단적인 값의 영향을 받지 않으며, 분포의 양극단 급간이 열려 있는 개방형 분포에서도 이용 가능하다는 등의 장점이 있다.

[중앙값 공식]
- 자료 수가 홀수인 경우: $\frac{n+1}{2}$번째에 해당하는 값
- 자료 수가 짝수인 경우: $\frac{n}{2}$과 $\frac{n}{2}+1$번째에 해당하는 값의 평균

(3) 최빈값

최빈값(mode)은 자료에서 어떤 값이 가장 빈번하게 나왔는지를 알려 주는 값으로, 여러 개일 수도 있다. 빈도가 너무 작거나 분포의 모양이 명확하지 않을 때 최빈값이 안정적이지 못하게 되는 단점이 있다. 즉, 몇 명 안 되는 자료로 최빈값을 구할 경우 한두 명의 값만 바뀌어도 최빈값이 크게 달라질 수 있다. 예를 들어, 5명의 자료값이 1, 2, 3, 100, 100이라면 최빈값이 100인데, 자료값이 1, 2, 3, 3, 100이라면 최빈값은 3이 된다. 최빈값의 경우 명명척도, 서열척도, 동간척도, 비율척도 모두에 이용할 수 있다. 만일 어떤 강좌의 학점 중 B 학점이 가장 많았다면 'B'가 이 자료의 최빈값이 된다.

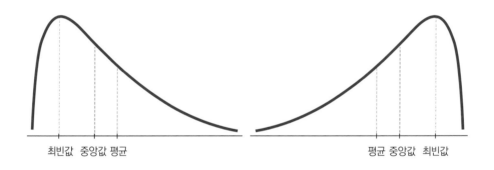

[그림 6.1] 정적편포, 부적편포일 경우 최빈값, 중앙값, 평균

꼬리가 오른쪽으로 긴 정적편포와 꼬리가 왼쪽으로 긴 부적편포의 경우 최빈값, 중앙값, 평균 간 관계는 [그림 6.1]과 같다. 즉, 최빈값은 가장 빈도수가 많은 값이 되며, 중앙값은 전체 분포에서 50% 순서에 있는 값이 된다. 평균은 극단치의 영향을 받기 때문에 정적편포의 경우 오른쪽에, 부적편포의 경우 왼쪽에 위치하게 된다.

2) 산포도

앞서 언급한 미국 대학교의 기온 예시에서 월평균을 구하는 것보다 월중 최고 온도와 최저 온도를 구하는 것이 낫다고 하였다. 만약 월중 최고 온도와 최저 온도 간 차이가 30도라면, 이것만으로도 온도 차가 크다는 정보를 주는 것이다. 이렇게 자료의 분포가 얼마나 흩어져 있는지 아니면 뭉쳐져 있는지를 알려 주는 통계치들을 통칭하여 산포도(measure of dispersion)라고 한다. 산포도에는 범위(range), 표준편차(standard deviation), 분산(variance), 사분위편차(quartiles), 백분위(percentile) 등이 있다. 어떤 분포에 대하여 이해하려면 중심경향값과 산포도를 모두 고려하는 것이 좋다.

(1) 범위

연속형 변수인 경우, 범위(range)는 오차한계까지 고려할 때 분포의 최대값에서 최소값을 뺀 후 1을 더해 주면 된다([그림 6.2]). 어떤 연속형 변수의 최소값이 50이고 최대값이 70이라면, 그 범위는 70-50+1인 21이 된다. 통계 프로그램에 따라서 범위를 구할 때 오차한계를 고려하지 않는 경우가 있다. 즉, 최대값에서 최소값을 뺀 후 1을 더하지 않고 범위를 구하는 것이다. 앞선 예시에서 오차한계를 고려하지 않고 구한 범위는 20이 된다.

[그림 6.2] 범위의 오차한계

(2) 분산

분산(variance)은 표준편차를 제곱한 값으로, 모집단과 표본에서의 분산 공식은 다음과 같다.

[모집단 분산 공식]

$$\sigma^2 = \frac{\sum\limits_{i=1}^{N}(X_i - \mu)^2}{N} \quad (\sigma: \text{모집단의 표준편차}, X_i: \text{관측치}, \mu: \text{모집단 평균}, N: \text{전체 사례 수})$$

[표본 분산 공식]

$$S^2 = \frac{\sum\limits_{i=1}^{n}(X_i - \overline{X})^2}{n-1} \quad (S: \text{표본의 표준편차}, X_i: \text{관측치}, \overline{X}: \text{표본평균}, n: \text{표본의 사례 수})$$

분산 공식을 자세히 보면, 분자 부분에 각 관측치에서 평균을 뺀 편차점수(deviation score)를 제곱하여 합한 값이 들어간다. 분자의 편차점수($X - \mu$)는 관측치에서 평균을 뺀 값이다. 따라서 분산은 자료들이 평균에서 얼마나 떨어져 있는지를 정리한 값이라 할 수 있다.

참고로 편차점수는 모두 합하면 0이 되기 때문에 편차점수의 합으로는 자료가 평균에서 얼마나 떨어져 있는지를 파악할 수 없다. 따라서 분산을 구할 때 편차점수를 제곱해서 모두 더한 값을 이용하여 자료들이 평균에서 얼마나 떨어져 있는지 확인한다.

(3) 표준편차

분산에 제곱근을 씌워 주면 표준편차(standard deviation)가 된다. 분산 단위는 확률변수 단위를 제곱한 것이므로 해석을 쉽게 하기 위하여 보통 표준편차를 이용한다.

(4) 사분위편차

사분위편차(quartile)는 자료를 작은 값부터 큰 값으로 정렬한 후 4등분한 점에 해당하는 값이다. 두 번째 사분위편차(Q2) 값은 중앙값과 동일하고 네 번째 사분위편차(Q4) 값은 자료에서 가장 큰 값과 동일하기 때문에, 첫 번째 사분위편차(Q1)와 세 번째 사분위편차(Q3) 값을 구하여 분포가 얼마나 흩어져 있는지 뭉쳐 있는지를 판단한다. 사분위편차 값은 통계 프로그램의 상자그림을 통해 시각적으로 확인할 수 있다.

[사분위편차와 중앙값]

Q1
Q2 = 중앙값
Q3

심화 6.1   평균, 분산, 왜도, 첨도

- 평균, 분산, 왜도, 첨도는 각각 1차, 2차, 3차, 4차 적률(moment)에 해당되며, 이러한 적률은 확률분포의 특징을 설명해 주는 중요한 역할을 한다. 적률에 대하여 더 자세하게 알고 싶다면 김해경, 박경옥(2009) 또는 Hogg & Craig (1995) 등을 참고하면 된다.
- 왜도(skewness)는 분포의 모양이 어느 쪽으로, 어느 정도로 기울어졌는지를 알려 주며, 첨도(kurtosis)는 분포의 모양이 위로 뾰족한지 아니면 완만한지 알려 주는 척도가 된다.
- 왜도가 음수인 경우 꼬리가 왼쪽으로 기울어진 모양이고(부적편포) 양수인 경우 꼬리가 오른쪽으로 기울어진 모양이 된다(정적편포).
- 첨도가 음수($K < 0$)인 경우 중심은 넓고 평평하며 꼬리가 가는 분포 모양을 보인다. 반대로 첨도가 양수($K > 0$)인 경우 중심이 뾰족하고 꼬리가 두터운 모양을 보인다.
- 표준정규분포의 경우 평균, 왜도, 첨도가 모두 0이다.

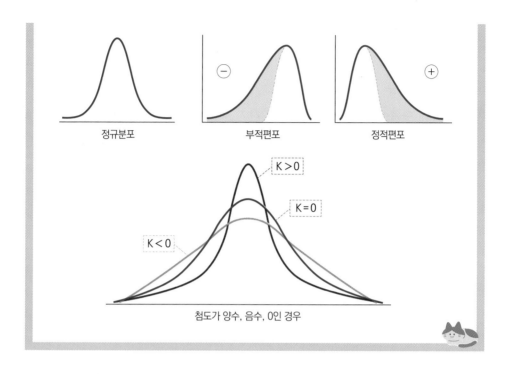

정규분포   부적편포   정적편포

첨도가 양수, 음수, 0인 경우

④ Excel 실습[3]

　엑셀(Excel 2019)과 같은 스프레드시트를 활용한 예시를 보여 주겠다. 먼저, 분석 도구 메뉴 활성화를 위한 절차를 [Excel 6.1]에서 설명하겠다. 파일-옵션-추가기능에서 분석 도구를 클릭한 후, '이동'을 누른다. '추가기능' 창이 뜨면 '분석 도구'를 클릭한 후 '확인'을 누른다. 이후 Excel에서 '데이터' 메뉴를 눌렀을 때 상단의 맨 오른쪽에 '분석'이라는 메뉴가 생겼다면, 기초적인 분석을 할 수 있는 준비가 된 것이다. 분석 도구가 설치되지 않을 때의 해결 방법을 〈심화 6.2〉에 설명하였다.

---

3) 부록 A에 SPSS로 같은 예시를 제시하였다.

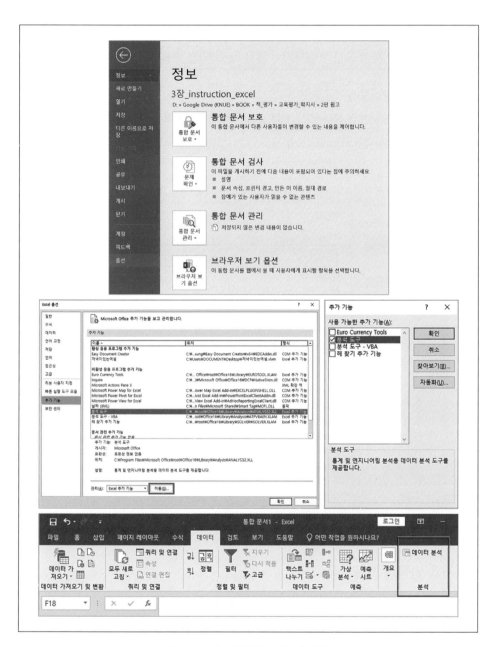

[Excel 6.1] 분석 도구 메뉴 활성화

심화 6.2 분석 도구가 설치되지 않을 때의 해결 방법

Excel에서 매크로에 대한 보안 설정으로 인하여 분석 도구가 제대로 설치되지 않을 수 있다. 파일−옵션−보안 센터−보안 센터 설정−매크로 설정으로 들어가 '디지털 서명된 매크로를 제외한 나머지 모든 매크로를 사용 안 함' 또는 '모든 매크로 포함'을 선택한 후 확인을 누르고 다시 설치를 시도하면 된다.

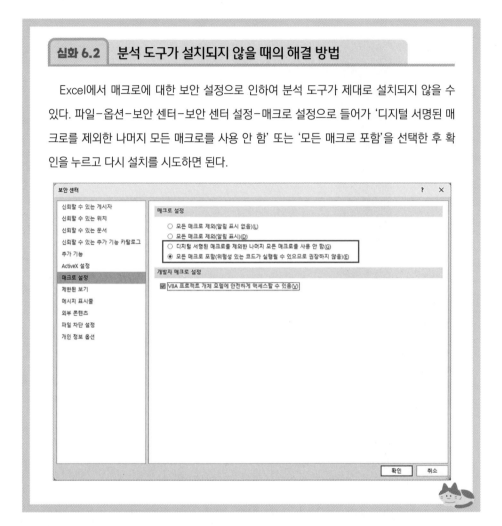

1) 자료 입력과 빈도분석

먼저, 자료 입력 시 가장 왼쪽 열에는 학생ID와 같이 학생들을 구분하기 위한 변수를 입력하는 것이 좋다. 그래야 입력값에 문제가 있을 때 확인하기가 편리하다. 스프레드시트에서 자료 입력 시 변수값을 문자(예: 남자, 여자)로 입력해도 되고, 또는 해당 범주값을 1, 2와 같은 숫자로 입력해도 된다.

자료: 수업유형에 따른 사전검사, 사후검사 결과, 성별

연구자가 학생들을 무선으로 90명을 표집하여 30명씩 세 가지 수업유형(강의식, 프로젝트형, 플립러닝)에 할당하여 실험을 수행하고 사전검사와 사후검사 결과를 얻었다. Excel data에 입력된 변수는 다음과 같다.

변수명	변수 설명
ID	학생 ID
test1	사전검사
test2	사후검사
수업유형	강의식, 프로젝트형, 플립러닝
성별	학생 성별

data file: instruction2.xlsx

빈도분석 1: 범주별 빈도

- G열에 강의식, 프로젝트형, 플립러닝을 입력한다(다른 열에 입력해도 정확하게 지정하기만 하면 됨).
- H열에 =COUNTIF(대상 변수의 범위, 조건)를 입력하고 enter를 누른다. 이 예시에서 대상 변수의 범위는 90명의 수업유형 값이므로 D2:D91이 되고, 조건은 G열 입력값(예: G2, G3, G4)이다.
- 또는 " "를 사용하여 문자를 입력해도[예: =COUNTIF(D2:D91, "강의식")] 같은 결과를 얻을 수 있다.

[Excel 6.2] 빈도분석 예시: COUNTIF

이 자료는 수업유형에 따라 사전검사와 사후검사 결과가 어떻게 다른지를 비교하는 것이 목적이다. 그 전에 자료 입력이 제대로 되었는지 확인할 필요가 있다. [Excel 6.2]에서 강의식, 프로젝트형, 플립러닝으로 입력된 수업유형 집단별 빈도가 각각 30명인지 확인하기 위하여 COUNTIF 함수를 이용한다. COUNTIF 함수의 인자로는 대상 변수의 범위와 조건이 들어가야 한다. 이 예시에서는 G열에 대상 변수 조건인 강의식, 프로젝트형, 플립러닝을 입력하였다. 또는 G열에 입력하지 않고 COUNTIF 식에 바로 "강의식"이라고 직접 문자를 입력하여도 같은 결과를 얻을 수 있다. 함수 실행 결과, 강의식 30명, 프로젝트형 30명, 플립러닝 30명으로 자료가 제대로 입력된 것을 확인할 수 있다.

빈도분석 2: 구간별 빈도

H2		× ✓ *fx*	=FREQUENCY(B2:B91, I2:I12)						
	A	B	C	D	E	F	G	H	I
1	ID	test1	test2	수업유형	성별				
2	1	20	30	강의식	남자		10점 미만	0	9
3	2	30	40	강의식	남자		10점 이상 20점 미만	1	19
4	3	40	40	강의식	남자		20점 이상 30점 미만	8	29
5	4	50	50	강의식	남자		30점 이상 40점 미만	23	39
6	5	30	40	강의식	남자		40점 이상 50점 미만	17	49
7	6	40	50	강의식	남자		50점 이상 60점 미만	9	59
8	7	10	30	강의식	남자		60점 이상 70점 미만	3	69
9	8	20	20	강의식	남자		70점 이상 80점 미만	5	79
10	9	30	90	강의식	남자		80점 이상 90점 미만	5	89
11	10	50	60	강의식	남자		90점 이상 100점 미만	6	99
12	11	80	90	강의식	남자		100점	13	

- G열에 구간별 빈도표를 만든다(10점 미만, 10점 이상 20점 미만, ……, 90점 이상 100점 미만, 100점).
- I열에 각 구간을 나누는 점수를 입력한다(9, 19, 29, ……, 99).
- 빈도분석 결과를 나타낼 셀(예시에서는 H2부터 H12)을 한꺼번에 선택한다.
- 수식입력줄에 =FREQUENCY(대상 변수의 범위, 구간 값)를 입력한 뒤, enter 대신 ctrl + shift + enter를 누르면 빈도가 계산된다.

[Excel 6.3] 빈도분석 예시: FREQUENCY

점수 구간별 빈도를 확인하고 싶을 때는 FREQUENCY 함수를 사용할 수 있다. FREQUENCY 함수에서는 빈도분석을 할 대상 변수와 구간 값이 인자로 들어간다. 대상 변수는 test1과 test2로 이미 자료가 있기 때문에 구간 값을 지정하면 된다. 이를 위하여 점수 구간(10점 미만, 10점 이상 20점 미만, ……, 90점 이상 100점 미만, 100점)을 작성하고, 구간별 구분 점수(9, 19, 29, ……)를 입력하였다. 이제 FREQUENCY 함수 실행 시 필요한 인자는 준비되었다.

다음으로 Excel에서의 배열수식에 대해 간단하게 설명하겠다. 단일 셀에서 값을 계산하는 일반 수식과 달리, 배열수식에서는 여러 셀 또는 배열의 값을 참조하여 동시에 계산하고 여러 개의 결과를 한번에 얻을 수 있다. FREQUENCY 함수는 데이터 배열과 빈도 배열을 동시에 처리하는 함수이므로 배열수식을 사용해야 구간별 빈도를 자동으로 계산할 수 있다. 배열수식을 활용하지 않을 경우, 첫 번째 빈도 값(10점 미만의 빈도: 0)만 반환되어 모든 구간의 빈도가 0이라고 잘못 나오게 된다. 배열수식에서는 입력 범위를 지정한 후에 enter 대신 ctrl + shift + enter를 눌러야 한다.[4] 예를 들어, H2에서 '10점 미만'에 해당되는 빈도를 구할 경우, 대상 변수의 범위가 B2:B91, 구간 값이 I2:I12이므로 수식에 =FREQUENCY(B2:B91,I2:I12)라고 입력한 뒤, ctrl + shift + enter를 누른다([Excel 6.3]). 그 결과, 수식의 앞뒤에 자동으로 이 붙으며 수식이 실행된다. 10점 미만이 0명, 10점 이상 20점 미만이 1명, ……, 100점이 13명인 것을 확인할 수 있다.

2) 중심경향값과 산포도

중심경향값과 산포도를 구하는 방법을 함수를 이용하는 방법과 데이터 분석 도구를 이용하는 방법으로 나누어 설명하겠다. 데이터 분석 도구 설치가 되지 않은 독자는 함수를 이용하여 기술통계치를 구할 수 있다. 두 방법 모두 결과는 같다.

---

4) 배열수식은 ctrl, shift, enter의 앞 글자를 따서 CSE함수라고도 불린다.

중심경향값과 산포도 1: 함수 활용

- 사후검사 점수의 기술통계치를 구하는 표를 만든다(평균, 표준편차, 중앙값, 최빈값, 표준편차, 분산, 첨도, 왜도, 범위, 최소값, 최대값, 합, 관측수).
- 다음 수식을 입력한다(사후검사 점수의 데이터는 C2:C91이다).

평균	=AVERAGE(C2:C91)
표준오차	=STDEV(C2:C91)/SQRT(COUNT(C2:C91))
중앙값	=MEDIAN(C2:C91)
최빈값	=MODE(C2:C91)
표준편차	=STDEV(C2:C91)
분산	=VAR(C2:C91)
첨도	=KURT(C2:C91)
왜도	=SKEW(C2:C91)
범위	=MAX(C2:C91)−MIN(C2:C91)
최소값	=MIN(C2:C91)
최대값	=MAX(C2:C91)
합	=SUM(C2:C91)
관측 수	=COUNT(C2:C91)

H3		× ✓	*fx*	=AVERAGE(C2:C91)				
	A	B	C	D	E	F	G	H
2	1	20	30	강의식	남자		기술통계	
3	2	30	40	강의식	남자		평균	69.7778
4	3	40	40	강의식	남자		표준오차	2.27881
5	4	50	50	강의식	남자		중앙값	70
6	5	30	40	강의식	남자		최빈값	50
7	6	40	50	강의식	남자		표준편차	21.6186
8	7	10	30	강의식	남자		분산	467.366
9	8	20	20	강의식	남자		첨도	-1.06182
10	9	30	90	강의식	남자		왜도	-0.20275
11	10	50	60	강의식	남자		범위	100
12	11	80	90	강의식	남자		최소값	20
13	12	90	70	강의식	남자		최대값	100
14	13	20	50	강의식	남자		합	6280
15	14	30	100	강의식	남자		관측수	90

[Excel 6.4] 기술통계 예시: 함수 활용

사후검사점수(test2)의 중심경향값과 산포도를 구하기 위한 함수는 [Excel 6.4]와 같다. 각 함수의 인자는 사후검사 점수값인 C2 셀부터 C91 셀까지가 된다. 평균이 69.78점, 중앙값이 70점, 최빈값이 50점이며, 표준편차 21.62, 첨도 -1.06, 왜도 -0.2, 최소값 20, 최대값이 100임을 알 수 있다.

중심경향값과 산포도 2: 데이터 분석 도구 활용

- 데이터 → 데이터 분석을 선택한다.
- '통계 데이터 분석' 창이 뜨면 '기술 통계법'을 누르고 '확인'을 누른다.
- 입력 범위에는 분석을 원하는 데이터의 범위를 지정한다.
- 출력 범위에는 결과가 출력될 범위를 지정한다.

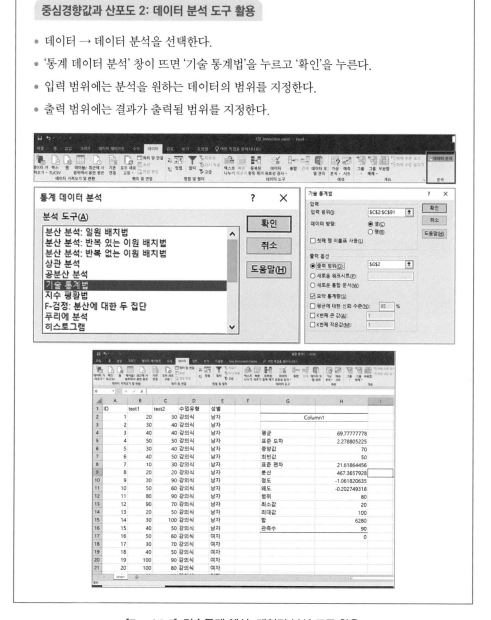

[Excel 6.5] 기술통계 예시: 데이터 분석 도구 활용

다음은 데이터 분석 도구를 활용한 기술통계 예시다.[5] 앞선 함수 활용의 경우 사용자가 일일이 함수를 입력해야 하는 번거로움이 있는데, 지금부터 설명할 데이터 분석 도구 활용에서는 클릭 몇 번만으로 결과를 얻을 수 있다. 먼저, Excel에서 데이터 → 데이터 분석을 클릭한다. 통계 데이터 분석 창이 뜨면, 기술 통계법을 누르고 확인을 누른다. 기술 통계법 창에서 입력 범위에 분석을 원하는 데이터의 범위를 지정한다. 사후검사 점수(test2)에 대한 결과를 구한다면, C2 셀부터 C91 셀까지를 지정하면 된다. 출력 범위에 기술통계량을 보여 줄 범위를 지정하는데, 새로운 워크시트나 통합문서로도 출력할 수 있다. 요약 통계량을 선택하면, 지정한 출력 범위에 평균, 중앙값, 최빈값, 표준편차 등 다양한 중심경향값과 산포도가 같이 제시된다. 평균이 69.78점, 중앙값이 70점, 최빈값이 50점이며, 표준편차 21.62, 첨도 −1.06, 왜도 −0.2, 최소값 20, 최대값이 100이다. 이 값은 함수를 사용하여 구한 값과 같다.

3) 사분위편차와 상자그림(상자도표)

사분위편차와 최소값, 최대값을 확인하고 시각적으로 하고자 한다면, 상자그림(상자도표; box plot)을 이용하는 것이 좋다. Excel에서 상자그림을 그릴 때에는 그리고자 하는 데이터를 선택하고 차트를 선택해 주는 것이 좋다. 삽입 메뉴에서 차트의 종류를 선택해 준다. 히스토그램 아래에 상자수염을 선택하면 자동으로 상자그림이 만들어진다. 상자그림에서 중간 줄은 중앙값을, 상자그림의 아랫변은 Q1을, 윗변은 Q3에 해당한다. 상자그림에서 아래 위로 연결된 선의 끝부분에 해당하는 값은 각각 최소값과 최대값이 된다.

---

5) Excel에서 분석 도구 메뉴가 활성화되었을 때 가능하다(〈심화 6.2〉 참고).

상자그림(상자도표) 그리기

- 상자그림을 그릴 변수를 선택한다(사전검사 점수와 사후검사 점수의 상자도표를 같이 그릴 것이라면 두 개의 변수를 한꺼번에 선택한다).
- 삽입 → 차트를 클릭한다.
- 히스토그램 아래 '상자수염' 형태를 클릭한다.
- ＋버튼을 눌러 차트 요소의 축, 축 제목, 차트 제목, 레이블, 눈금선을 선택한다.
- 필요에 따라 상자그림을 눌러 차트의 색, 디자인, 데이터 계열 서식을 선택한다.

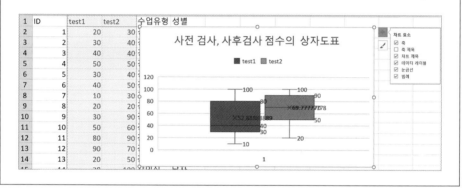

[Excel 6.6] 상자그림 예시

[Excel 6.6]에서 사전, 사후검사점수의 상자그림을 볼 수 있다. 이 그림에서 사전 검사 점수보다는 사후검사의 점수가 Q1, 중앙값, Q3, 최소값이 더 높은 경향이 있다는 것을 시각적으로 확인할 수 있다.

연습문제

1. (1) 조별로 연구 주제를 하나 택하고(예: 우리 학교 급식에 대한 학생 만족도 조사) 중심경향값과 산포도를 구하는 여러 방법 중 어떤 방법(예: 평균과 사분위편차)으로 해당 주제를 다룰 것인지 설명하시오.

(2) 왜 그렇게 정했는지 근거를 밝히시오.

2. (1) 조별로 둘 이상의 서로 다른 집단(예: 남학생과 여학생, 1반과 2반 등)을 대상으로 연속형 변수로 측정되는 자료(예: 운동 시간, 독서 시간, 스마트폰 사용 시간 등)를 수집하시오.

(2) 각 집단의 중심경향값과 산포도를 구하고 집단별 특징을 토론하시오.

제**7**장

규준참조평가와 준거참조평가

➕ **주요 용어**

규준, 준거, 규준참조평가, 준거참조평가, 규준점수, 백분위 등수, 백분위 점수,
Z-점수, T-점수, 스테나인 점수, 기준(준거)설정, 성취평가, 성취수준명,
성취수준기술, Ebel 방법, Angoff 방법, 능력참조평가, 성장참조평가

🔎 **학습목표**

1. 규준과 준거를 구분하고, 규준참조평가와 준거참조평가의 특징을 비교하여 설명할 수 있다.

2. 규준점수의 종류를 나열하고 그 특징을 설명하며, 실제 자료로 다양한 규준점수를 구할 수 있다.

3. 성취평가 또는 준거설정을 위한 Ebel, Angoff 방법의 특징 및 절차를 이해하고 설명할 수 있다.

1 개관

　학생평가는 상위학교로의 선발을 위한 변별 목적으로 쓰일 수도 있고, 학생의 학습을 돕기 위한 목적으로 쓰일 수도 있다. 전자의 경우 선발적 교육관을 따르는 규준참조평가(norm-referenced evaluation)가, 후자의 경우 발달적 교육관을 바탕으로 하는 준거참조평가(criterion-referenced evaluation)가 쓰인다. 일상적인 용어에서 규준참조평가는 상대평가, 준거참조평가는 절대평가로 통용된다. 규준참조평가는 상대적 위치를 알려 주고, 준거참조평가는 절대적 준거에 대한 도달 여부를 알려 주는 평가다. 각각에 대하여 설명하겠다.

　선발적 교육관은 성취도가 높은 학생이 있다면 성취도가 낮은 학생도 있다는 개인 차이를 인정하며, 학생 간 상대적 비교에 방점이 찍히는 관점이다. 독일의 경우 초등학교 4학년 때 우리나라로 치면 인문계 학교인 김나지움으로 진학하느냐 아니면 실업계 학교로 진학하느냐를 결정하는데, 이는 선발적 교육관에 기초한 것이다. 이 경우 인문계 학교로 진학할 학생을 선발해야 하므로, 전체 학생 중 상위권 학생을 가를 수 있는 평가, 즉 규준참조평가가 필수적이다. 규준참조평가는 전체 학생 중 내가 어느 위치에 있는지를 알려 주는데, 내 위치는 그 시험을 본 학생들의 성취도에 따라 상대적으로 변할 수 있다. 그 시험을 본 학생의 성취도가 높다면 내 석차가 아래로 내려가고, 그 시험을 본 학생들의 성취도가 상대적으로 낮다면 내 위치는 상위권일 것이다. 예를 들어, 같은 수학 성취도라고 하더라도, 과학고 학생들로 구성된 집단에서 산출된 석차와 일반고 학생들로 구성된 집단에서 산출된 석차는 판이하게 다르다. 다시 말해, 학생들이 아무리 공부를 열심히 하고 성취도가 높다고 하더라도 규준참조평가에서는 1등부터 꼴찌까지 줄을 세울 수 있다. 정리하면, 규준참조평가는 선발적 교육관에 기초한 평가로, 상대적으로 내가 어느 위치에 있는지를 알려 준다. 우리나라 수능의 경우 전형적인 규준참조평가라 할 수 있다.

　반면, 준거참조평가는 나의 상대적 위치보다는 내가 어떤 절대적인 기준(또는 준거)에 얼마나 도달했는지 도달하지 못했는지를 알려 주는 평가다. 따라서 성취도가 높은 학생들로만 구성된 학교의 경우 모든 학생이 성취도 '상' 집단이 될 수 있다. 준거참조평가는 발달적 교육관에 기초한 평가다. 발달적 교육관의 경우 근대화 이후 소수를 대상으로 한 교육에서 벗어나 다수를 대상으로 하는 의무교육이 시행되면서 주목받기 시작하였다. 우리나라 고교 졸업자의 대학진학률(대학등록자 기준)은 70%를 상회하는 것으로 알려져 있다. 이렇게 대학교육이 보편화되면서 학생 간 비교를 통한 경쟁 및 소수 상위 성취자의 선발보다는 모든 학생에게 교육 기회를 부여하며 학생 개개인의 학업성취도를 높이는 것이 중요하게 되었다. 따라서 교수 · 학습 정보 제공이 목적인 준거참조평가가 득세하기 시작하였다. 우리나라에서 준거참조평가는 '성취평가'라는 이름으로 전국의 중등학교에서 시행되고 있다. 이 장에서는 각각 규준(norm)과 준거(criterion)를 바탕으로 하는 규준참조평가와 준거참조평가의 특징을 설명할 것이다. 또한 다양한 규준점수에 대하여 설명하고, 초 · 중등학교에서 주로 활용되는 준거설정 방법을 예시와 함께 제시할 것이다.

 ## 2 규준과 규준참조평가

　어느 신문 기고란에 '50%나 되는 학생이 평균 이하였다!'라면서 학교 교육을 비판한 글이 있었다. 어떻게 50%나 되는 학생이 평균 이하일지 언뜻 걱정스러운 상황이라고 생각할 수 있으나, 이때 규준참조평가가 쓰였다는 것을 안다면 말도 안 되는 비판이라는 것을 바로 알 수 있다. 즉, 규준참조평가인 경우 교사가 아무리 열심히 가르치고 학생이 아무리 열심히 공부해도 50%의 학생은 평균 이하가 될 수밖에 없으므로, 규준참조평가에서 '50%나 되는 학생이 평균 이하'라고 학교 교육을 비판하는 것은 잘못된 주장이다.

　규준참조평가에서는 보통 정규분포(normal distribution)를 가정하며, 규준(norm)에 따라 학생의 위치가 상대적으로 결정된다. 규준은 말하자면 자(ruler)와 같은 것이다. 규준집단을 정의하고 모집단(population)으로부터 표집하여 검사를 실시한 후 점수 분포를 얻고 평균과 표준편차를 구한다. 규준점수인 Z-점수와 T-점수의 경우 규준집단의 평균과 표준편차를 이용하여 얻는다. 따라서 규준집단을 적절하게 정의하고 규준집단이 모집단을 대표하도록 표집하는 것이 중요하다. 예를 들어, 초등학교 3학년 학생용 수학 성취도 검사를 만들고 전국단위 규준참조평가로 활용하려고 한다면 '전국의 초등학교 3학년 학생'이 모집단이 된다. 규준집단이 모집단을 대표할 수 있도록 모집단의 지역과 성별 비율을 따르게끔 표집하는 것이 좋다. 만약 충북의 초등학교 3학년 여학생 비율이 전체 초등학교 3학년 학생의 5%라면, 표본에서의 충북 초등학교 3학년 여학생 비율도 5%가 되도록 표집하는 것이다. 이렇게 표집된 학생들에게 검사를 시행하여 점수 분포를 얻어 규준점수 산출에 쓰면 된다. 규준점수로는 백분위 점수, 백분위 등수, 그리고 Z-점수, T-점수, 스태나인과 같은 표준점수가 있다. 각각에 대하여 설명하겠다.

1) 백분위 점수와 백분위 등수

백분위 점수(percentile score; 퍼센타일)는 자료를 작은 값부터 큰 값으로 정렬했을 때 100등분한 점에 해당되는 값이다. 사분위편차는 백분위 점수 중 25, 50, 75등분에 해당되는 값이므로, 100등분에 해당되는 백분위 점수를 통하여 더 자세한 정보를 얻을 수 있다. 만일 하위 10%와 상위 10%에 해당되는 값을 알고 싶다면, 10번째 백분위 점수와 90번째 백분위 점수를 구하면 된다. 이 값이 50점, 89점이라면 각각 10번째와 90번째 백분위 점수가 된다. 참고로, 백분위 등수(percentile rank)는 등수에 대한 것으로, 백분위 점수와 다르다. 예를 들어, 하위 10%와 상위 10%에 해당되는 값의 백분위 등수는 10과 90이다.

2) Z-점수, T-점수, 스태나인

Z-점수, T-점수, 스태나인(stanine) 등을 표준점수(standardized score; 표준화점수)로 칭한다. 원점수에서 평균을 뺀 편차점수(deviation score)를 표준편차(standard deviation)로 나눈 점수들을 표준점수라 통칭한다. 그중 Z-점수와 T-점수는 모집단의 분포가 정규분포라고 가정할 때 이용할 수 있다. 특히 Z-점수는 평균이 0이고 분산이 1인 표준정규분포를 따르기 때문에 분포의 반은 양수이고 반은 음수이며, 이론적으로는 −∞부터 +∞까지 가능하다. T-점수는 Z-점수의 척도를 조정하여 평균이 50이고 표준편차가 10인 점수로 바꿔서 더 이상 음수가 나오지 않도록 한 점수다. Z-점수와 T-점수는 다음과 같이 구할 수 있다.

✅ Z-점수와 T-점수 공식

$$Z = \frac{X - \mu}{\sigma}$$

$$T = 10Z + 50$$

다음으로 자료를 9개 등급으로 나눠 주는 스태나인(stanine) 점수가 있다. 수능 점수 산출에도 활용되는 스태나인은 'STANdard', 'NINE'의 줄임말로, 자료를 9개 등급으로 표준화한다는 뜻이다. 스태나인은 자료를 작은 값부터 큰 값까지 정렬한 후, 왼쪽부터 오른쪽으로 1등급부터 9등급을 채워 나간다(이때 1등급이 최하 등급, 9등급이 최상 등급이 된다). 1등급부터 4등급은 각각 4%, 7%, 12%, 17%를 넣어 주고, 가운데 등급인 5등급은 20%, 그리고 다음 6등급부터 9등급은 다시 17%, 12%, 7%, 4%를 넣어 준다. 즉, 스태나인은 5등급을 기준으로 좌우가 대칭임을 알 수 있다. 정규분포를 따르는 경우 스태나인은 평균이 5이고 표준편차가 2가 되며, 공식은 다음과 같다.

✅ 스태나인 공식

$$Stanine = 2Z + 5$$

Z-점수나 T-점수와 달리, 정규분포를 가정하지 않아도 된다는 점은 스태나인의 장점이다. 그러나 스태나인은 Z-점수나 T-점수와 비교 시 정보 손실이 있다는 단점이 있다. 예를 들어, 1등급의 경우 원점수가 가장 높은 1등급과 가까스로 1등급을 받

는 경우의 원점수 간 차이는 이론적으로는 2 표준편차 넘게 차이가 날 수 있다. [그림 7.1]에서 Z-점수, T-점수, 스태나인을 정규분포 그래프에 표시하였다.

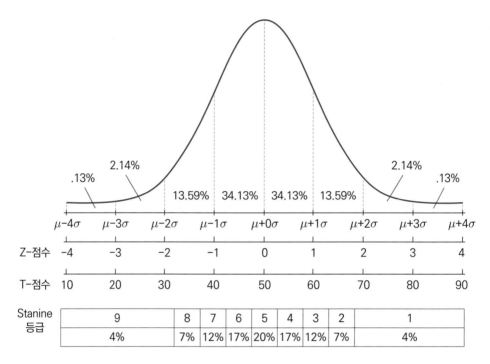

[그림 7.1] 정규분포와 규준점수

수능 등급은 규준점수 예시가 된다. [그림 7.2]에서 국어영역의 표준점수가 131이며, 백분위 등수로 96이므로 상위 4%에 해당하는 것을 알 수 있다. 따라서 스태나인 (9등급)으로는 1등급이 된다.[1] 마찬가지로 윤리와 사상은 표준점수가 53, 백분위 등수 58로, 상위 42%에 해당한다. 따라서 스태나인상으로는 5등급이라는 것을 쉽게 알 수 있다([그림 7.1] 참고).

---

1) 원래 스태나인에서는 1이 가장 점수가 낮은 등급이고 9가 가장 점수가 높은 등급인데, 수능에서는 이를 뒤집어 제시한다.

〈 2024학년도 대학수학능력시험 성적통지표(예시) 〉						
수험번호	성 명	생년월일	성별	출신고교 (반 또는 졸업 연도)		
12345678	홍길동	05.09.05.	남	한국고등학교(9)		
영 역	한국사	국어	수학	영어	탐구	제2외국어/한문
선택과목		화법과 작문	미적분		윤리와 사상 / 지구과학 I	독일어 I
표준점수		131	137		53 / 64	
백 분 위		96	92		58 / 90	
등 급	2	1	2	1	5 / 2	2

[그림 7.2] 규준점수 예시

3 준거와 준거참조평가

규준참조평가(norm-referenced evaluation)에서는 학생들을 검사점수로 줄을 세워 상대적 비교를 하는 것이 목적이다. 학생들이 학습목표 또는 성취기준을 얼마나 습득했는지 파악하고 교수·학습에 피드백하는 것이 목적이라면 준거참조평가가 적합하다. 규준참조평가에서 규준(norm)에 따라 상대적 서열이 결정된다면, 준거참조평가에서는 준거(criterion)에 따라 학습목표/성취기준 습득 정도를 확인하고 (절대평가 맥락에서의) 등급을 부여하게 된다. 우리나라 초·중등학교의 경우 준거가 성취목표이므로 준거참조평가는 '성취평가'라는 이름으로 시행 중이다. 국가수준 학업성취도 평가에서도 국가에서 정한 교육과정, 즉 준거에 근거하여 초·중등 학생들의 교육목표 달성 정도를 파악한다. 따라서 국가수준 학업성취도 평가는 준거참조평가에 해당한다. 미국 초·중등학교에서 준거(criterion)는 기준(standard)으로 불리므로 특히 대규모 성취도평가에서 준거참조평가는 'standard setting', 즉 '기준설정'이라는 체계적 절차를 통하여 실시된다.

기준을 정하는 것은 생각보다 중요할 수 있다. 1급 발달장애인이 아기를 3층에서

집어던져 살해하였으나, '형법상 심신상실' 상태가 인정되어 대법원에서 사실상 무죄를 선고한 사례가 있다.[2] 법정에서 '심신상실' 여부는 생물학적 방법과 심리학적 방법을 이용한 여러 증거를 토대로 판사가 '형법상 심신상실' 여부에 대한 기준을 세우고 판결한다. 이렇게 '기준을 정하는 것'은 '사형/무기징역'과 '사실상 무죄'를 가를 수 있을 만큼 중요한 것이다. 의학, 약학, 보건 분야에서도 기준을 어떻게 세워 자격증을 부여할 것인가는 매우 중요한 사안이므로 엄격한 절차를 따르도록 되어 있다. 의사로서의 자격증을 부여하는 의사국가고시(정식 명칭은 의사국가시험)의 경우에도 실기시험 합격 기준은 '의과대학 교수로 구성된 패널(panel)이 결정한 합격 점수 이상 득점'이다. 이렇게 패널 구성부터 합격 점수 결정까지의 의사결정 과정이 기준설정(standard setting)에 해당한다고 할 수 있다. 이때 합격/불합격을 가르는 점수를 분할점수(cut score)라고 한다. 합격/불합격의 이분법적인 구분보다 좀 더 자세하게 나눌 수도 있다. 이를테면 우수/보통/기초/기초미달과 같은 학생의 성취도 등급은 모두 준거에 따라 결정되며, 각 등급을 가르는 분할점수가 필요하다. 분할점수 수는 구분하려는 집단 수 빼기 하나만큼 필요하다.

이 장에서는 대규모 검사 상황을 상정하며 Cizek과 Bunch(2007)를 참고하여 전반적인 기준설정(standard setting) 절차를 설명할 것이다. 그다음 우리나라 중등학교 성취평가에서 변형되어 활용 중인 Ebel과 Angoff 방법을 설명하겠다. 이 장에서 설명하는 standard setting 절차 및 방법은 원래 대규모 검사에서 쓰이는 방법이므로 학교 단위에서 한두 명의 교사가 실시하기에는 어려움이 따른다는 점에 주의할 필요가 있다.

1) 기준설정 절차

교육부에서 전국의 초등학교 3학년 학생을 대상으로 기초학력을 확인할 목적으로

---

2) 형법상 심신상실자란 '심신장애로 인해 사물을 변별하거나 의사를 결정할 능력이 없는 자'를 말한다. 심신상실자는 책임능력이 없으므로 책임이 조각돼 무죄가 되므로 형벌은 받지 않는다. 치료감호 등의 보안처분은 가능하다(연합뉴스, 2016. 11. 24.).

수학 시험을 만들고, 모든 초등학교 3학년 학생에게 그 시험을 치르게 한 결과(시험 점수)가 있다고 하자. 학생이 기초학력을 습득했는지 아닌지를 확인하는 것은 매우 중요하다. 제시간에 대처하지 못할 경우 학습결손이 누적될 수 있기 때문이다. 그렇다면 각 학생의 기초학력 습득 여부를 판정하는 기준을 어떻게 세울 수 있을까? 절차를 순서대로 설명하겠다.

(1) 기준설정 목적 고려

기준설정 시 가장 먼저 고려되어야 할 사항은 기준설정 목적이다. 여러 요가 단체 중 어느 단체가 요가강사 자격증 수여를 위한 기준설정을 한다고 하자. 요가강사 자격증 수여를 위한 절차가 모두 같다고 하더라도, 그 목적이 기준을 엄격히 적용하여 수준 높은 강사만을 엄선하는 것인지, 아니면 해당 단체의 양적 성장을 위하여 어떤 일정 수준만 통과하면 쉽게 자격증을 수여할 것인지에 따라 기준설정 결과는 크게 달라질 것이다. 따라서 기준설정 전에 그 목적을 분명히 할 필요가 있다.

(2) 기준설정 방법 선정

다음으로 기준설정 방법을 정해야 한다. 검사 목적, 검사 유형, 검사 특성을 고려한 매우 다양한 기준설정 방법이 있는데, 이 책에서는 우리나라 중등학교 성취평가에서 변형되어 활용되고 있는 Angoff와 Ebel 방법을 설명할 것이다. 가장 쉽고 널리 쓰이는 방법이기도 하다. Angoff와 Ebel 방법은 맞혔냐 틀렸냐의 선택형 문항으로 구성된 검사만이 아니라 단답형, 서술형과 같이 부분 정답이 가능한 구성형 문항이 포함된 검사에도 활용할 수 있다는 장점을 지닌다. 여러 가지 기준설정 방법에 대하여 더 공부하고 싶다면 Cizek과 Bunch(2007)를 참고하기 바란다.

(3) PLL(성취수준명) 선정

PLL(Performance Level Label)은 학생/학부모/교사가 기준설정 결과로 가장 먼저 확인하는 이를테면 등급과 같은 것이다. PLL은 '합격, 불합격', 'A, B, C, D, E', 또는 '우수, 보통, 기초, 기초미달'과 같이 기준설정 결과를 한 단어로 정리하여 보여 주는 역할을 한다. 검사 실시 및 기준설정 전에 교사, 교육과정 전문가, 학교 행정가, 학부모 등의 이해당사자로 구성된 위원회(committee)에서 PLL을 미리 결정하는 것이 일반적이다. 〈표 7.1〉에서 우리나라 성취평가제의 성취도별(A, B, C, D, E) 정의 및 성취율을 제시하였다[학교생활기록 작성 및 관리지침(교육부훈령 제477호, 2024. 2. 8., 일부 개정)].

〈표 7.1〉 성취도별 정의와 성취율

성취도	정의(Description)	성취율(점수)
A	내용영역에 대한 지식습득과 이해가 매우 우수한 수준이며 새로운 상황에 일반화할 수 있음.	90% 이상
B	내용영역에 대한 지식습득과 이해가 우수한 수준이며 새로운 상황에 대부분 일반화할 수 있음.	90% 미만~80% 이상
C	내용영역에 대한 지식습득과 이해가 만족할 만한 수준이며 새로운 상황에 어느 정도 일반화할 수 있음.	80% 미만~70% 이상
D	내용영역에 대한 지식습득과 이해가 다소 미흡한 수준이며 새로운 상황에 제한적으로 일반화할 수 있음.	70% 미만~60% 이상
E	내용영역에 대한 지식습득과 이해가 미흡한 수준이며 새로운 상황에 거의 일반화할 수 없음.	60% 미만~40% 이상
I	내용영역에 대한 지식습득과 이해가 최소 학업성취수준에 미달하여 별도의 보정 교육 없이는 다음 단계의 교수-학습 활동을 정상적으로 수행하기 어려움.	40% 미만

(4) PLD(성취수준기술) 선정 또는 작성

PLD(Performance Level Descriptions)는 '우수, 보통, 기초'와 같이 하나의 단어로 표현되는 PLL이 전달하고자 하는 뜻을 보다 자세하게 설명하는 문장들로 구성된다. 검사 전 PLD가 결정되었다면 PLD를 참고하여 검사를 만들어야 한다. 그러나 검사 후 실제 결과를 확인하고 그 결과에 맞춰 PLD를 수정하는 경우도 많다. 이를테면 우리나라 국가수준 학업성취도 평가는 검사 결과를 보고 PLD를 수정하는데, 이렇게 할 경우 PLD를 해당 검사 내용과 좀 더 합치되도록 작성할 수 있다.

PLD는 교육과정 성취기준에 맞춰 작성하는 것이 좋다. 우리나라 초등학교 3~4학년군 수학과 성취수준을 예시로 들어 보겠다(〈표 7.2〉). '[4수04-01] 자료를 수집하여 그림그래프나 막대그래프로 나타내고 해석할 수 있다.'는 다음과 같이 성취기준별 성취수준 A, B, C 수준으로평가할 수 있다.

〈표 7.2〉 성취기준과 성취수준(2022 개정교육과정)

성취기준		성취기준별 성취수준
[4수04-01] 자료를 수집하여 그림그 래프나 막대그래 프로 나타내고 해 석할 수 있다.	A	실생활 자료를 수집하여 그림그래프나 막대그래프로 나타내 고, 그래프를 해석할 수 있다.
	B	주어진 자료를 그림그래프나 막대그래프로 나타내고, 그래프 에서 여러 가지 사실을 찾을 수 있다.
	C	안내된 절차에 따라 일부가 제시된 그림그래프나 막대그래프 를 완성하고, 그래프에서 간단한 사실을 찾을 수 있다.

〈표 7.3〉에서 초등학교 3~4학년군 수학과 '자료와 가능성' 영역의 'A, B, C'에 대한 PLD(성취수준기술)를 제시하였다.

〈표 7.3〉 성취수준과 PLD

영역			영역별 성취수준
자료와 가능성	A	지식 · 이해	실생활 자료를 수집하여 그림그래프, 막대그래프, 꺾은선그래프 로 나타내고 해석하는 일련의 방법을 이해하고, 이를 탐구 문제 를 해결하는 데 능숙하게 적용할 수 있다.
		과정 · 기능	실생활 자료를 수집하여 그림그래프, 막대그래프, 꺾은선그래프 로 정확하게 나타내고, 그래프를 해석할 수 있다. 탐구 문제에 적 절한 자료를 수집, 정리하여 막대그래프나 꺾은선그래프로 나타 내고, 그래프를 해석할 수 있다.
		가치 · 태도	실생활에서 여러 가지 그래프의 필요성과 편리함을 인식하고, 자 료를 이용한 통계적 문제해결 과정에 흥미와 관심을 가지고 참여 한다. 자료와 가능성 영역의 다양한 문제해결 과정에 적극적으로 참여하며, 다른 친구의 의견을 존중하고 경청한다.

영역			영역별 성취수준
자료와 가능성	B	지식·이해	주어진 자료를 그림그래프, 막대그래프, 꺾은선그래프로 나타내고 그래프에서 여러 가지 사실을 찾는 방법을 이해하며, 이를 탐구 문제를 해결하는 데 적용할 수 있다.
		과정·기능	주어진 자료를 그림그래프, 막대그래프, 꺾은선그래프로 나타내고, 그래프에서 여러 가지 사실을 찾을 수 있다. 주어진 자료를 정리하여 막대그래프나 꺾은선그래프로 나타낼 수 있다.
		가치·태도	실생활에서 그림그래프, 막대그래프, 꺾은선그래프가 활용됨을 알고, 자료를 이용한 통계적 문제해결 과정에 관심을 가진다. 자료와 가능성 영역의 문제해결과정에 참여하며, 다른 친구의 의견을 존중하고 경청한다.
	C	지식·이해	안내된 절차에 따라 일부가 제시된 그림그래프, 막대그래프, 꺾은선그래프를 완성하고 그래프에서 간단한 사실을 찾는 방법을 이해한다.
		과정·기능	안내된 절차에 따라 일부가 제시된 그림그래프, 막대그래프, 꺾은선그래프를 완성할 수 있으며, 그래프에서 간단한 사실을 찾을 수 있다. 주어진 자료의 특성에 맞는 적절한 그래프를 선택할 수 있다.
		가치·태도	실생활에서 그림그래프, 막대그래프, 꺾은선그래프가 활용됨을 알고, 여러 가지 그래프에 관심을 가진다. 자료와 가능성 영역의 문제해결 과정에 참여하려고 노력하고, 다른 친구의 의견을 경청하려는 태도를 갖는다.

(5) 패널 구성

기준설정 시 패널(panel) 구성 및 역할이 매우 중요하다. 패널이 분할점수(cut score)를 결정하기 때문이다. 물론, 패널이 정한 분할점수를 교육청에서 받아들이지 않는 경우도 있으므로 '기준설정(standard setting)'이 아니라 '기준 권고(standard recommending)'라고 해야 한다는 의견도 있다(Cizek & Bunch, 2007). 그러나 일반적으로는 패널이 정한 분할점수가 기준설정의 결과로 활용된다. 따라서 성공적인 기준설정을 위하여 패널의 구성 및 훈련이 매우 중요하다.

또한 기준설정 결과가 주관적이라는 비판이 가능한데, 패널의 학력·경력 자격기준을 엄격하게 정하고 지역·성별 등에 있어 대표성을 지니는 패널을 모집하여 기준 설정을 실시한다면 기준설정 절차에 대한 정당성 확보에도 큰 도움이 된다.

패널은 보통 내용영역의 전문가가 다수를 차지한다. 미국의 주 단위 검사의 경우 학부모, 동네 주민까지도 패널로 초청하는 것을 보았으나, 패널은 해당 학년 학생들을 머릿속으로 그리며 검사 문항의 문항난이도(item difficulty)를 추측할 수 있어야 하므로 대부분 해당 학년을 가르쳐 본 경험이 있는 교사가 다수를 차지한다. 아니면 적어도 해당 학년 학생의 성취수준 설정과 관련하여 직접적인 경험이 있는 사람들로 구성할 수 있다. 초등학교 6학년 수학 교과에 대한 기준설정을 한다면, 교육대학을 졸업한 10년 이상 경력의 초등교사, 관련 전공 석사학위를 소지한 경력 5년 이상의 초등교사, 초등수학교육 박사학위를 소지한 교육과정 전문가(국공립 연구기관 연구원 및 대학의 전임교원) 등이 패널 선정 시 자격기준이 될 수 있다. 미국 주 단위 검사에 대한 기준설정 시 한 교과당 보통 20명이 넘는 패널에게 2~3개 학년(예: 3, 4, 5학년)의 기준설정을 맡기는 것이 일반적이다.

(6) 패널 훈련 및 기준설정 실시

수학 기초학력 도달 여부에 대한 기준설정을 실시한다고 해 보자. 패널은 수학 교과의 성취기준(또는 학습목표), PLD, 서술형 문항의 채점기준 등을 잘 이해하며, '가까스로 수학 기초학력을 가지는 학생'이 어떤 특징을 가지는 학생일지 머릿속에서 형상화하고 내재화하여 기준설정에 참여한다. 다음에 설명할 Angoff 방법에서는 '가까스로 기준을 통과하는 학생'을 'MCP(Minimally Competent Person)'라는 용어로 개념화하였고, Cizek과 Bunch(2007)는 MCP를 형상화하고 내재화하는 과정을 '핵심개념화(key conceptualization)'라고 불렀다. 기준설정 시 패널의 과업 중 가장 중요한 것 중 하나가 바로 이 핵심개념화다. 핵심개념화 시 MCP에 대한 정의를 얼마나 자세하게 하는지에 따라 패널이 MCP를 형상화하는 데 차이가 있었다(Giraud, Impara, & Plake, 2005).

검사에 따라 다르지만, 대규모 성취도 검사의 경우 2박 3일의 기준설정 일정이 일반적이다. 그러나 시간 및 자원 제한으로 인하여 쉽지 않은 경우가 많다. 따라서 이 책에서는 1박 2일을 일정으로 하는 패널 훈련 및 기준설정을 설명하겠다.

〈첫 번째 날〉

기준설정이 왜 필요하며 그 결과가 학생, 교사, 학교, 지역사회에 어떻게 영향을 미칠 수 있는지 이해가 선행되어야 패널들이 기준설정에 열심히 참여하게 된다. 따라서 기준설정 첫 번째 날에 기준설정이 무엇인지, 왜 중요한지, 그 결과가 어떤 파급효과를 지니는지 등을 강조해야 한다. 교육청 단위 검사의 경우 교육청 고위 관리자(예: 교육감)가 이러한 역할을 맡는 것이 좋다.

첫 번째 날에 패널은 PLD에 대해서 토론하고 정의한다. 보통 스무 명이 넘는 패널을 4~5명의 소집단으로 나누어 각 집단에서 '가까스로 수학 기초학력을 가지는 학생'이 어떤 지식, 기능, 성취를 보여야 하는지 토론을 한다. 일반적으로 'facilitator'로 불리는 측정평가 박사학위 소지자가 진행을 맡아 패널에게 기준설정 방법을 설명하고 어떻게 해야 하는지 훈련을 시킨다. 2박 3일로 진행되어 여유가 있다면, 첫 번째 날에 이전 검사(예: 작년 기초학력검사)로 기준설정을 해 보는 연습을 할 수 있다. 1박 2일의 일정이라면 이 날 기준설정을 해야 하는 실제 검사(예: 올해 기초학력검사)를 각자 검토하고 분할점수를 산출하는 1라운드가 진행된다.

〈두 번째 날〉

첫 번째 날에 했던 활동을 되돌아보고 의문사항을 질문하거나 어떤 문제가 있지는 않았는지 토론한다. 첫 번째 날의 1라운드 결과, 즉 몇 점을 기준으로 기초미달 학생이 끊어지는지, 패널들이 점수를 어떻게 줬는지 등의 결과를 공유하고, 토론한다. 이후 2라운드를 진행하고 그 결과를 1라운드 결과와 비교하고 토론한다. 2라운드에서는 2라운드의 분할점수를 쓴다면 해당 교육청의 기초학력 미달 학생 비율이 전체 학생 중에서 어떻게 되는지, 성별 비율이 어떻게 되는지 등을 제시함으로써 기준설정 결과가 실제 자료에 적용되었을 때 어떻게 영향을 미치는지 영향 정보(impact information)를 제시한다. 이 결과를 바탕으로, 필요하다면 다음 라운드를 실시하고 다시 산출된 분할점수의 영향 자료를 제시한다. 패널 토론 후 최종 라운드에서의 분할점수를 산출하고 기준설정 점수를 설정 또는 권고한다.

> **심화 7.1** **PLD vs. 서술형 문항의 채점기준표**
>
> PLD를 서술형 문항의 채점기준표(scoring rubric)와 비슷하게 생각하는 경우가 있다. 일견 어떤 한 문항에 대한 채점기준표의 '3, 2, 1, 0점'은 각각 PLD의 '우수', '보통', '기초', '기초미달'에 대응하는 것처럼 보인다. 그러나 PLD는 특정 문항에 대한 채점기준표를 전반적인 수행 수준으로 확장시킨 것이 아니다. 만일 어떤 문항에 적어도 2점을 받지 못한 학생에게는 '보통' 수준을 주면 안 된다고 주장하는 패널이 있다면, 이는 기준설정을 제대로 이해하지 못한 것이다(Cizek & Bunch, 2007). 왜냐하면 기준설정은 몇몇 특정 문항점수에 대한 것이 아니라 전반적인 수행 수준, 즉 총점에 대한 것이기 때문이다. 즉, '보통' 수준인 학생도 어떤 특정 문항에 '2점'을 받을 수도 있고, 못 받을 수도 있는 것이다.
>
> 정리하면, PLD와 채점기준표는 다르다. 패널은 기준설정 과정 내내 개별 문항의 채점기준표가 아닌, 전반적인 수행 수준에 대한 PLD를 염두에 두며 분할점수 산출을 위해 노력해야 한다. 이 점을 패널 훈련 시 분명히 해야 하며, 실제 기준설정 시에도 1차, 2차 라운드마다 강조할 필요가 있다.

2) Ebel 방법

Ebel 방법에서는 난이도(difficulty)와 적절성(relevance)의 두 가지 차원이 중요하다. 난이도 차원은 상(Hard), 중(Medium), 하(Easy)의 세 가지 수준, 적절성 차원은 필수적인(Essential), 중요한(Important), 적합한(Acceptable), 의심스러운(Questionable)의 네 가지 수준으로 구성되므로 총 12개의 범주가 가능하다. 패널은 각 문항이 이 12개의 범주 중 어디에 속할지를 판정하고 각 범주에서의 난이도를 추정한다. 그리고 각각의 패널이 추정한 결과를 종합하여 분할점수가 산출된다.

〈표 7.4〉는 3명의 패널이 20개 문항을 난이도와 적절성의 12개 범주 중 어디에 속하는지 판정하고, 각 범주에 대하여 이를테면 '가까스로 기초학력을 가지는 학생'의 정답률이 얼마일지를 정한 예시다(Cizek & Bunch, 2007). 각 패널이 20개 문항을 판

정하였으므로 총 60번의 판정이 있었다. 그중 필수적이고(Essential) 쉬운(Easy; 난이도 하) 범주는 15번 선택되었고, 이 범주의 정답률이 100%일 것이라고 판정하였다. 중요하고(Important) 쉬운(Easy; 난이도 하) 범주는 24번 선택되었으며, 정답률은 90%일 것이라고 판정하였다. 12개 범주에 대한 결과를 종합하면, 기초학력 도달 여부를 가르는 퍼센트는 77.67, 즉 20개 문항 중 15개에서 16개를 맞혀야 기초학력 도달이라고 할 수 있다.

⟨표 7.4⟩ Ebel 방법 예시

Relevance Category	Difficulty Category	Number of Items Judged to be in Category (A)	Judged Percentage Correct (B)	Product (A x B)
Essential	Easy	15	100	1500
	Medium	0	100	0
	Hard	0	100	0
	Subtotal	15		
Important	Easy	24	90	2160
	Medium	5	70	350
	Hard	0	50	0
	Subtotal	29		
Acceptable	Easy	0	80	0
	Medium	2	60	120
	Hard	9	40	360
	Subtotal	11		
Questionable	Easy	0	70	0
	Medium	1	50	50
	Hard	4	30	120
	Subtotal	5		
TOTALS		60		4660
	Passing percentage (Cx) = 4660/60 =			77.66666667

Ebel 방법에 대한 대안으로, 난이도 차원의 상/중/하 분류 시 실제 검사 자료를 쓰는 것이 있다. 원래 Ebel 방법에서는 각 문항이 난이도의 상/중/하 중 어디에 속할지 패널이 분류해야 하는데, 실제 검사에서의 문항난이도 정보가 있다면 패널은 어

디부터 어디까지를 상/중/하로 구분할지만 결정하면 된다. 예를 들어, 문항난이도가 .5 미만인 문항은 난이도 '상'으로, .5 이상 .8 미만은 난이도 '중'으로, .8 이상은 난이도 '하'로 분류하기로 결정했다면 패널이 각 문항이 난이도 상/중/하에 속할지 추정할 필요가 없는 것이다.

Ebel 방법에 대해 난이도와 적절성의 두 차원이 서로 상관이 너무 높다는 비판이 있다. 또한 합격/불합격을 결정하는 수준설정에서 적절성 차원의 마지막 수준인 '의심스러운'에 해당되는 문항을 기준설정 시 포함시켜 분할점수를 산출하는 것이 옳은지에 대한 논란도 있다.

3) Angoff 방법

초기 Angoff(pure Angoff) 방법은 검사 결과 없이도 패널이 문항만을 보고 판정을 하는 방법이었는데, modified Angoff, 즉 수정된 Angoff 방법에서는 실제 검사 결과까지 종합하여 수준을 설정하도록 한다. Angoff 방법에서는 '가까스로 기준을 통과하는 학생', 즉 MCP(Minimally Competent Person)에 대한 정의가 필요하다. 패널은 성취수준 및 기초학력 경계선 학생에 대한 개념을 협의한다. 수학 기초학력검사의 경우, 가까스로 수학 기초학력을 가지는 학생, 즉 이 학생까지만 기초학력이고 그 아래로는 기초학력 미달이라고 판정할 만한 그런 학생이 어떤 학생인지 정의해야 한다. 즉, 수학 기초학력 성취수준이 어떠한 의미인지, 기초학력 도달과 미도달의 경계선에 있는 학생들은 어떠한 특징을 지니는지 등을 토의한다. MCP에 대한 패널 간 공감대가 어느 정도 형성되었다면, 패널은 각자 문항을 검토한 후, 각 문항에 대하여 경계선 학생의 기대 정답률을 판정한다. 이로써 1라운드가 종료된다.

〈표 7.5〉에서 2라운드에 걸쳐 시행된 수정된 Angoff 방법의 예시를 제시하였다. 첫 번째 표는 5명의 패널이 10개 문항에 대하여 정답률을 판정한 1라운드 결과다.[3] 패널은 10번 문항이 가장 어렵고(난이도 56%) 5번 문항이 가장 쉽다고(난이도 86%)

---

3) 1라운드와 2라운드 사이에 기준설정 담당 연구원이 계산하여 2라운드에 제시한다.

판정하였다. 첫 번째 패널(Rater ID=1)이 89%에 해당하는 점수가 필요하다고 판단함
으로써 해당 검사가 가장 쉽다고 생각한 반면 두 번째 패널(Rater ID=2)은 62%만 맞
히면 된다고 판단하여 해당 검사를 가장 어렵게 생각한 것을 알 수 있다. 1라운드 결
과를 정리하면, 패널은 74.2%에 해당되는 점수를 받아야 기초학력에 도달한다고 판
단하였으며, 이때 패널 간 표준편차는 10.13이었다.

〈표 7.5〉 수정된 Angoff 방법 예시

Modified Angoff Ratings: Round 1

					Item Number							
Rater ID	1	2	3	4	5	6	7	8	9	10	Mean	SD
1	80	100	100	100	90	90	90	90	90	60	89.0	11.97
2	60	80	60	60	70	90	70	60	30	40	62.0	17.51
3	90	70	80	80	100	60	80	80	80	60	78.0	12.29
4	70	60	70	80	90	80	80	70	70	60	73.0	9.49
5	90	60	90	40	80	60	80	70	60	60	69.0	15.95
Mean	78.0	74.0	80.0	72.0	86.0	76.0	80.0	74.0	66.0	56.0	74.2	10.13

Modified Angoff Ratings: Round 2

					Item Number							
Rater ID	1	2	3	4	5	6	7	8	9	10	Mean	SD
1	80	90	100	100	90	90	100	90	80	60	88.0	12.29
2	70	80	70	70	80	90	80	70	40	50	70.0	14.91
3	90	80	90	70	90	60	70	80	80	60	77.0	11.60
4	70	70	60	70	90	80	70	70	70	70	72.0	7.89
5	80	70	90	70	80	60	80	70	70	60	73.0	9.49
Mean	78.0	78.0	82.0	76.0	86.0	76.0	80.0	76.0	68.0	60.0	76.0	7.18

〈표 7.5〉의 두 번째 표는 2라운드 결과다.[4] 2라운드에서는 1라운드 결과를 무기명
으로 정리하여 전체 패널 간 토론에서 공유하고 토론한다. 패널은 1라운드 결과를
토대로 조별로 모여 다시 MCP에 대한 정의를 정교화하고, 각자 문항에 대한 정답률
을 재산정한다. 문항별 표준편차가 큰 문항은 패널 간 이견이 크다는 뜻이므로 특히

---

4) 〈표 7.5〉는 〈심화 7.2〉의 규준정보(normative information) 예시가 된다.

표준편차가 큰 문항부터 기초학력 도달과 미도달 수준에 대해 패널 간 논의가 실시된다. 문항난이도와 같은 실제 검사 결과가 있는 경우, 2라운드에서 이러한 정보를 활용한다. 자세한 설명은 〈심화 7.2〉를 참고하면 된다. 2라운드 결과는 다음과 같다. 패널은 여전히 10번 문항이 가장 어렵고(60%) 5번 문항이 가장 쉽다고(86%) 생각했고, 첫 번째 패널과 두 번째 패널이 해당 검사를 각각 가장 쉽고(88%) 가장 어렵다고(70%) 판단하였다. 즉, 2라운드 결과는 1라운드 결과와 비슷하였으나, 그 차이는 1라운드에 비해 좁혀졌다. 2라운드 결과, 패널은 기초학력에 도달하려면 76%에 해당되는 점수를 받아야 한다고 판정함으로써 1라운드의 74.2%보다 합격선이 다소 올라간 것을 알 수 있다. 그러나 표준편차는 7.18로 1라운드의 10.13보다 작아졌다. 즉, 2라운드를 거치며 패널 간 합의가 이루어지고 있는 것을 결과에서 확인할 수 있다. 다음 라운드(3라운드)가 필요하다고 판단할 경우, 1라운드에서와 마찬가지로 2라운드와 3라운드 사이에 기준설정 담당 연구원은 패널이 기입한 기대 정답률에 대한 기술통계를 계산하며, 이를 3라운드에서 활용한다. 특히 영향정보가 3라운드 이후 또는 마지막 라운드에 제공된다(〈심화 7.2〉).

Angoff 방법의 변형인 확장된 Angoff(extended Angoff) 방법을 통하여 서술형 문항에 대한 기준설정 또한 가능하다. 선택형 문항에 대한 기준설정 시 패널은 각 문항에 대한 난이도를 퍼센트로 추정하였는데, 확장된 Angoff 방법으로 서술형 문항에 대한 기준설정을 실시할 때 각 문항의 점수를 추정한다. 예를 들어, MCP, 즉 가까스로 기준을 통과하는 학생이 3점 만점인 1번과 2번 서술형 문항에서 각각 2점과 3점을 받을 것이라고 추정하는 것이다. 선택형 문항과 서술형 문항이 혼합된 형태의 검사의 경우 각 문항에 대하여 추정한 점수들을 합산하여 분할점수를 산출하면 된다.

> **심화 7.2 기준설정 시 패널에게 제공되는 피드백 종류**
>
> 기준설정 시 패널에게 제공되는 피드백에는 규준정보(normative information), 실재정보(reality information), 그리고 영향정보(impact information) 등이 있다. 각 패널이 판정한 난이도 및 그에 따른 분할점수가 규준정보가 된다. 규준정보를 받아든 패널은 자신의 결과를 다른 패널이 판정한 결과와 비교하게 된다. 이때 규준정보를 제공하는 목적이 패널에게 자신의 의견을 전체에 맞추거나 억지로 자신의 판단을 바꾸라는 것이 아니라는 점을 주의해야 한다.
>
> 문항난이도와 같은 학생의 실제 시험 결과 자료가 실재정보가 된다. 학생이 다른 검사에서 받은 점수 또한 외재적 준거로 실재정보가 될 수 있다. 영향정보는 기준설정 결과로 나오는 성취수준별 학생 비율 또는 성취수준×성별 학생 비율 등이 된다. 보통 영향정보는 3라운드 이후 또는 마지막 라운드에 제공된다. 이를테면 분할점수가 바뀌면서 성별에 따른 합격자 비율이 어떻게 바뀌는지를 패널에게 보여 주는데, 분할점수를 1점 올리거나 낮출 때 성취수준별 학생 비율이 어떻게 달라지는지 그 결과를 보고 패널은 자신의 판정을 바꿀 수 있다.
>
> 규준정보, 실재정보, 영향정보는 기준설정 시 패널에게 다양한 정보를 제공함으로써 패널의 의사결정을 돕는다. 이 과정에서 조별 토론이 중요한 역할을 한다. 정리하면, 패널은 여러 라운드에 걸쳐 규준정보, 실재정보, 영향정보와 같은 피드백을 제공받으며 다른 패널과의 토론을 통하여 자신의 생각을 가다듬고 정리하게 되며, 그 결과로 자신의 의견을 수정할 수도 있고 관철할 수도 있다.

4) 기준설정 시 주의사항

준거참조평가는 교육에서뿐만 아니라 의학 및 약학, 법학과 같이 전문 자격증을 부여하는 영역에서도 그 중요성을 인정받고 있다. 이를테면 의사 자격증 시험에서는 전체 의대생 중 상위 몇 퍼센트인지가 중요하지 않고 의사로서 필요한 지식과 기술을 가지고 있는지가 합격/불합격의 기준이 되기 때문에 준거참조평가를 쓴다. 준거참조평가는 기준설정(standard setting), 즉 둘 이상의 성취수준을 구분하기 위해 분할점수(cut score)를 찾는 체계적인 절차를 통하여 실행될 수 있다. 이때 그 목적이 무엇인지에 따라 기준설정 결과가 크게 달라질 수 있다는 점을 주의해야 한다(Cizek & Bunch, 2007). 의사 면허 부여 여부는 환자의 생사를 가를 수도 있는 문제가 된다. 그러나 의과대학생의 유급 여부는 상대적으로 덜 중요하다. 따라서 의사 면허를 부여하는 기준은 의과대학생의 유급 여부를 결정하는 기준보다 높다.

합격/불합격이 아니라 여러 개의 등급이 있는 경우 다수의 분할점수가 필요하다. 예를 들어, A/B/C/D/E 등급인 경우 패널은 A와 B, B와 C, C와 D, D와 E를 가르는 네 개의 분할점수를 산출해야 한다. 이때 MCP를 매번 바꿔 가며 가까스로 A등급을 받는 학생, 가까스로 B등급을 받는 학생, 가까스로 C등급을 받는 학생, 가까스로 D등급을 받는 학생을 상정해야 하는데, 쉽지는 않은 일이다. 이렇게 다수의 분할점수가 필요할 때 Cizek과 Bunch(2007)는 중요한 등급을 가르는 분할점수를 먼저 산출할 것을 제안한다.

기준설정은 검사 결과 없이도 가능하다. 그러나 검사 결과를 바탕으로 한다면 더 믿을 수 있는 결과를 얻을 수 있으므로 검사 결과를 활용하는 기준설정이 일반적이다. 또한 패널의 역할이 매우 중요하므로 패널 구성 시 자격 요건을 철저히 하고 이후 잘 훈련하는 것이 성공적인 기준설정을 위한 필수 요건이 된다. 앞서 '형법상 심신상실' 예시에서 판사가 신이 아니므로 판결에 대한 논란이 가능하듯이 준거참조평가 또는 성취평가에서 패널들의 판단에 대한 논란 또한 가능하다. 이때 패널 자격 요건 및 훈련에 대한 문서를 제시하며 전문성과 대표성을 가진 패널이 장시간의 훈련 후 기준설정을 실시하고 그 결과에 대하여 다각도로 토론한 것을 보여 줄 수 있다면, 이러한 논란에 대한 답변이 될 수 있을 것이다.

마지막으로, 한 검사에 대하여 여러 기준설정 방법을 비교하는 것은 권장되지 않는다. 두 가지 기준설정 방법을 시도한 후 둘 중 어느 결과를 선택할지, 어떻게 두 가지 결과를 종합할지 고민하기보다는 그 시간과 노력과 돈을 검사 목적, 검사 유형, 검사 특성을 고려하여 선택한 한 가지 기준설정 방법에 쏟아붓는 것이 더 낫다(Cizek & Bunch, 2007).

4 우리나라 중등학교의 성취평가제

1) 변동 분할점수(추정 분할점수, 단위학교 산출 분할점수) 예시

우리나라 중등학교에서는 원점수, 과목 평균 및 표준편차와 같은 규준참조평가 정보와 더불어, 준거참조평가 목적으로 '성취평가'를 실시하고 있다. 즉, 학기 단위 교과별 성취도를 다섯 수준의A/B/C/D/E (체육, 예술 교과의 경우 세 수준 A/B/C)와 미이수(I)로 부여한다. A/B/C/D/E/I 등급을 나눌 때 분할점수가 필요하며, 분할점수 산출 시 고정과 변동의 두 가지 선택이 가능하다. 고정 분할점수를 도입한 학교의 경우 90 이상, 80 이상 90 미만, 70 이상 80 미만, 60 이상 70 미만, 40 이상 60 미만, 40 미만을 각각 A, B, C, D, E, I로 부여할 수 있다. 따라서 분할점수를 추정할 필요가 없다. 한편, 변동 분할점수의 경우 나이스(NEIS)를 활용하여 각 성취도에 맞는 분할점수를 찾아내고 A/B/C/D/E/I 등급을 부여한다. 변동 분할점수는 분할점수를 추정해야 하므로 '추정 분할점수' 또는 개별학교에서 산출하기 때문에 '단위학교 산출 분할점수'라고도 불린다.

변동 분할점수를 도입한 경우 분할점수 산출 과정은 다음과 같다. 독자의 이해를 돕기 위하여 나이스(NEIS)를 활용한 예시와 함께 설명하겠다. 고등학교 2학년 1학기 수학 I 지필고사 예시이므로 A/B/C/D/E/I 등급을 가르는 분할점수를 산출해야 한다. 먼저, 동 학년 동 교과 교사의 문항 출제 후, 나이스(NEIS)의 [교과담임]-[지필평가]-[문항정보표 관리]에서 난이도, 배점, 정답을 입력한 후 마감한다. 이후 [교과담임]-[분할점수]-[지필평가추정분할점수산출관리]에서 해당 과목을 조회하면, 문항이 어려움/보통/쉬움의 세 가지 난이도로 분류된 것을 확인할 수 있다([그림 7.3]).[5]

---

5) 캡처 동영상 출처: 학생평가지원포털. 나이스 분할점수 산출프로그램 기능 설명 홍보 영상.
https://stas.moe.go.kr/bbs/artcl/artclDtl:PUBL_MOV_DOC?sArtclSeq=500583

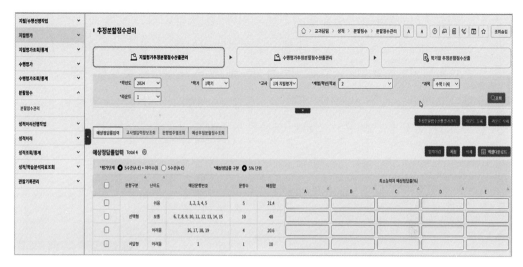

[그림 7.3] 나이스(NEIS) 분할점수 산출 예시: 문항정보(난이도) 확인

    기준설정 시 라운드별로 각 교사가 A/B/C/D/E/I를 가르는 다섯 개의 분할점수(A
와 B, B와 C, C와 D, D와 E, E와 I)를 추정하고, 다음 라운드에서 이전 라운드 결과에
대해 토론을 거치며 분할점수 추정을 반복한다. [그림 7.4]는 1라운드 결과 예시로,
교사 추정 정답률을 토대로 계산된 분할점수를 제시한다.

예상정답률입력 Total 4 ⚙

*평가단계 ○ 5수준(A-E) + 미이수(I)   ○ 5수준(A-E)   *예상정답률 구분 ● 5% 단위

	문항구분	난이도	해당문항번호	문항수	배점합	최소능력자 예상정답률(%)				
						A	B	C	D	E
□		쉬움	1, 2, 3, 4, 5	5	21.4	90	75	60	50	38
□	선택형	보통	6, 7, 8, 9, 10, 11, 12, 13, 14, 15	10	48	80	70	60	50	36
□		어려움	16, 17, 18, 19	4	20.6	60	50	40	35	28
□	서답형	어려움	1	1	10	50	40	30	20	15

1 라운드 확정 가능 Total 1 ⚙

	라운드	평가단계내용	학기말반영비율	성취수준별 추정분할점수				
				A/B	B/C	C/D	D/E	E/I
□	1	(5수준 + 미이수(I))	30%	75	64	52.9	43.9	32.7

[그림 7.4] 나이스(NEIS) 분할점수 산출 예시: 교사별 예상정답률 추정

[그림 7.5]는 1라운드 결과를 정리한 것이다. 한 명의 교사가 A, B, C, D, E를 가르는 분할점수를 산출한 결과에 대한 기술통계를 확인할 수 있다. 이 예시에서는 2라운드를 마지막으로 분할점수를 산출하였는데, 교사 간 합의가 충분히 이루어지지 못했다고 판단할 경우 3라운드, 4라운드, 또는 그 이상까지 라운드를 반복할 수도 있다. [그림 7.6]에서 2라운드 결과로 도출된 최종 분할점수를 제시한다.

[그림 7.5] 나이스(NEIS) 분할점수 산출 예시: 분할점수 추정 결과 정리

	라운드	평가단계내용	학기말반영비율	성취수준별 추정분할점수				
				A/B	B/C	C/D	D/E	E/I
☐	1	(5수준 + 미이수(I))	30%	75	64	52.9	43.9	32.7
☑	2	(5수준 + 미이수(I))	30%	71.6	62.1	51.6	41.5	33.3

[그림 7.6] 나이스(NEIS) 분할점수 산출 예시: 최종 분할점수

[그림 7.7]은 고등학교 2학년 1학기 수학 I의 지필고사의 분할점수 산출 예시다. 학기말 성적은 지필고사와 수행평가 결과를 합산한 것이다. 마찬가지로 지필평가와 수행평가 각각에 대한 분할점수에 반영비율을 적용하여 합산하면, 학기말 분할점수가 산출된다.

지필/수행구분	고사/영역	반영비율(%)	배점	성취수준별추정분할점수				
				A/B	B/C	C/D	D/E	E/I
지필	[수학 I] 1차 지필평가	30	100	75	64	52.9	43.9	32.7
	[수학 I] 2차 지필평가	30	100	67.5	53.7	41.5	35.1	28
수행	[수학 I] [전체영역]	40	40	36	32	28	24	20
수학 I 평균				79	67	56	48	38
학기말최종추정분할점수				79	67	56	48	38

[그림 7.7] 나이스(NEIS) 분할점수 산출 예시: 학기말 최종 분할점수

2) 우리나라 중등학교 성취평가 기준설정의 문제점과 개선 방향

기준설정(standard setting)은 원래 국가수준 학업성취도 평가와 같은 대규모 검사

에서 학생들의 성취수준을 구분하기 위한 것으로, 교과별로 수십 명의 내용 전문가를 수일에 걸쳐 패널로 훈련시킨 후 분할점수를 산출하도록 한다. 그러나 우리나라 중등학교에서 준거참조평가 목적으로 기준설정을 도입할 때 여러 가지 어려움이 발생하고 있다. 특히 단위학교 수준에서 분할점수를 산출하는 경우 문제점이 두드러진다.

첫째, 대부분의 일선 교사는 기준설정 패널로서의 정식 연수 및 훈련을 받지 못하였다. 따라서 기준설정 자체에 대한 이해가 높지 않으며, 제대로 된 기준설정을 경험해 본 적도 없다. 둘째, 과목당 많아야 서너 명의 교사, 또는 시수가 적은 과목의 경우 한 학교에 한 명의 교사가 있을 뿐이므로 패널 간, 그리고 패널 집단 간 토론을 통한 합의 도출이 현실적으로 어렵다. 셋째, 분할점수 산출 시기 문제도 있다. 일선 학교에서는 검사 최종 결재 전에 분할점수를 산출하고 이를 학생에게 공개하도록 한다. 따라서 중간에 문항이 수정되어도 분할점수는 그대로다. 심지어 문항 출제 전에 분할점수를 먼저 산출하기도 한다. 넷째, 분할점수 산출 프로그램에서는 쉬움/보통/어려움의 세 가지 범주로 문항을 분류한 후 범주별로 난이도를 추정하도록 한다. 이는 같은 범주에 포함된 전체 문항의 난이도가 비슷하다는 가정하에서는 타당하지만, 문항별 난이도를 개별적으로 추정하는 것에 비해 정확도가 떨어질 수밖에 없다.

이렇게 산출된 분할점수는 신뢰도와 타당도 측면에서 우려가 있다. 동일한 성취기준과 동일한 교과서로 교수·학습이 이루어진다 하여도 해마다, 교사에 따라 분할점수가 크게 달라질 수 있다. 관련하여, 그간 대입 사정에서 성취평가 결과는 표준점수로 제시되는 규준참조평가 결과만큼 활용되지 못하였다. 그러다 보니 일선 교사들은 성취평가를 형식적인 행정업무로 받아들이며 기준 설정과 관련된 평가 전문성 함양에 상대적으로 노력을 기울이지 않았으며, 성취평가 또한 원래 의도했던 준거참조평가로서의 역할 및 기능을 발휘하지 못한 측면이 있다. 그러나 2022 개정교육과정에서부터 예체능/교양/융합선택 등의 일부 과목 외에는 모두 등급과 성취도가 병기된다. 특히 내신등급이 5등급제로 바뀌게 되면서 이전의 9등급제와 비교 시 대입에서의 성취평가의 영향력이 상대적으로 커질 것으로 예상된다. 관련하여 교사의 부담이 가중되는 형국이다.

정리하면, 우리나라 중등학교에서 기준설정이 제대로 실시되고 있다고 말하기 힘들다. 분할점수가 왜 산출되어야 하는지, 교수·학습에서 어떠한 비중을 차지하는지 등을 모른 채로 형식적인 행정업무 처리의 형태로 이루어져 왔다. 그러나 준거참조평가가 제대로 실시되려면 기준설정이 필요한 것이 사실이다. 교육대·사범대의 학부와 대학원 수준의 교육평가 커리큘럼에 기준설정을 포함시켜 현직교사와 예비교사를 준비시킬 필요가 있다. 우리나라 학교 상황에서 준거참조평가 시행을 위한 운영의 묘 또한 강구하여야 한다.

 ## 5 능력참조평가와 성장참조평가[6]

능력참조평가와 성장참조평가가 학생의 개별 능력과 성장을 평가하여 맞춤형 교육을 제공할 수 있다고 여기는 경우가 있다. 능력참조평가와 성장참조평가의 정의 및 한계에 대해 van Blerkom(2009)과 Oosterhof(2001)의 내용을 토대로 설명하겠다.

1) 능력참조평가

능력참조평가(ability-referenced evaluation)는 학생의 수행을 잠재적인 능력과 비교하여 평가하는 것이다. '이 학생이 할 수 있는 것인가' 또는 '충분히 시간이 주어진다면 이 학생이 더 잘할 수 있는 것인가'와 같은 진술이 능력참조평가에서 고려할 점이 된다. 능력을 평가의 틀로 삼는 능력참조평가의 핵심은 학생의 최대 능력치를 잘 추정하는 것이다. 그런데 능력검사는 선천적인 능력에 대한 정의, 측정, 검사 결과 해석, 학교 현장 적용과 관련한 여러 문제점이 있다. 각각을 살펴보겠다.

---

6) 학교 현장에서 준거참조평가도 제대로 시행되지 못하는 형국에서, 성장참조평가(growth-referenced evaluation)와 능력참조평가(ability-referenced evaluation)는 현실적으로 어려움이 있는 평가방법이라고 판단하여 개념과 장단점만 간단하게 설명하였다.

먼저, 학생의 선천적인 능력을 어떻게 정의할지, 그리고 어떻게 측정할지에 대한 문제는 일반적인 성취도 검사 제작 상황보다 훨씬 복잡하다. 흔히들 지능검사 등의 능력검사가 선천적인 능력을 정확하게 측정해 낸다고 생각하지만, 능력검사 점수는 해당 능력검사에 포함된 문항 또는 과제에 한하여 추정된 것에 불과하다. 특히 검사로 측정하기 어려운 요인의 경우 간과되는 문제가 발생한다. 실제로 IQ 검사는 해당 검사가 측정하는 일부 능력만 측정하며, 검사로 측정하기 어려운 복합적인 고등정신 능력은 다루지 않는다는 비판을 받는다. 즉, 능력검사 점수가 높다고 하여 실제 생활에서의 복합적인 문제 해결을 할 수 있거나, 사회적으로 성공할 것이라고 예단할 수 없다.

또한 능력검사 점수는 학생의 발달 경험에 따라 달라질 수 있다. 예를 들어, 연산보다 언어에 많은 시간을 할애한 교사에게 배운 학생들은 추후에 연산능력에 대해 상대적으로 낮은 평가를 받게 될 것이다. 그렇다고 하여 해당 학생의 연산능력이 낮은 것일까? 그렇지 않을 것이다. 이 학생들은 연산을 충분히 배우지 못했을 뿐이다. 경제적으로 어렵거나, 장애가 있거나, 다문화 학생인 경우 능력검사(IQ 검사) 점수가 낮은 경향이 있는데, 마찬가지다. 능력검사를 치르기에 충분한 발달 경험을 얻지 못한 것뿐이지, 능력 자체가 부족한 것은 아닐 것이다. 따라서 능력검사 점수를 해석할 때 상당히 주의를 기울여야 하며, 능력검사 점수에 대해 맹신하면 안 된다.

학교 현장과 관련한 능력참조평가의 또 다른 문제점은, 학교에서 가르치는 많은 기능이 단편적인 능력에 의존하지 않는다는 점이다. 예를 들어, 사회과 성취도가 높으려면 IQ 검사의 언어 영역 점수가 높으면 되는 것일까? 언어 영역 점수가 높으면 낮은 것보다는 유리할 수 있겠으나, 단순히 그것만으로 사회과 성취도를 예측하기는 어렵다. 어떤 과목에서 좋은 성과를 내려면 단편적인 능력만으로는 충분하지 않다. 더구나 효과적인 학습을 위해 필수적인 기능이 무엇인지, 기능 간에 어떠한 관계가 있는지 등이 아직 완전히 규명되지 못한 상황이다. 즉, 대부분의 교과에서 능력참조평가 결과로 학생이 어떻게 성과를 낼지 예측하기는 쉽지 않다. 이러한 이유와 문제점 때문에 학교에서 능력참조평가는 활용되지 않고 있다.

2) 성장참조평가

성장참조평가(growth-referenced evaluation)는 학생의 현재 기술을 앞선 수행의 결과와 비교하는 방법이다. 수업 후 학생의 검사점수를 수업 전 비슷한 검사의 점수와 비교한다는 점에서 사전검사-사후검사 접근법이라고 볼 수 있다. 수업 전 학생이 할 수 있는 것을 사전검사를 통해 확인한 뒤, 사후검사를 통해 학생이 수업을 통해 배운 것을 확인할 수 있다. 같은 검사지를 사전과 사후로 실시한다면 검사점수의 차이를 계산할 수 있다. 예를 들어, 사후검사에서 사전검사보다 37점 더 높은 점수를 받은 학생이 22점만 향상된 학생보다 더 많이 배웠다고 생각할 수 있다. 이러한 점수 해석이 논리적이고 합리적인 것으로 보이지만, 몇 가지의 한계점을 고려할 필요가 있다.

첫 번째 문제는 검사에서 필연적으로 발생하는 요인인 측정오차(measurement error)[7]와 관련된다. 우리가 얻는 검사점수는 측정오차가 포함된 것이다. 즉, 사전검사 점수와 사후검사 점수 모두 측정오차가 포함된 점수라 하겠다. 그런데 사전·사후검사와 같이 동일한 지식과 기능을 측정할 경우, 검사 간 차이 점수(difference score)의 측정오차는 각 검사점수의 측정오차보다 더 커질 수 있다(van Blerkom, 2009). 따라서 차이 점수가 정말로 정확한 것인지 알기 어렵게 된다.

두 번째 문제는 학습곡선(learning curve)의 성질과 관련된다([그림 7.8]). 학습곡선은 S 자 곡선의 비선형 형태를 보인다고 가정한다.[8] 두 명의 학생을 성장참조평가로 평가한다면 이러한 학습곡선상의 문제가 발생할 수 있다. 성장참조평가 관점에서 37점의 향상을 보인 학생이 22점의 향상을 보인 학생보다 좋은 평가를 받을 수 있지만, 각각의 학생이 학습곡선상 서로 다른 위치에 있었다면 이러한 해석은 옳지 않을 수 있다. 37점의 향상을 보인 학생은 학습곡선이 가속화되는 지점에 있어서 성장이

---

7) 제8장에서 설명하였다.
8) 만약 학습곡선이 직선의 모양이라면 시간이 지나면서 새로운 것을 배움에 따라 일정히 비례하여 학습의 성과도 증가할 것이다. 그러나 새로운 것을 배우기 시작할 때 학습 성과는 낮게 유지되다가 일정 시간이 지나면 학습곡선이 가속화되며 크게 발전하다가, 종국에는 학습곡선이 완만해지며 안정기에 접어드는 것이 통상적일 것이다.

매우 큰 반면, 22점의 향상을 보인 학생은 학습곡선의 안정기에 접어든 지점에 있었기 때문에 성장이 더뎌 보일 수 있기 때문이다. 더구나 현실에서는 학생들이 학습곡선의 어느 지점에 위치해 있는지 알 수 없기 때문에 성장참조평가 또한 실제로 적용하기가 쉽지 않다.

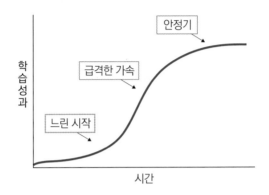

[그림 7.8] 학습곡선(van Blerkom, 2009, p. 18)

지금까지 살펴보았던 규준참조평가, 준거참조평가, 능력참조평가, 성장참조평가의 특징 및 장단점을 〈표 7.6〉에서 정리하였다.

〈표 7.6〉 규준참조평가, 준거참조평가, 능력참조평가, 성장참조평가의 비교

평가방법	특징	장점	단점
규준참조평가	상대적 위치 평가	평가의 선발적 기능을 강조	지나친 경쟁주의
준거참조평가	기준 충족 여부 평가	명확한 학습목표 설정	개인별 차이 반영의 어려움
능력참조평가	개인의 능력 발휘 정도를 평가	개인의 능력을 파악	능력 추정의 어려움, 필수 기능과 연결의 어려움
성장참조평가	개인의 성장을 평가	학생의 발전 정도를 강조	공정성 확보의 어려움

연습문제

1. 검사 결과를 토대로 Z-점수, T-점수, 스태나인을 구하고 토론하시오.

2. 4~5명의 조를 구성하여 어느 검사에 대하여 어떤 등급(예: A, 합격, ……)을 받으려면 몇 점을 받아야 할지 최소 2라운드에 걸쳐 기준설정을 실시하고 분할점수를 산출하시오.

3. 우리나라 학교 상황에서 성공적인 준거참조평가 시행을 위하여 어떤 방안을 강구할 수 있을지 토론하시오.

제8장

고전검사이론

주요 용어

관찰점수, 진점수, 문항난이도, 문항변별도, 문항반응분포, 공분산, 상관계수

학습목표

1. 고전검사이론의 장단점을 설명할 수 있다.

2. 고전검사이론의 기본 가정을 설명할 수 있다.

3. 고전검사이론을 바탕으로 문항난이도와 문항변별도를 구할 수 있다.

4. 문항반응분포를 분석하여 개선이 필요한 문항을 찾고 수정할 수 있다.

개관

성취도, 자기효능감과 같은 잠재적인 특성 또는 구인(construct)에 대해 추론하고 결정을 내릴 때 해당 구인을 측정하는 검사(test)를 사용할 수 있다. 검사는 검사이론을 바탕으로 개발·실시·해석된다. 심리 및 교육 측정·평가 분야에서의 대표적인 검사이론으로 고전검사이론(Classical Test Theory: CTT)과 문항반응이론(Item Response Theory: IRT)이 있다.

고전검사이론은 이해하기 쉽고 계산이 간단해 현재까지도 대부분의 검사 분석에 흔히 활용되고 있다. 그러나 피험자[1] 집단의 특성에 따라 문항난이도와 변별도가 달라질 수 있고, 검사 특성에 따라 피험자의 능력이 다르게 추정될 수 있다는 점은 단점으로 꼽힌다. 다음 장에 설명할 문항반응이론에서는 문항별 특성과 피험자의 능력이 서로 독립이라고 가정하고, 피험자가 속한 집단과 관계 없이 피험자의 능력과 문항난이도, 문항변별도 등을 일관되게 추정한다. 반면, 문항반응이론에서는 정교한 설계를 바탕으로 대규모 표본에 대해 실시한 검사 결과가 필요하며, 이를 다수의 측정·평가 전문가가 분석하고 검토하며 해석해야 한다. 따라서 학급 수준이나 학교 수준에서 실시된 검사에 대해서는 문항반응이론을 적용하기가 어렵다. 다음 장인 제9장에서 문항반응이론을 자세하게 다루었다.

이 장에서는 고전검사이론의 기본 가정을 설명할 것이다. 그리고 문항분석(item analysis)을 예시와 함께 제시하겠다. 문항분석은 검사를 구성하는 문항들이 기능을 제대로 수행하는지 확인하고 검토하는 과정이다. 문항분석 시 개별 문항의 문항난이도, 문항변별도뿐만 아니라 선다형 문항의 경우 문항반응분포까지 고려하며 문항이 적절한지 살펴본 후, 그렇지 못한 문항은 수정과 보완을 거치도록 한다. 〈심화 8.1〉에서 고전검사이론의 역사를 간략하게 설명하였다.

---

1) 원래 피험자(subject)는 연구에 참여하는 사람을 가리킨다. 검사를 치르는 사람인 'examinee'는 응시자, 수검자, 학생 등으로 번역될 수 있다.

심화 8.1 고전검사이론의 역사

고전검사이론은 19세기 말 심리 측정 연구로부터 시작하여, 20세기 초반 Charles Spearman의 연구를 통해 체계화되기 시작하였다. Spearman(1904)은 일반 지능(g) 이론에 기반하여 상관분석을 활용하여 다양한 지능 검사에서 나타나는 공통적인 요인들을 추출하였다. 또한 관찰점수가 피험자의 진짜 능력과 오차의 합으로 구성된다는 신뢰도 개념을 이론화했는데, 이는 고전검사이론의 핵심 개념으로 자리 잡았다.

20세기 중반에 이르러 신뢰도, 타당도, 변별도 등의 고전검사이론 개념이 정교화되었으며, 고전검사이론의 대안이라 할 만한 문항반응이론이 등장하였다. 특히 Lord와 Novick(1968)은 *Statistical Theories of Mental Test Scores*에서 고전검사이론의 개념을 정교화하고 한계를 논하며, 문항반응이론의 기본 개념 및 수학적 기초까지 제시한 것으로 평가받는다.

2 기본 가정

고전검사이론에서 가장 중요한 가정은, 관찰점수(X: observed score)가 진점수(T: true score)와 오차(E: error)의 합으로 이루어진다는 것이다(식 8.1). 즉, 우리가 얻는 관찰점수는 실제로는 오차가 포함된 값이다. 물론 오차가 0일 수도 있고 이때 관찰점수는 진점수와 같게 된다. 그러나 오차가 + 방향 또는 − 방향으로 작용할 확률이 더 크다고 가정한다. 키나 몸무게와 같은 변수는 비율척도로 측정되므로 측정이 쉽고 신뢰도도 높은 편이다. 그럼에도 불구하고 측정오차(measurement error)는 존재한다.

$$X = T + E \quad \text{..} \quad (8.1)$$

관찰점수=진점수+오차

$$E(E) = 0$$

오차의 기대값이 0, 오차와 진점수 간 상관이 0, 오차 간 상관도 0

주의할 점으로, 이때의 오차는 무선오차(random error)로 진점수와 전혀 관계없이 일어나는 오차라는 것이다. 즉, 검사이론에서 진점수와 오차 간 상관이 0이라고 가정한다. 해당 능력이 높은 학생이 + 방향으로 무선오차가 일어나고 능력이 낮은 학생이 - 방향으로 무선오차가 일어나는 것이 아니다. 물론 극단적으로 높거나 낮은 점수의 경우 아무래도 오차가 각각 +와 - 방향으로 작용했을 수는 있다. 그러나 무선오차는 내용을 모르고 찍어서 맞히거나(오차가 + 방향으로 작용함) 틀린다든지 (오차가 - 방향으로 작용함), 아는 부분의 문항이 많이 출제되든지(오차가 + 방향으로 작용함) 적게 출제되든지(오차가 - 방향으로 작용함) 하는 식으로 진점수와 관계없이 일어난다고 가정한다(유진은, 2022, 2024).

3 문항난이도와 문항변별도[2)]

1) 문항난이도

특히 성취도 검사에서 문항난이도와 문항변별도는 필수적으로 보고해야 하는 중요한 문항 특징으로, 각 문항에 대하여 산출된다. 이때, 고전검사이론에서의 문항난

---

2) 문항난이도, 문항변별도 외 문항추측도가 있으나, 고전검사이론에서의 문항추측도는 학교 현장뿐만 아니라 연구기관에서도 거의 쓰지 않기 때문에 다루지 않았다.

이도는 일반적으로 말하는 '난이도'의 개념과 반대라는 점을 주의할 필요가 있다. 문항난이도는 전체 학생 중 그 문항을 맞힌 학생의 비율이다. 어떤 문항에 대하여 맞히면 1, 틀리면 0으로 채점했다고 하자. 100명의 학생 중 50명이 그 문항을 맞혔다면, 그 문항의 난이도는 0.5(=50/100)가 된다. 즉, 문항난이도는 0과 1 사이가 가능하며, 문항난이도가 0에 가까울수록 어려운 문항이 되고 1에 가까울수록 쉬운 문항이 된다. 다시 말해, 문항난이도가 낮은 문항이 어려운 문항이고 높은 문항이 쉬운 문항이다.[3]

부분점수가 있는 문항의 문항난이도를 어떻게 구하는지 어려워하는 학생들이 많은데, 부분점수가 있든 없든 문항난이도 산출은 마찬가지다. 문항난이도는 전체 학생 중 그 문항을 맞힌 학생의 비율이므로 문항점수의 평균을 문항 배점으로 나누면 된다. 예를 들어, 어떤 문항의 배점이 5점인데 그 문항점수 평균이 2.5점이라면 문항난이도는 0.5(=2.5/5)가 된다.

2) 문항변별도

문항변별도는 성취도가 높고 낮은 학생을 변별하는 정도에 대한 정보를 제공한다. 어떤 문항에 대하여 성취도가 높은 학생이 그 문항을 맞히고 성취도가 낮은 학생이 틀릴 확률이 높은 경우 문항변별도가 높다고 할 수 있다. 즉, 어떤 문항의 문항변별도가 클수록 그 문항이 학생의 능력을 잘 변별하는 문항이 된다. 만약 문항변별도가 0이라면 그 문항은 성취도가 높은 학생과 낮은 학생에게 똑같이 작용하여 성취도가 높고 낮은 학생을 변별할 수 없는 문항이다.

문항변별도는 각 문항점수와 검사점수 총점 간 피어슨 적률상관계수(Pearson product-moment correlation coefficient)로 계산한다(⟨심화 8.2⟩). 상관계수를 구할 때 전체 문항에 대한 검사점수 총점을 쓸 수도 있고, 아니면 해당 문항점수를 뺀 검사점

---

3) 고전검사이론에서 문항난이도는 그 값이 클수록 쉬운 문항을 뜻하는 반면, 문항반응이론(Item Response Theory: IRT)에서의 문항난이도는 그 값이 클수록 어려운 문항이다.

수 총점을 쓸 수도 있다. 전자의 경우 해당 문항점수가 포함되므로 후자보다 문항변별도가 더 크다. 문항변별도는 상관계수이기 때문이다. 특히 문항배점이 큰 구성형 문항의 경우 전자의 방법으로 변별도를 구하면 문항배점이 작은 선택형 문항의 문항변별도보다 값이 더 큰 편이다.

약식으로 학생들을 성취도 집단별로 나눠서 각 집단의 문항난이도 차로 구할 수도 있다. 약식 방법의 예를 들어 보겠다. 어떤 학생집단을 총점을 기준으로 반반씩 나눴다고 하자. 이 집단들을 성취도가 높은 학생 집단과 낮은 학생집단으로 명명하고 각 집단에 대하여 어떤 문항의 문항난이도를 구했더니 0.8과 0.5라면, 이 문항의 문항변별도는 0.3(=0.8−0.5)이 된다. 이 방법의 경우 문항변별도 계산이 쉬울 수는 있으나, 집단 구분 기준이 자의적이며 집단 구분이 달라지면 문항변별도도 따라서 달라진다는 단점이 있다. 따라서 상관계수를 이용하여 문항변별도를 구하는 것을 추천한다. 다음 절에서 상관계수에 대하여 설명하겠다.

심화 8.2 **문항변별도와 양류상관계수**

이분형 변수와 연속형 변수 간 상관계수를 구할 때 양류상관계수(point biserial correlation coefficient)를 이용한다. 이때 이분형 변수는 원래는 정규분포를 따르는 연속형 변수인데, 어떤 역(threshold)을 기준으로 이분화된 변수라고 가정한다.

부분점수가 없는 문항의 문항변별도는 각 문항점수(예: 0점, 1점)와 검사점수 총점(예: 20점) 간 상관을 구하는 것이므로 양류상관계수를 이용하여 산출하는 것이 원칙이다. 그러나 부분점수가 있는 문항에서와 마찬가지로 피어슨 적률상관계수(Pearson product-moment correlation coefficient)로 문항변별도를 구하는 것이 일반적이다.

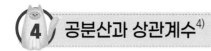 공분산과 상관계수[4)]

1) 공분산

상관계수(correlation coefficient)는 공분산을 표준화한 것이므로, 공분산을 먼저 이해해야 한다. 공분산(covariance)이란 두 변수가 함께(co) 변하는(vary) 정도에 대한 것이다. 한 변수가 증가(또는 감소)할 때 다른 변수도 증가(또는 감소)하는 경우라면 두 변수는 함께 변한다고 이야기할 수 있다. 만일 한 변수가 증가(또는 감소)하는데 다른 변수는 변하지 않는다면, 두 변수는 함께 변한다고 이야기할 수 없다. 공분산은 두 변수 간 변하는 관계의 방향과 크기를 알려 준다. 확률변수 X와 Y간 공분산($cov(X, Y)$)을 구하는 식은 다음과 같다.

$$cov(X, Y) = E\big[(X-\mu_X)(Y-\mu_Y)\big]$$
$$= E(XY) - E(X)E(Y)$$

X에서 X의 평균을 뺀 X의 편차점수($X-\mu_X$)와 Y에서 Y의 평균을 뺀 Y의 편차점수($Y-\mu_Y$)를 곱한 값의 기대값이 X와 Y간 공분산이다. 따라서 편차점수의 곱이 양수로 클수록 공분산이 커지게 된다. 이 수식을 정리하면 이는 XY의 기대값에서 각각의 기대값 곱을 뺀 것과 같다.[5)]

---

4) 이 절은 유진은(2024)을 참고하여 집필하였다.
5) $E\big[(X-\mu_X)(Y-\mu_Y)\big]$

$\quad = E\big[(XY - X\mu_Y - \mu_X Y + \mu_X \mu_Y)\big]$

$\quad = E(XY) - \mu_Y E(X) - \mu_X E(Y) + \mu_X \mu_Y \ (\because \mu_X = E(X), \mu_Y = E(Y))$

$\quad = E(XY) - E(X)E(Y) - E(X)E(Y) + E(X)E(Y)$

$\quad = E(XY) - E(X)E(Y)$

편차점수 간 곱의 기대값을 구하는 식으로 공분산을 구하는 예시를 보여 주겠다. 〈표 8.1〉은 아버지의 키를 X, 아들의 키를 Y로 하는 자료다. 먼저, 각 변수의 편차점수를 구한 후, 편차점수의 곱을 구한다. 아버지 키 평균과 아들 키 평균을 구했더니 각각 168, 172cm였다고 하자(이하 단위 생략). 각 사례에 대하여 $(X-\mu_X)(Y-\mu_Y)$를 구하면 다음과 같다.

〈표 8.1〉 아버지의 키와 아들의 키 간 공분산 구하기

사례	X	Y	$X-\mu_X$	$Y-\mu_Y$	$(X-\mu_X)(Y-\mu_Y)$
1	165	165	−3	−7	+21
2	180	185	+12	+13	+156
3	159	180	−9	+8	−72
4	172	168	+4	−4	−16
⋮	⋮	⋮	⋮	⋮	⋮

μ_X=168 μ_Y=172

각 사례에서 편차점수의 곱이 어떻게 다른지 알아보자. 사례 1은 아버지와 아들의 키가 모두 평균보다 작은 경우다. 따라서 각각의 편차점수도 모두 음수가 나오며, 이들을 곱한 값은 양수가 된다. 반대로 사례 2는 아버지와 아들의 키가 모두 평균보다 큰 경우로, 각 편차점수, 편차점수의 곱이 모두 양수가 된다. 사례 1과 사례 2는 편차점수가 모두 음수 또는 모두 양수로, 아버지의 키와 아들의 키가 모두 평균보다 작거나 또는 모두 평균보다 클 경우를 말한다. 사례 1과 사례 2를 비교하면, 사례 1에서는 편차점수의 곱이 21이었는데, 사례 2에서는 편차점수가 156이나 된다. 사례 2의 아버지와 아들의 편차점수가 평균보다 각각 12와 13으로 더 크기 때문에, 편차점수 곱 또한 더 커진다. 정리하자면, 두 변수가 같은 방향으로 평균보다 크거나 작은 경우 두 변수 간 공분산은 양수가 되며, 그 크기가 클수록 공분산 값도 커지게 된다.

반대로 사례 3은 아버지의 키는 평균보다 작았는데, 아들의 키가 평균보다 큰 경우로 편차점수의 곱이 음수가 된다. 사례 4의 경우에도 아버지의 키가 평균 이상인

데 아들의 키는 평균 이하로 편차점수의 곱이 음수가 된다. 사례 3과 사례 4는 각각 아버지의 키가 평균보다 작은데 아들의 키가 평균보다 크거나, 아버지의 키는 평균보다 큰데 아들의 키가 평균보다 작은 경우로, 공분산 값을 작게 만들어 준다.

2) 상관계수

공분산은 그 크기가 측정 단위에 따라 달라진다는 단점이 있다. 키의 경우 센티미터(cm)인 자료로 공분산을 구할 때와 똑같은 자료인데도 그것을 미터(meter)나 인치(inch)로 바꿔서 측정할 때 공분산은 달라진다. 이러한 공분산을 표준화한 것이 상관계수로, 상관계수($corr(X, Y)$)는 공분산을 각 확률변수의 표준편차로 나눈 것이다. 상관계수는 ±1 사이에서만 움직인다. 즉, 상관계수는 1보다 크거나 -1보다 작을 수 없다. 상관이 0인 경우 상관이 아예 없는 것이며, 상관계수의 절대값이 1에 가까울수록 상관이 정적으로든 부적으로든 크다고 한다.

앞선 예시로 설명해 보겠다. 두 변수가 양의 관계가 있다고 할 때, 사례 1 또는 2와 같이 공분산을 양수로 크게 만드는 사례들은 상관 또한 크게 만들어 주는 것이고, 사례 3 또는 4와 같이 더했을 때 공분산을 0에 가깝게 만드는 사례들은 상관 또한 작게 만드는 것이다. 만일 두 변수가 음의 관계라서 거의 모든 사례가 사례 3이나 사례 4와 같이 편차점수의 곱이 음수가 나온다면 공분산 값은 절대값이 큰 음수 값이 될 것이다. 이 경우에도 상관은 부적으로 크다고 한다. 가장 많이 쓰이는 피어슨 적률상관계수(Pearson product-moment correlation coefficient) 공식은 다음과 같다:

$$corr(X, Y) = \frac{cov(X, Y)}{\sigma_X \sigma_Y} = \frac{\sigma_{XY}}{\sigma_X \sigma_Y} \quad \cdots\cdots\cdots\cdots\cdots\cdots\cdots (8.2)$$

$$= E\left[\left(\frac{X - \mu_X}{\sigma_X} \right) \left(\frac{Y - \mu_Y}{\sigma_Y} \right) \right]$$

식 (8.2)의 $cov(X, Y)$를 σ_{XY}로, $corr(X, Y)$를 ρ_{XY}로 표기하기도 한다. 그렇다면 모집단에 대한 상관계수 공식을 다음과 같이 쓸 수도 있다.

$$\rho_{XY} = \frac{\sigma_{XY}}{\sigma_X \sigma_Y}$$

참고로, σ(sigma), ρ(rho) 등과 같은 그리스어 문자로 표기하는 경우 모수치를 뜻한다. 표본에서 얻은 통계치의 경우 s, r과 같은 영어 알파벳으로 쓴다. ⟨표 8.2⟩에서 모집단과 표본에 대한 상관, 공분산, 분산 표기를 정리하였다.

⟨표 8.2⟩ 상관, 공분산, 분산 표기

	상관	공분산	분산
	$\dfrac{cov(X, Y)}{\sigma_X \sigma_Y} = corr(X, Y)$	$cov(X, Y)$	$cov(X, X) = var(X)$
모수치(모집단)	ρ_{XY}	σ_{XY}	σ^2_X
통계치(표본)	r_{XY}	s_{XY}	s^2_X

표본에 대한 상관계수는 다음과 같이 구할 수 있다:

$$r_{XY} = \frac{s_{XY}}{s_X s_Y} = \frac{\dfrac{1}{n-1}\sum_{i=1}^{n}(X_i - \overline{X})(Y_i - \overline{Y})}{\sqrt{\dfrac{1}{n-1}\sum_{i=1}^{n}(X_i - \overline{X})^2 \dfrac{1}{n-1}\sum_{i=1}^{n}(Y_i - \overline{Y})^2}} \quad \cdots\cdots\cdots (8.3)$$

이때, $s_{XY} = \dfrac{1}{n-1}\sum_{i=1}^{n}(X_i - \overline{X})(Y_i - \overline{Y})$

$$s_X = \sqrt{\frac{1}{n-1}\sum_{i=1}^{n}(X_i - \overline{X})^2}$$

$$s_Y = \sqrt{\frac{1}{n-1}\sum_{i=1}^{n}(Y_i - \overline{Y})^2}$$

식 (8.3)을 (8.4)와 같은 더 간단한 식으로 쓸 수도 있다.

$$r_{XY} = \frac{s_{XY}}{s_X s_Y} = \frac{\sum\limits_{i=1}^{n}(X_i - \overline{X})(Y_i - \overline{Y})}{\sqrt{\sum\limits_{i=1}^{n}(X_i - \overline{X})^2 \sum\limits_{i=1}^{n}(Y_i - \overline{Y})^2}} \quad \cdots\cdots\cdots\cdots\cdots\cdots \text{(8.4)}$$

3) 주의사항

피어슨 상관계수를 구할 때 중요한 가정으로, X와 Y 간 관계의 선형성 가정이 있
다. [그림 8.1]에서 (a)와 (b)는 두 변수 간 각각 양의 상관과 음의 상관이 있음을 쉽게
알 수 있다. (c)의 경우는 상관이 매우 낮을 것임을 산포도만으로도 추측할 수 있다.
그런데 (d)의 경우 분명히 두 변수 간 상관이 있기는 한데, 피어슨 상관계수로는 (c)
의 경우와 마찬가지로 상관이 거의 0에 가깝게 나온다. 피어슨 상관계수는 선형성
가정하에서 의미가 있기 때문에 이러한 비선형(non-linear) 관계는 제대로 측정하지
못한다. 그렇다고 하여 (d)의 경우 상관이 없는 것이 아니다. 엄밀히 말하자면 이차
함수 관계가 있어서 이차함수의 꼭지점을 기준으로 꼭지점보다 작은 X값에서는 증
가하다가 꼭지점보다 큰 X값에서는 감소하는 양상을 보인다. 이렇게 비선형 관계인
지 아닌지 알아보기 쉬운 방법으로 X와 Y 간 산포도(scatter plot)를 그릴 수 있다.

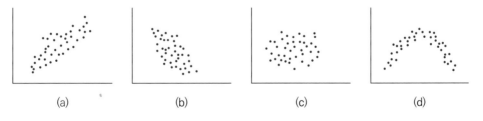

(a)   (b)   (c)   (d)

[그림 8.1] 두 변수 간 산포도

⑤ 고전검사이론 심화

1) 역변별 문항

0과 1 사이에서 움직이는 문항난이도와 달리 문항변별도는 ±1 사이에서 움직인다. 즉, 문항변별도는 음수도 가능하다. 이렇게 문항변별도가 음수인 문항을 '역변별 문항'이라고 하며, 이런 문항은 잘못된 것이므로 수정이 가능하다면 수정하거나, 아니면 검사에서 제외시켜야 한다. 역변별 문항이 생기는 이유는 여러 가지가 있다. 첫째, 선다형 문항에서 답이 잘못 기재되어 채점될 때(예: 정답이 ③번인데 ④번으로) 문항변별도가 음수가 나오는 경우다. 이 경우는 단순히 답을 바로 고쳐 채점하면 쉽게 해결된다. 둘째, 문항을 잘못 출제하여 성취도가 높은 학생이 오히려 너무 깊이 생각하여 틀리고, 성취도가 낮은 학생은 별생각 없이 맞히는 경우다. 예를 들어, '항상' 또는 '언제나'와 같은 단어가 있을 때 성취도가 높은 학생은 매우 예외적인 사례까지 생각하여 이 문항을 틀릴 수 있다. 따라서 선택형 문항 제작 시 '항상', '언제나'와 같은 어구는 사용하지 않는 것이 좋다. 셋째, 수학 문항인데 어휘 또는 문장을 어렵게 제시하여 그 어휘 또는 문장을 이해하고 해석할 수 있어야 문제를 풀 수 있는 경우, 즉 출제자가 의도했던 수리적 요인뿐만 아니라 언어적 이해 요인이 문제 해결에 영향을 줄 때, 문항변별도가 낮게 나올 수 있다. 둘째와 셋째의 경우 출제자는 문항을 수정하여 문항변별도를 더 높여야 한다.

2) 문항난이도와 문항변별도 간 관계

문항변별도는 높으면 좋다. 그렇다면 그 문항이 학생의 능력을 잘 변별하는 문항이라고 볼 수 있기 때문이다. 대규모 검사에서는 일반적으로 변별도가 0.3 이상인 문항을 이용한다. 반면, 검사 개발 시 개별 문항의 난이도가 얼마 이상이어야 한다는 기준은 찾기 힘들다. 얼마나 많은 학생이 그 문항을 맞히고 틀렸는지를 알려 주는 것이 문항난이도인데, 이를테면 규준참조평가에서는 학생의 성취수준을 고루 측정해야 하기 때문에 난이도가 높은 문항부터 낮은 문항까지 골고루 필요하다. 즉, 개별 문항의 난이도가 일정 수준 이상/이하이거나 또는 특정 값에 가까워야 좋은 문항이라고 판단하는 기준은 없다.

관련하여, 문항난이도와 문항변별도에 대한 오해가 있다. 문항난이도가 중간 정도일 때 문항변별도가 가장 높고, 문항난이도가 0이나 1에 가까울수록 문항변별도가 낮다고 우리말로 출간된 여러 교육평가 교재에 제시되어 있다. 그러나 이는 매우 단순한 모의실험연구 결과에 기반한 것으로, 실제 자료 분석에서는 통용되지 않는다. 실제 자료를 분석해 보면, 문항난이도가 0.96, 0.98로 1에 가까움에도 문항변별도는 0.43, 0.44로 높은 편이었고, 문항난이도가 0.60으로 중간 정도일 때 문항변별도가 0.37로 상대적으로 낮았다(유진희, 유진은, 2012).

정리하면, 문항난이도와 문항변별도 간 관계에 대해서는 알려진 바가 없으며, 문항난이도와 검사 신뢰도 또한 직접적인 관계가 없다. 반면, 문항변별도는 신뢰도와 수식으로 설명되는 직접적인 관계가 있다(유진은, 2022, 2024). 다른 조건이 모두 같다면, 문항변별도가 높은 문항으로 구성된 검사가 그렇지 않은 검사보다 신뢰도가 더 높다. 제11장에서 문항변별도와 신뢰도의 관계에 대하여 자세하게 설명하였다.

3) 문항반응분포

주로 선다형 문항에 대한 학생의 반응을 분석하기 위하여 문항반응분포(item response distribution)를 이용한다. 〈표 8.3〉과 〈표 8.4〉는 사지선다 문항들에 대한 학생 100명의 반응을 분석한 예시다. 상 집단과 하 집단은 100명 학생의 총점을 기준으로 50명씩 구성한 집단이다. 각 문항번호 뒤 괄호로 정답지를 표시하였다.

〈표 8.3〉에서 두 문항(문항 1, 문항 2)에 대하여 각 답지의 문항반응분포, 난이도, 변별도, 하 집단과 상 집단의 정답률 및 그 차이를 정리하였다. 1번 문항의 경우 ①, ②, ⑤번 답지를 거의 선택하지 않았다. 즉, 학생들이 ①번부터 ④번 답지를 고루 선택한 2번 문항과 비교 시 1번 문항은 오답지 매력도가 떨어지는 문항이라고 할 수 있

다. 따라서 문항변별도도 2번 문항이 더 높다. 1번 문항의 오답지 매력도를 높일 수
있도록 문항을 수정할 필요가 있다. 그렇지 않다면 1번 문항은 선다형 문항의 장점
을 살리지 못하고 실질적으로 TF 문항에 가까운 문항이 되어 버린다. 참고로 상 집
단과 하 집단 정답률의 차이와 양류상관계수로 구한 변별도는 일반적으로 같지 않
은데, 집단을 나누어 약식으로 변별도를 구하는 것보다 상관계수를 이용하는 방법을
추천한다. 이 장 제6절에서 상관계수를 이용하여 변별도를 구하는 예시를 설명하였
으니 참고하면 된다.

⟨표 8.3⟩ 문항반응분포, 난이도, 변별도 예시

문항	①	②	③	④	⑤	난이도	변별도[6]	하 집단	상 집단	차이
1(④)	4	5	12	73	6	.73	.29	.65	.84	.19
2(①)	56	12	13	16	3	.56	.42	.40	.73	.33

⟨표 8.4⟩에서 문항 3의 각 답지에 대하여 상 집단과 하 집단이 얼마나 선택하였는
지를 정리하였다. ④번 답지가 정답일 때, 문항난이도는 전체 학생 중 정답을 택한
학생 비율인 .57이 된다. 집단 간 난이도 차로 변별도를 구한다면, 문항반응분포에서
정답지에 대한 상 집단과 하 집단의 난이도 차가 변별도가 된다. 이 값이 양수가 나
와야 하고, 오답지에 대한 상 집단과 하 집단의 난이도 차는 음수가 나와야 잘된 문
항이다. 즉, 공부를 열심히 한 학생이 정답지를 선택하고, 공부를 열심히 하지 않은
학생이 오답지를 선택하도록 문항이 구성되어야 해당 문항의 변별도가 높아진다.

집단 간 난이도 차로 변별도를 구할 때, ⟨표 8.4⟩ 문항의 변별도는 정답지인 ④번
답지에 대한 상 집단과 하 집단의 난이도 차인 .46이 된다. 즉, 상 집단이 하 집단보
다 정답률이 .46만큼 높다. 또한 나머지 오답지에 대한 집단 간 난이도 차가 음수이
므로 이 문항은 잘된 문항이라 하겠다. 그렇지 않다면, 왜 상 집단이 하 집단보다 더
많이 그 오답지를 선택하였는지 문항을 분석하고, 차후 검사를 위하여 해당 문항을

---

6) 양류상관계수로 구한 값이다.

필히 수정해야 한다.

〈표 8.4〉 문항반응분포 예시

문항 3(④)	①	②	③	④	⑤	전체
상 집단	1	3	2	40	4	50
하 집단	6	7	10	17	10	50
정답률 차이	-.10	-.08	-.16	.46	-.12	

4) 검사 제작 관련 고려 사항

학생들 간 비교가 목적인 검사, 즉 규준(norm)이 중요한 검사에서는 다양한 난이도를 가지는 문항들로 검사를 구성한다. 어떤 검사점수가 중간 점수대에 가장 많은 학생이 몰려 있고 양극단의 점수대에는 학생들이 거의 없는 정규분포를 따른다고 생각해 보자. 그렇다면 중간 점수대 학생을 겨냥한 중간 정도의 난이도인 문항을 많이 포함시키고, 너무 쉽거나 너무 어려운 문항은 상대적으로 조금만 출제하여 검사를 구성하는 것이 일반적일 것이다. 같은 맥락에서 학생들 간 비교를 잘하는 검사를 제작하려면 문항변별도가 높은 문항으로 검사를 구성해야 한다. 공부를 열심히 해서 잘하는 학생이 맞히고 공부를 덜 한 학생은 틀리는 문항, 즉 문항변별도가 높은 문항이 학생들 간 비교를 가능하게 하기 때문이다.

반면, 학생이 어떤 일정 수준에 도달하는지를 알아보기 위한 검사, 즉 준거(criterion)가 중요한 검사에서는 그 준거에 해당하는 내용과 수준으로 문항을 출제하면 된다. 모든 학생이 그 준거에 도달했다면 해당 문항의 문항난이도는 1이 될 것이며, 준거참조(criterion-referenced) 상황에서는 이는 가장 이상적인 상황이다. 이경우 공부를 덜 한 학생과 많이 한 학생을 변별하는 것은 관심사가 아니다. 학생이 어떤 준거에 도달했는지 아니면 도달하지 못했는지를 판단하는 것이 중요하기 때문이다. 따라서 준거참조 상황에서 문항변별도는 음수인 경우, 즉 역변별하지 않으면 된다.

6 Excel 실습[7]

자료: 단원평가 결과

어느 초등학교의 6학년 학생들의 단원평가 문항에 대하여 문항난이도와 문항변별도를 구하려고 한다. 총 10명의 학생이 6개 문항을 푼 결과를 채점하여 다음과 같이 스프레드 시트에 정리하였다.

변수	설명
문항 1~문항 5	맞히거나(1점) 틀리는(0점) 부분점수가 없는 문항
문항 6	0~2점까지 부분점수가 있는 문항
총점	1번부터 6번까지의 문항의 총점

data file: diff disc2.xlsx

---

1) 문항난이도

먼저, 문항난이도(item difficulty)를 구하는 방법이다([Excel 8.1]). 문항난이도를 입력할 셀에서 =AVERAGE(문항별 점수 셀 범위)를 지정한다. 단, 부분점수가 있는 6번 문항의 경우, 문항 평균인 0.8점을 만점인 2점으로 나눈 0.4(=0.8/2)가 문항난이도가 되는 것을 주의해야 한다. 분석 결과, 문항난이도가 높을수록 쉬운 문항이고 문항난이도가 낮을수록 어려운 문항이므로 문항 2(난이도 .7)가 가장 쉬운 문항이며, 문항 4(난이도 .3)가 가장 어려운 문항이었음을 확인할 수 있다.

---

7) 부록 A에 SPSS로 같은 예시를 제시하였다.

분석 절차: 부분점수가 없는 문항(문항 1~문항 5)

- 결과값을 표시할 셀에 =AVERAGE(문항별 점수 셀 범위)를 입력한다. 예를 들어, 문항 1의 경우 [C14] 셀에 =AVERAGE(C3:C12)라고 입력한 후 Enter를 치면 된다.
- 이를 문항 5까지 반복한다.

	A	B	C	D	E	F	G	H	I
C14		fx	=AVERAGE(C3:C12)						
1									
2	ID		1번 문항	2번 문항	3번 문항	4번 문항	5번 문항	6번 문항	총점
3		1	1	1	0	1	0	1	4
4		2	1	1	1	1	1	2	7
5		3	1	0	1	0	1	1	4
6		4	0	1	0	0	0	0	1
7		5	1	1	1	0	0	2	5
8		6	1	0	0	0	0	0	1
9		7	0	1	0	1	0	1	3
10		8	0	0	1	0	1	0	2
11		9	0	1	0	0	0	0	1
12		10	1	1	1	0	1	1	5
13									
14	평균		0.6	0.7	0.5	0.3	0.4	0.8	
16	문항난이도		0.6	0.7	0.5	0.3	0.4	0.4	

분석 절차: 부분점수가 있는 문항(문항 6)

- 결과값을 표시할 셀에 =AVERAGE(문항별 점수 셀 범위)를 입력하여 평균값을 구한다. [H14] 셀에 =AVERAGE(H3:H12)라고 입력한 후 Enter를 치면 된다.
- 그다음 평균값을 해당 문항의 만점 점수로 나눈다. 6번 문항의 경우 2점 만점이므로 [H16] 셀에 =H14/2를 입력한 후 Enter를 치면 된다.

	A	B	C	D	E	F	G	H	I
H16		fx	=H14/2						
1									
2	ID		1번 문항	2번 문항	3번 문항	4번 문항	5번 문항	6번 문항	총점
3		1	1	1	0	1	0	1	4
4		2	1	1	1	1	1	2	7
5		3	1	0	1	0	1	1	4
6		4	0	1	0	0	0	0	1
7		5	1	1	1	0	0	2	5
8		6	1	0	0	0	0	0	1
9		7	0	1	0	1	0	1	3
10		8	0	0	1	0	1	0	2
11		9	0	1	0	0	0	0	1
12		10	1	1	1	0	1	1	5
13									
14	평균		0.6	0.7	0.5	0.3	0.4	0.8	
16	문항난이도		0.6	0.7	0.5	0.3	0.4	0.4	

[Excel 8.1] 문항난이도

2) 문항변별도

다음은 문항변별도(item discrimination)를 구하는 방법이다. 문항변별도는 각 문항 값과 총점 간 양류상관계수(point biserial correlation coefficient) 값이다. 해당 문항을 포함시킨 총점으로 문항변별도를 구하는 방법도 있고, 해당 문항을 뺀 나머지 문항의 총점으로 문항변별도를 구할 수도 있다. 각각 [Excel 8.2]와 [Excel 8.3]에 제시하였다.

분석 절차

- 변별도를 입력하고자 하는 셀에 =CORREL(문항별 점수 셀 범위, 총점 셀 범위)를 입력한다. 총점 셀 범위는 고정되어야 하므로, F4를 누르거나 $를 붙여 절대참조로 만든다. 1번 문항의 문항변별도를 구하려면, [C14] 셀에 =CORREL(C3:C12,$I$3:$I$12)를 입력하고 Enter를 치면 된다.
- 소수점 자릿수를 조정하려면 ←.0 .00, .00 →.0(자릿수 늘림, 자릿수 줄임) 버튼을 사용한다.

	ID	1번 문항	2번 문항	3번 문항	4번 문항	5번 문항	6번 문항	총점
3	1	1	1	0	1	0	1	4
4	2	1	1	1	1	1	2	7
5	3	1	0	1	0	1	1	4
6	4	0	1	0	0	0	0	1
7	5	1	1	1	0	0	2	5
8	6	1	0	0	0	0	0	1
9	7	0	1	0	1	0	1	3
10	8	0	0	1	0	1	0	2
11	9	0	1	0	0	0	0	1
12	10	1	1	1	0	1	1	5
14 문항변별도		0.65	0.32	0.67	0.46	0.50	0.93	

[Excel 8.2] 문항변별도: 해당 문항점수를 포함한 총점 이용

먼저, 해당 문항을 총점에 포함시켜 문항변별도를 구한 결과를 설명하겠다. 두 데이터 집합 간의 상관계수를 계산하는 함수는 CORREL 함수다. CORREL 함수는 첫 번째 데이터 집합을 포함하는 셀 범위와 두 번째 데이터 집합을 포함하는 셀 범위를

인자로 갖는다. 따라서 1번 문항의 변별도를 구할 때는 =CORREL(1번 문항의 점수 범위, 총점의 범위)를 입력하여 구한다.

결과를 살펴보면 1번 문항변별도는 .65, 2번 문항변별도는 .32, 3번 문항변별도는 .67, 4번 문항변별도는 .46, 5번 문항변별도는 .5, 6번 문항변별도는 .93으로 나타나 2번 문항이 변별도가 가장 낮았고 6번 문항이 변별도가 가장 높았다.

다음은 해당 문항을 총점에서 뺀 후 구한 문항변별도 값이다. Excel에서는 각 문항의 점수를 뺀 총점을 따로 계산해야 한다. 함수를 사용하는 방법[=SUM(더하고자 하는 셀 범위)]과 매크로를 이용하는 방법이 있는데, 함수는 간단히 총점을 구할 수 있으나 문항이 많을 때 번거롭다는 단점이 있다. 매크로는 코드를 작성하여야 하기 때문에 초보자들이 느끼기에 어려울 수 있으나, 문항 수가 많은 경우에도 손쉽게 총점을 구할 수 있다는 장점이 있다. 해당 문항을 뺀 총점을 구했다면 [Excel 8.2]에서와 마찬가지로 상관관계를 구하는 CORREL 함수를 사용하여 문항변별도를 구한다.

[Excel 8.3]의 결과를 보면, 문항 2, 4, 5의 변별도가 .3보다 낮고, 나머지 문항은 .3보다 높다. [Excel 8.2]와 [Excel 8.3] 결과를 비교하면, 앞서 설명한 대로 [Excel 8.2]의 문항변별도 값이 다소 높음을 확인할 수 있다.

분석 절차

- 해당 문항 제외 총점을 구하기 위해 =SUM(더하고자 하는 셀 범위)를 입력한다.
- =CORREL(문항별 점수 셀 범위, 총점 셀 범위)를 입력한다.

	A	B	C	D	E	F	G	H	I	J	K	L	M	N
1														
2		ID	1번	2번	3번	4번	5번	6번	1번 문항 제외 총점	2번 문항 제외 총점	3번 문항 제외 총점	4번 문항 제외 총점	5번 문항 제외 총점	6번 문항 제외 총점
3		1	1	1	0	1	0	1	3	3	4	3	4	3
4		2	1	1	1	1	1	2	6	6	6	6	6	5
5		3	1	0	1	0	1	1	3	4	3	4	3	3
6		4	0	1	0	0	0	0	1	0	1	1	1	1
7		5	1	1	1	0	0	2	4	4	4	5	5	3
8		6	1	0	0	0	0	0	0	1	1	1	1	1
9		7	0	1	0	1	0	1	3	2	3	2	3	2
10		8	0	0	1	0	1	0	2	2	1	2	1	2
11		9	0	1	0	0	0	0	1	0	1	1	1	1
12		10	1	1	1	0	1	1	4	4	4	5	4	4
13														
14		문항변별도	0.46	0.09	0.48	0.24	0.28	0.83						

[Excel 8.3] 문항변별도: 해당 문항점수를 제외한 총점 이용

연습문제

1. 선택형 문항과 구성형 문항을 조합하여 검사를 만들고 이 검사를 수강생 외 다른 학생 들에게 풀어 보게 한 후, 다음에 답하시오.

    (1) 각 문항의 문항난이도와 문항변별도를 구하고, 왜 그런 결과가 나왔을지 토론하 시오.

    (2) 각 선택형 문항에 대하여 문항반응분포를 구하고, 그 결과에 대하여 토론하시오.

2. 문항난이도와 문항변별도 개념을 활용하여 학생부종합전형이나 수능과 같은 우리나 라 입시 제도를 다루는 신문/방송 기사를 조별로 작성하고 발표하시오.

제9장

문항반응이론

🔲 주요 용어

일차원성 가정, 지역독립성 가정, 난이도, 변별도, 추측도, 문항특성곡선, 1-모수/2-모수/3-모수 로지스틱 모형, Rasch 모형, 검사정보함수, 문항정보함수

🔍 학습목표

1. 고전검사이론과 비교하여 문항반응이론의 장·단점을 설명할 수 있다.

2. 문항반응이론의 기본 가정을 이해하고, 설명할 수 있다.

3. 문항반응이론의 난이도, 변별도, 추측도 개념을 설명할 수 있다.

4. 문항특성곡선으로부터 문항 특성을 파악하고 문항 간 특징을 비교할 수 있다.

5. 1-모수(Rasch), 2-모수, 3-모수 로지스틱 모형의 차이점을 이해하고, 각 모형의 특성과 적용 사례를 설명할 수 있다.

① 개관

제8장에서 고전검사이론(Classical Test Theory: CTT)을 설명하였다. 고전검사이론은 이해하기 쉽고 계산도 간단하지만, 문항난이도, 문항변별도, 검사점수 등이 피험자[1]와 검사의 특성에 따라 달라질 수 있다는 단점이 있다. 동일한 수학 검사를 과학고와 일반고에 실시한다면, 과학고 학생이 대상일 때 문항난이도가 높고, 일반고 학생을 대상일 때 문항난이도가 낮을 것이다. 한편, 문항변별도는 과학고 학생이 대상일 때 상대적으로 낮고, 일반고 학생이 대상일 때 높을 것이다. 과학고에서는 대부분의 학생들이 수학 성취도가 높기 때문에 피험자의 능력을 변별하기 어렵고, 일반고에서는 수학 성취도가 다양하게 분포되어 수학공부를 열심히 한 학생들은 해당 문항을 맞히고 그렇지 않은 학생은 틀릴 확률이 크기 때문이다. 또한 피험자의 능력을 검사 총점으로 보기 때문에 검사에 따라 피험자의 능력이 다르게 추정된다. 이처럼 문항의 고유한 특성(문항난이도와 문항변별도)이 피험자 집단 특성에 의해 달라지는 점과 검사에 따라 피험자의 능력 추정치가 달라지는 점이 고전검사이론의 한계로 작용한다.

반면, 문항반응이론(Item Response Theory: IRT)에서는 문항의 고유한 속성이 있다고 가정하고, 문항의 속성과 피험자 능력 간 함수 관계에 대한 통계모형을 추정한다. 누가 검사를 보느냐에 따라 문항난이도와 문항변별도가 달라지지 않으며, 피험자의 능력 또한 검사 버전에 따라 다르게 추정되지 않는다. 즉, 통계모형을 기반으로 추정되기 때문에, 정교한 설계를 바탕으로 대규모 표본을 대상으로 실시한 검사 결과가 필요하며, 이를 측정·평가 전문가가 분석하고 검토하게 된다. 이 과정에서 검사의 특성에 맞는 문항반응이론 모형을 선택하고 적용해야 함은 물론이다.

이러한 문항반응이론의 장점에도 불구하고, 데이터 수집과 분석을 위한 전문 인력

---

1) 원래 피험자(subject)는 연구에 참여하는 사람을 가리킨다. 검사를 치르는 사람인 'examinee'는 응시자, 수검자, 학생 등으로 번역될 수 있다.

및 자원이 필수적이며 시간과 비용 또한 크게 소요된다는 제한점이 있다. 따라서 문항반응이론은 학급이나 학교 단위의 소규모 검사에서는 적용하기 어렵다. 대신, 문항의 속성과 피험자의 능력을 정확하게 추정하는 것이 중요한 심리·교육 측정 분야의 대규모 검사에서 보편화되었다. 예를 들어, TOEFL(Test of English as a Foreign Language)과 같은 인증시험과 우리나라 수능에 해당하는 미국의 SAT(Scholastic Aptitude Test)와 같은 고부담 검사에서 활용되며, 대규모 검사를 위한 문항은행(item bank) 구축에도 유용하다.

특히 검사동등화(test equating)와 결합할 때 문항반응이론은 더욱 강력한 도구로 쓰인다(《심화 9.1》). 이를테면 PISA(Programme for International Student Assessment), TIMSS(Trends in International Mathematics and Science Study)와 같은 국제비교 연구는 문항반응이론과 검사동등화를 통해 서로 다른 교육 시스템하에 있는 세계 여러 나라 학생의 성취도를 같은 기준에서 비교한다. 우리나라 초·중등학생 대상 검사 중에서는 국가수준 학업성취도 평가가 문항반응이론과 검사동등화를 적용하는 대표적인 검사라 하겠다. 국가수준 학업성취도 평가는 매해 검사 문항이 다르지만, 검사동등화를 적용함으로써 작년 검사 결과와 올해 검사 결과를 같은 기준에서 비교할 수 있다.

뿐만 아니라 컴퓨터 기술의 발전과 더불어 문항반응이론의 적용 가능성이 확장되고 있다. 특히 최근 들어 강조되는 맞춤형 수업 및 평가를 위한 도구로 자주 언급되는 컴퓨터 적응형 검사(Computerized Adaptive Testing: CAT)[2]에서도 문항반응이론은 필수적이다. PISA는 일부 영역에서 컴퓨터 적응형 검사를 사용하며, 문항반응이론을 기반으로 학생의 능력 수준에 맞는 문항을 실시간으로 제시함으로써 효율적인 검사를 지향한다.

정리하면, 문항반응이론은 피험자의 능력을 일관되고 정밀하게 추정하고, 검사 점수 간 비교를 공정하게 할 수 있다는 장점으로 인하여 우리 사회의 다양한 영역에서 중요하게 활용되고 있다. 이 장에서는 문항반응이론의 기본 가정과 함께 문항특성

---

2) 제10장에서 설명하였다.

곡선, 문항반응모형, 문항정보함수, 검사정보함수 등을 살펴보겠다. 〈심화 9.2〉에서 문항반응이론의 역사를 간략하게 정리하였다.

심화 9.1 | 검사동등화

문항반응이론은 검사동등화(test equating)에도 흔히 활용된다. 검사동등화란 서로 다른 검사 또는 같은 검사의 다른 시행 간의 점수를 같은 척도로 변환하여 비교할 수 있도록 만드는 방법이다. 보통 대규모 검사에서는 검사 보안 등을 이유로 동형검사(alternative test)를 여러 개 제작하여 시행하는데, 피험자가 어느 버전의 동형검사에 응시했는지에 관계없이 검사점수를 같은 척도에서 비교하려면 동등화 과정을 반드시 거쳐야 한다. 검사동등화에 대한 자세한 설명은 Kolen & Brennan(2014) 등을 참고하면 된다.

심화 9.2 | 문항반응이론의 역사

문항반응이론의 역사는 Binet와 Simon(1916)의 지능검사 연구로 거슬러 올라간다고 할 수 있다. Binet와 Simon은 연령과 지능검사 문항 정답률 간의 관계가 S 자 비슷하게 증가하는 곡선임을 확인하고, 이를 바탕으로 연령에 맞는 검사 문항을 선정하였다. 능력이 아닌 연령과 정답률 간 관계를 분석하였으며 문항반응이론에서와 같이 정교한 통계모형을 적용하지 않았다는 점에서 문항반응이론과 차이점은 있으나, Binet와 Simon의 접근은 문항반응이론의 초기 개념과 연결되는 측면이 있다.

문항반응이론은 20세기 중반에 Rasch와 Lord와 같은 학자들에 의해 이론적으로 확립되기 시작하였다. 덴마크 출신 수학자인 Rasch(1960)는 문항난이도와 피험자의 능력을 독립적으로 추정하는 Rasch 모형을 제안하였다. 이는 오늘날 문항반응이론의 기본 모형 중 하나인 'Rasch 모형'이라 불린다. Lord(1952)는 2-모수 정규 오자이브 모형을 고안하며 모수 추정법을 소개하였고, Birnbaum(1958)은 로지스틱 함수를 사용한 추정법을 제안하였다. 1968년에 출간된 Lord와 Novick의 저서인 *Statistical Theories of Mental Test Scores*는 문항반응이론 역사에서 중요한 이정표로 여겨진다.

1970년대와 1980년대에 컴퓨터 기술이 발전하면서 문항반응이론의 적용이 확산되기 시작하였다. 이를테면 미국의 국가수준 학업성취도 평가인 NAEP(National Assessment of Educational Progress)에서 문항반응이론을 적용하기 시작하였다.

1990년대 이후 문항반응이론은 다차원 문항반응모형(Multidimensional IRT: MIRT) 등으로 확장하였다. 다차원 문항반응이론은 하나의 검사에서 여러 구인을 동시에 측정하여 모형화하는 이론이다. 이 시기 문항반응이론 분석을 위한 소프트웨어(예: BILOG-MG, Winsteps, MULTILOG 등)도 함께 발전하게 되었다.

최근에는 빅데이터와 인공지능 기술을 활용한 문항반응이론 기반의 평가 시스템이 주목받고 있다. 특히 컴퓨터 적응형 검사에서 문항반응이론은 필수적이다. 문항반응이론에 기반한 여러 온라인 학습 플랫폼에서 학습자의 능력 수준에 맞춰 즉각적인 피드백과 맞춤형 학습을 제공하고 있다.

2 기본 가정

문항반응이론은 크게 두 가지 핵심 가정을 전제로 한다. 첫 번째 가정인 일차원성 가정은 하나의 검사는 하나의 특성(능력)을 추정한다는 것이다. 두 번째 가정인 지역독립성 가정은 피험자의 능력 수준이 정의되었을 때 각 문항에 대한 응답이 다른 문항에서의 응답과 관련이 없다는 것이다. 그 외 문항모수[3] 불변성(item invariance) 가정과 피험자의 능력이 커질수록 문항 정답률도 함께 단조 증가해야 한다는 단조성(monotonicity) 가정을 문항반응이론의 가정으로 꼽는 학자도 있는데, 가장 중요한 가정은 일차원성 가정이라 하겠다. 일차원성 가정이 충족되면 지역독립성 가정도 함께 충족된다(〈심화 9.3〉).

---

3) 문항모수로 문항난이도, 문항변별도, 문항추측도가 있다. 제4절에서 자세하게 설명하였다.

1) 일차원성 가정

일차원성(unidimensionality; 단일차원) 가정이란, 하나의 검사는 하나의 특성만을 추정해야 한다는 가정이다. 다시 말해, 하나의 검사를 구성하는 모든 문항은 하나의 동일한 특성(예: 연산 능력, 어휘력)을 측정해야 한다. 이를테면 수학 성취도를 측정하는 검사에서 길고 어려운 지문이 사용된 서술형 문제가 포함되어 어휘력이 해당 문항의 속성 추정에 영향을 미친다면, 일차원성 가성이 위배된다고 본다.[4]

2) 지역독립성 가정

지역독립성(local independence; 국소독립성) 가정은 특정 피험자의 능력(θ) 수준이 정의될 경우, 해당 피험자의 각 문항에 대한 응답은 서로 독립이라는 뜻이다. 확률론에서 어떤 사건(event) A의 발생이 B 사건에 영향을 미치지 않을 때 A와 B는 서로 독립이라 한다. 즉, 어떤 피험자의 한 문항에 대한 응답이 다른 문항의 응답에 영향을 미치지 않는다면, 지역독립성 가정을 충족한다.

첫 번째 문항이 기본 개념을 묻는 문항이고, 두 번째 문항은 그 개념을 응용하는 문항이라고 하자. 그렇다면 첫 번째 문항을 틀리면 두 번째 문항을 틀릴 확률이 높아진다. 이 경우 지역독립성이 위배된다. 즉, 피험자의 능력 수준만 정답 확률을 결정한다는 가정으로, 지역독립성 가정이 충족되어야 각 문항이 개별적으로 피험자 능력을 측정할 수 있다고 본다. 따라서 한 문항의 내용이 다른 문항의 정답의 단서가 되지 않도록 검사를 설계해야 하며, 문항 간 상호작용이 있지 않은지 확인해야 한다.

---

4) 문항이 측정하고자 하는 잠재적인 특성의 수가 둘 이상이라서 일차원성 가정이 위배된다고 판단할 경우, 다차원 문항반응모형(Multidimensional IRT: MIRT)을 적용할 수 있다.

심화 9.3 **일차원성 가정과 지역독립성 가정 간 관계**

일차원성 가정이 충족되면, 지역독립성 가정은 자동적으로 충족된다. 하나의 특성(θ)만이 문항에 영향을 미친다면(일차원성 가정), 특정 피험자의 능력 수준이 정의될 때 각 문항에 대한 응답은 서로 독립이다(지역독립성 가정). 그렇지 않다면, 해당 문항들이 다른 요인에도 영향을 받는다는 의미가 되므로 일차원성 가정이 위배된다.

그러나 지역독립성 가정이 충족된다고 하여 일차원성 가정이 충족되는 것은 아니다. 문항은 서로 독립일 수 있으나, 이것이 꼭 하나의 특성만을 측정하는 것인지는 보장하지 않기 때문이다. 문항들이 여러 특성(능력, 차원)을 측정하고 있더라도 문항 간 독립성은 유지될 수 있다. 즉, 지역독립성 가정은 일차원 문항반응이론뿐만 아니라 다차원 문항반응이론에도 적용된다.

3 문항특성곡선

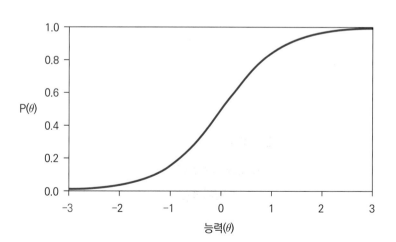

[그림 9.1] 문항특성곡선 예시 1

피험자의 능력을 θ(theta)라 할 때, 해당 능력을 지닌 피험자의 정답 확률을 $P(\theta)$로 표기하고 능력에 따른 정답 확률을 [그림 9.1]과 같은 곡선으로 나타낼 수 있다. 이를 문항특성곡선(Item Characteristic Curve: ICC)이라 한다. 문항반응이론에서 피험자의 능력은 평균 0, 표준편차 1인 척도로 정의되며, 대부분의 값은 −3.0과 +3.0 사이에 위치한다. 0을 기준으로 −∞로 갈수록 피험자의 능력이 낮고, ∞로 갈수록 피험자의 능력이 높다.

문항특성곡선의 특징은 다음과 같다. 첫째, 피험자의 능력이 증가할수록 문항에 대한 정답 확률은 S 자 형태의 곡선으로 단조(monotonic) 증가한다. 곡선의 중간 부분에서는 능력의 변화가 작아도 정답 확률이 크게 변화하는 반면, 양극단으로 갈수록 능력의 변화가 크더라도 정답 확률에는 변화가 거의 나타나지 않는다. 둘째, 문항특성곡선, 즉 문항곡선의 형태는 기본적으로 S 자 형태를 띠지만, 문항모수인 난이도, 변별도, 추측도에 따라 그 모양이 달라진다([그림 9.2]). 문항모수에 대해서는 다음 절에서 설명하겠다.

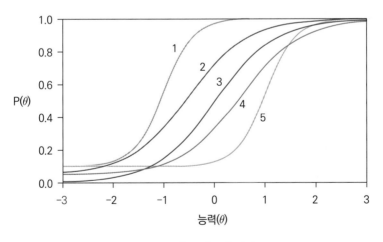

[그림 9.2] 문항특성곡선 예시 2

④ 문항모수

　문항반응모형에서는 피험자의 능력뿐만 아니라 문항모수를 추정해야 한다. 문항모수는 문항난이도, 문항변별도, 문항추측도이며, 각각 문항의 어려운 정도, 피험자를 구별하는 정도, 우연히 정답을 맞힐 확률에 대한 것이다. 각각을 살펴보겠다.

1) 문항난이도

　문항난이도(item difficulty, b-parameter, b)는 문항의 어려운 정도를 나타내는 문항모수다. 고전검사이론에서 문항난이도는 문항을 맞힌 피험자의 비율로 정의된다. 따라서 고전검사이론의 문항난이도는 0에서 1 사이이며, 그 값이 클수록 문항이 쉽고 값이 작을수록 어려운 문항이라고 해석한다. 반면, 문항반응이론에서의 문항난이도는 문항의 답을 맞힐 확률이 0.5에 대응하는 능력 수준으로 정의된다.[5]

　문항특성곡선이 오른쪽에 위치할수록 정답 확률 0.5에 대응되는 능력 수준이 크기 때문에, 문항난이도가 높은 문항, 즉 어려운 문항임을 알 수 있다. 능력 수준과 마찬가지로 문항난이도 값은 이론적으로는 $-\infty$에서 ∞까지 가능하며, 모형에 따라 다소 차이는 있으나 대부분 -3.0에서 +3.0 사이에 속한다.

　[그림 9.3]에서 문항난이도가 다른 두 문항을 제시하였다. 문항난이도는 정답 확률 0.5에 대응하는 능력수준이라고 하였다. 문항 1과 문항 2에서 정답 확률 .5에 대응되는 능력 수준이 각각 -1과 1이므로, 문항난이도도 -1과 1이다. 문항반응이론에서는 문항난이도가 클수록 어려운 문항이라 한다. 따라서 문항 2가 문항 1에 비해 더 어려운 문항이다. 마찬가지로 문항 1과 비교 시, 문항 2의 문항특성곡선이 더 오른쪽에 위치함을 확인할 수 있다.

---

5) 2-모수 모형일 경우 그러하다. 3-모수 모형에서의 문항난이도는 추측도까지 고려하여 정의된다. 해당 항에서 설명하였다.

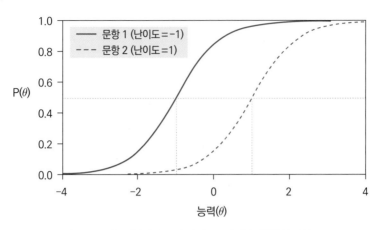

[그림 9.3] 문항난이도가 다른 두 개의 문항특성곡선

2) 문항변별도

문항변별도(item discrimination, a-parameter, a)는 문항이 피험자의 능력 수준을 얼마나 잘 변별하는지를 나타내는 모수다. 고전검사이론의 문항변별도는 해당 문항 점수와 총점과의 상관계수로 계산되는 반면, 문항반응이론에서의 문항변별도는 피험자의 능력 수준에 따른 정답 확률의 변화율을 뜻한다. 문항특성곡선상 문항난이도를 표시하는 점에서 문항특성곡선의 기울기로 확인할 수 있다.

문항변별도도 이론적으로는 $-\infty$에서 ∞까지 가능한데, 실제 검사에서는 0에서 2 정도의 값이 일반적이다. 고전검사이론에서와 마찬가지로, 값이 양수로 클수록 변별력이 높고, 0일 때 능력 수준을 변별하지 못하며, 음수일 때 역변별하는 문항임을 알려 준다. 역변별 문항은 검사에서 수정하거나 제거하는 것이 옳다. 피험자의 능력이 높을수록 해당 문항을 맞힐 확률이 낮아지고, 능력이 낮을수록 해당 문항을 틀릴 확률이 높아지는 잘못된 문항이기 때문이다.

[그림 9.4]에서 문항변별도가 다른 두 문항을 제시하였다. 이 문항들의 난이도는 0으로 동일한데, 해당 지점에서 문항 2의 기울기가 문항 1의 기울기보다 훨씬 가파른 것을 확인할 수 있다. 실제로 문항 1의 문항변별도는 0.5이고, 문항 2의 문항변별도는 2였다.

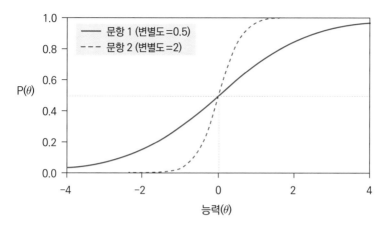

[그림 9.4] 문항변별도가 다른 두 개의 문항특성곡선

3) 문항추측도

문항추측도(item guessing, c-parameter, c)는 추측에 의해 문항의 정답을 맞힐 확률을 말한다. 추측도를 모형에 포함시킬 경우, 능력이 매우 낮은 피험자라 하더라도 정답을 맞힐 확률이 0이 되지 않고, 일정 확률 이상으로 유지된다. 선택형 문항이 포함된 검사에서 추측도를 고려함으로써 문항의 난이도와 변별도를 보다 정확하게 반영할 수 있다. 이를테면 5지 선다형에서 피험자는 아무런 지식이 없어도 추측으로 정답을 맞힐 확률이 0.2가 되므로 이러한 맥락을 문항모수 추정 시 반영하는 것이 좋다.

능력이 매우 낮은 피험자도 추측을 통해 정답을 맞힐 수 있는 확률이라는 점에서 추측도는 낮을수록 좋다. 이론적으로는 0에서 1 사이의 값이 가능하다. 0일 경우 추측으로 정답을 맞힐 가능성이 없고, 1일 경우 모든 피험자가 추측으로 정답을 맞힌다는 뜻이다. [그림 9.5]에서 문항추측도가 다른 두 문항을 제시하였다. 문항 1과 문항 2의 추측도가 각각 0.2와 0.4로, 문항 2의 추측도가 더 높다. 특히 문항 2의 경우, 능력이 매우 낮은 피험자도 추측하여 맞힐 확률이 40%나 되기 때문에 질이 높지 않은 문항이다. 이는 변별도를 약화시키는 요인으로 작용하므로, 문항을 다시 확인하고 선택지를 수정하는 등의 조치를 취할 필요가 있다.

참고로 추측도를 추정하는 모형에서 문항난이도는 0.5에 추측도를 2로 나눈 값을 더한 확률값($=0.5+\frac{c}{2}$)에 대응하는 능력수준으로 정의된다. [그림 9.5]의 문항 1의 경우, 추측도가 0.2이므로 확률값 0.6에 해당하는 능력수준인 0이 문항난이도가 된다. 마찬가지로 문항 2는 추측도가 0.4이므로 확률값 0.7에 해당하는 능력수준인 0이 문항난이도다. 즉, 문항 1과 문항 2 모두 문항난이도는 0이라는 것을 확인할 수 있다.

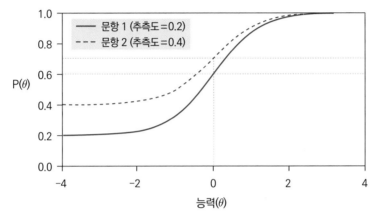

[그림 9.5] 추측도가 다른 두 개의 문항특성곡선

(5) 문항반응모형

문항반응모형은 문항특성곡선의 특성을 수리적으로 표시한 것이다. 크게 이분형 문항을 다루는 모형과 다분형 문항을 다루는 모형으로 나눌 수 있다. 이분형 문항반응모형(binary IRT models)은 정답 또는 오답의 두 가지 결과만을 허용하는 문항에 대한 것이다. 즉, 각 문항에 대해 맞거나 틀린 경우로만 결과가 기록되는 검사에서 사용된다. 한편, 다분형 문항반응모형(polytomous IRT models)은 셋 이상의 반응 범주가 있는 문항에 적용된다. 부분점수가 있는 성취도 문항(예: 0, 1, 2, 3, ……)이나 리커트 척도(1: 매우 그렇지 않다, ……, 5: 매우 그렇다)로 측정되는 문항의 경우, 다분형 문항반응모형을 사용할 수 있다.

1) 이분형 문항반응모형

이분형 문항반응모형은 크게 정규 오자이브 모형(normal ogive model)과 로지스틱 모형(logistic model)으로 나뉜다. 응답 확률 추정에 있어, 정규 오자이브 모형은 정규 분포의 누적분포함수(Cumulative Distribution Function: CDF)를 사용하고, 로지스틱 모형은 로지스틱 함수를 사용한다는 차이점이 있다. 정규 오자이브 모형은 이론적으로 정교하나 수치적 방법이 필요하며 계산이 복잡하다. 반면, 로지스틱 모형은 수학적으로 단순하여 데이터 처리 속도가 빠르고, 컴퓨터 프로그램에서 쉽게 구현될 수 있으며, 정규 오자이브 모형을 매우 잘 근사하는 것으로 알려져 있다. 이러한 이유로, 많은 문항반응이론 소프트웨어가 로지스틱 모형을 기반으로 개발되었으며, 그 결과 정규 오자이브 모형보다 널리 사용되고 있다. 따라서 이 책에서는 로지스틱 모형에 초점을 맞추어 문항반응모형을 설명하겠다. 정규 오자이브 모형을 〈심화 9.4〉에서 다루었으니 참고하면 된다.

로지스틱 모형은 S 자형 곡선을 그리는 로지스틱(logistic) 함수로 나타낸다. 로지스틱 함수는 1800년대 인구 성장 모형화 연구에서 처음 등장하였으며, 20세기 중반 통계학자들의 이론적 발전을 거쳐 현재 분류(예: 정답 또는 오답) 문제에 널리 활용되고 있다. 문항반응이론에서는 문항을 맞힐 확률 $P(X=1)$을 모형화하는 데 사용된다.

〈표 9.1〉에 로지스틱 모형식을 제시하였다. 피험자의 능력을 θ라 할 때, 피험자 j가 문항 i를 맞힐 확률인 $P(X_{ij}=1)$는 문항모수인 문항변별도, 문항난이도, 문항추측도 추정 여부에 따라 1-모수, 2-모수, 3-모수 로지스틱 모형으로 나뉜다.[6] 1-모수는 문항난이도만 추정하고(식 9.1), 2-모수는 문항난이도와 문항변별도(식 9.2), 3-모수는 문항난이도, 문항변별도, 문항추측도를 모두 추정하는 모형이다(식 9.3). 1-모수 모형과 Rasch 모형 간 관계를 〈심화 9.5〉에서 설명하였다. 참고로 로지스틱 모형식의 문항변별도에 1.7을 곱할 경우, 정규 오자이브 모형과 로지스틱 모형의 확률 곡선이 거의 일치하게 된다(〈심화 9.6〉).

---

6) 각각 1PL(1-Parameter Logistic), 2PL(2-Parameter Logistic), 3PL(3-Parameter Logistic) 모형으로 불린다.

〈표 9.1〉 1-모수, 2-모수, 3-모수 로지스틱 모형

모형	수식
1-모수 로지스틱(1PL) 모형 (a=1일 때 Rasch 모형)	$P(X_{ij} = 1 \mid \theta_j, b_i) = \dfrac{1}{1 + e^{-a(\theta_j - b_i)}}$ ·············· (9.1)
2-모수 로지스틱(2PL) 모형	$P(X_{ij} = 1 \mid \theta_j, a_i, b_i) = \dfrac{1}{1 + e^{-a_i(\theta_j - b_i)}}$ ·············· (9.2)
3-모수 로지스틱(3PL) 모형	$P(X_{ij} = 1 \mid \theta_j, a_i, b_i, c_i) = c_i + (1 - c_i)\dfrac{1}{1 + e^{-a_i(\theta_j - b_i)}}$ ··· (9.3)

a_i: 문항 i의 변별도, b_i: 문항 i의 난이도, c_i: 문항 i의 추측도, θ_j: 피험자 j의 능력 수준
$i=1, 2, \cdots\cdots, n$(문항 수), $j=1, 2, \cdots\cdots, k$(피험자 수)
e: 지수(exponential)로서의 상수 $2.718\cdots\cdots$

심화 9.4 **정규 오자이브 모형**

정규 오자이브 모형에서 피험자 j가 문항 i를 맞힐 확률 $P(X_{ij}=1)$는 정규분포의 누적분포함수(CDF)를 사용하여 계산한다. 정규 오자이브 모형은 적분으로 계산되기 때문에 수리적으로 다루기 까다로우며, 소프트웨어 없이는 정확히 계산하기 어렵다. 1-모수 모형, 2-모수 모형, 3-모수 모형의 수식은 다음과 같다.

모형	수식
1-모수 정규 오자이브 모형	$P(X_{ij} = 1 \mid \theta_j, b_i) = \displaystyle\int_{-\infty}^{a(\theta_j - b_i)} \dfrac{1}{\sqrt{2\pi}} e^{\frac{-z^2}{2}} \, dz$
2-모수 정규 오자이브 모형	$P(X_{ij} = 1 \mid \theta_j, a_i, b_i) = \displaystyle\int_{-\infty}^{a_i(\theta_j - b_i)} \dfrac{1}{\sqrt{2\pi}} e^{\frac{-z^2}{2}} \, dz$
3-모수 정규 오자이브 모형	$P(X_{ij} = 1 \mid \theta_j, a_i, b_i, c_i) = c_i + (1 - c_i)\displaystyle\int_{-\infty}^{a_i(\theta_j - b_i)} \dfrac{1}{\sqrt{2\pi}} e^{\frac{-z^2}{2}} \, dz$

a_i: 문항 i의 변별도, b_i: 문항 i의 난이도, c_i: 문항 i의 추측도, θ_j: 피험자 j의 능력 수준
$i=1, 2, \cdots\cdots, n$(문항 수), $j=1, 2, \cdots\cdots, k$(피험자 수)
e: 지수(exponential)로서의 상수 $2.718\cdots\cdots$

심화 9.5 **1-모수 모형과 Rasch 모형**

1-모수 식 (9.1)의 a와 2-모수 식 (9.2)의 a_i를 눈여겨볼 필요가 있다. 2-모수 모형에서 문항 i의 변별도에 해당하는 a_i를 추정하는 반면, 1-모수 모형에서는 문항별로 변별도를 추정하지 않는다는 것을 알 수 있다. 즉, 1-모수 모형에서 문항변별도는 추정하지 않을 뿐, 어떤 값도 될 수 있다. 특히 a가 1인 1-모수 모형을 Rasch 모형이라 한다. 따라서 Rasch 모형을 1-모수 로지스틱 모형의 특수한 형태로 본다.

심화 9.6 **문항반응이론의 로지스틱 모형식과 1.7**

1-모수, 2-모수, 3-모수 로지스틱 모형식을 식 (9.1), (9.2), (9.3)과 같이 표기하였는데, 문항변별도에 1.7을 곱하는 로지스틱 모형식을 쓰는 경우가 있다. 예를 들어, 2-모수 로지스틱 모형식은 식 (9.2)와 같은데, 식 (9.2a)는 문항변별도에 1.7을 곱한 2-모수 로지스틱 모형식이다.

$$P(X_{ij} = 1 \mid \theta_j, a_i, b_i) = \frac{1}{1 + e^{-a_i(\theta_j - b_i)}} \quad\cdots\cdots\cdots\cdots\cdots\cdots\cdots\cdots\cdots (9.2)$$

$$P(X_{ij} = 1 \mid \theta_j, a_i, b_i) = \frac{1}{1 + e^{-1.7a_i(\theta_j - b_i)}} \quad\cdots\cdots\cdots\cdots\cdots\cdots (9.2a)$$

이때 (9.2a)의 1.7은 정규 오자이브 모형과 로지스틱 모형이 더욱 근접한 결과가 나오도록 보정하는 상수라 하겠다. 즉, 정규분포 누적분포함수의 기울기가 로지스틱 함수의 기울기보다 약 1.7배 크기 때문에 1.7을 곱하여 두 함수의 확률 곡선이 거의 일치하도록 만들어 주는 것이다. 1.7을 사용하지 않아도 두 함수의 기본 형태는 여전히 비슷하다. 그러나 그 경우에는 로지스틱 함수와 정규 오자이브 함수 간의 작은 차이가 발생하게 된다.

2) 다분형 문항반응모형

다분형 문항반응모형은 문항의 반응이 여러 범주로 구성될 때, 피험자의 특성 수준과 각 문항의 범주별 응답 확률 간의 비선형 관계를 나타내기 위하여 사용된다. 부분점수모형(Partial Credit Model: PCM), 등급반응모형(Graded Response Model: GRM), 일반화 등급반응모형(Generalized Partial Credit Model: GPCM), 평정척도모형(Rating Scale Model: RSM), 명명 반응모형(Nominal Response Model: NRM) 등 다양한 모형이 있는데, 그중 대표적인 모형인 부분점수모형(PCM)을 예시와 함께 간단히 설명하겠다.

Rasch 모형의 확장인 부분점수모형은 문항변별도가 모두 1로 동일한 대신, 문항별로 각 반응 범주의 난이도 차가 다를 수 있다고 상정한다(Masters, 1982). [그림 9.6]은 부분점수모형의 문항특성곡선 예시다.[7] 이 문항은 2점 만점으로 0, 1, 2점이 가능하므로, 0점에서 1점, 그리고 1점에서 2점으로 넘어가는 단계에서의 난이도를 각각 추정하게 된다. [그림 9.6]에서 피험자의 능력이 낮을 때는 0점, 능력이 중간 정도일 때는 1점, 능력이 높을 때는 2점을 받을 확률이 가장 높다는 것을 알 수 있다. 어떤

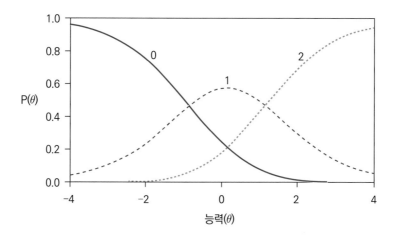

[그림 9.6] 부분점수모형의 문항특성곡선 예시

---

7) 엄밀히 말하면 option characteristic curve라 한다.

피험자의 능력(θ)이 0이라면, 이 피험자는 1점에 해당되는 $P(\theta)$ 값이 가장 크기 때문에 1점을 받을 확률이 가장 높다. 다분형 문항반응모형에 대한 자세한 내용은 문항반응이론 관련 서적을 참고하기 바란다.

6 문항정보함수와 검사정보함수[8]

문항반응이론에서는 각 문항이 피험자의 능력 수준에 대해 얼마나 많은 정보를 제공하는지를 함수로 나타낼 수 있다. 특정 문항은 특정 피험자의 능력을 추정하는 데 더 도움이 된다. 추정하고자 하는 피험자의 능력 수준에 맞는 문항난이도를 보이면서 문항변별도도 높은 문항은 피험자의 능력 추정에 큰 도움이 되지만, 피험자의 능력 수준에 맞지 않으면서 변별도가 낮거나 추측도가 높은 문항은 피험자의 능력 추정에 도움이 되기 어렵다. 이를테면 난이도와 변별도가 모두 높은 문항은 상위권 피험자의 능력을 잘 추정할 수 있으나, 중하위권 피험자의 능력 추정에는 크게 도움이 되지 않는다.

문항난이도와 문항변별도가 서로 다른 문항들로 예를 들어 보겠다. [그림 9.7]에서 세 문항의 추측도는 모두 0이다. 그림 가운데에 위치한 문항 2는 변별도가 0.5, 난이도가 0인 문항이다. 문항 1과 문항 3은 변별도는 1.5로 동일한데 난이도가 각각 −1과 1로 다르다. 문항 2와 비교할 때, 문항 1은 낮은 능력 수준(θ=−1)에서 변별을 잘하고, 문항 3은 높은 능력 수준(θ=1)에서 변별을 잘하는 문항이다. 즉, 문항 1과 문항 3은 각각 하위권과 상위권 피험자의 능력을 더 잘 추정한다.

8) 심화 내용이므로 학부 수준에서는 다루지 않아도 된다.

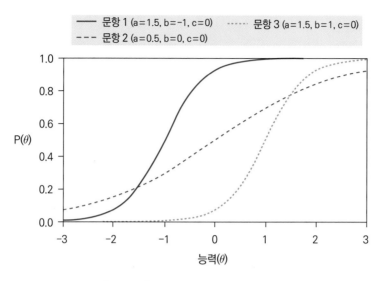

[그림 9.7] 문항별 문항특선곡선 예시

문항이 피험자의 능력 수준에 대해 제공하는 정보의 양을 함수로 표현한 것을 문항정보함수(Item Information Function: IIF)라 하고, $I(\theta)$로 표기한다. 3-모수, 2-모수, 1-모수 로지스틱 모형의 문항정보함수 수식을 〈표 9.2〉에 제시하였다. 문항변별도가 클수록 문항정보함수는 특정 능력 수준 근방에서 더 가파르고 좁은 피크(peak)를 나타내며, 해당 수준에서 정보를 많이 제공한다. 변별도가 낮을 경우 문항정보함수는 더 완만하고 넓게 퍼져 있는 형태를 띤다. 한편, 문항난이도는 문항정보함수의 피크가 나타나는 위치를 결정한다. 문항의 난이도가 높을수록 문항정보함수의 피크는 더 높은 능력 수준에서 나타나고, 난이도가 낮을수록 피크는 더 낮은 능력 수준에서 나타난다. 또한 문항추측도가 클수록 정보량은 작아진다. 추측도가 클수록 능력이 매우 낮은 피험자도 일정 확률로 정답을 맞힐 수 있으므로 해당 능력 수준에서의 정보량이 감소하게 된다.

〈표 9.2〉 문항정보함수

모형	수식
3-모수 문항정보함수	$I_i(\theta) = \left[a_i^2 \dfrac{1-P_i(\theta)}{P_i(\theta)} \right] \left[\dfrac{(P_i(\theta)-c_i)^2}{(1-c_i)^2} \right]$ ⋯⋯⋯⋯⋯ (9.4)
2-모수 문항정보함수	$I_i(\theta) = a_i^2 P_i(\theta)(1-P_i(\theta))$ ⋯⋯⋯⋯⋯⋯⋯ (9.5)
1-모수 문항정보함수	$I_i(\theta) = P_i(\theta)(1-P_i(\theta))$ ⋯⋯⋯⋯⋯⋯⋯ (9.6)

a_i: i번째 문항의 변별도, c_i: i번째 문항의 추측도,

θ: 피험자의 능력 수준, $P_i(\theta)$: i번째 문항의 조건부 정답 확률, $i = 1, 2, \cdots\cdots, n$.

[그림 9.8]은 2-모수 모형을 적용한 문항의 문항정보함수 예시다. 이 문항은 문항
난이도가 0이고 문항변별도가 1인 문항으로, 피험자의 능력이 0일 때 문항정보인 $I(\theta)$
값이 가장 크고, 능력이 0에서 멀어질수록 문항정보 값이 줄어드는 것을 알 수 있다.

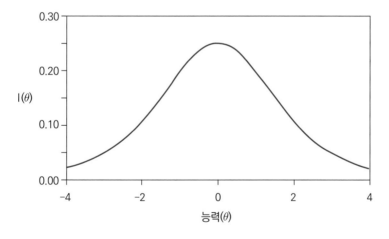

[그림 9.8] 문항정보함수 예시

식 (9.7)은 검사정보함수(Test Information Function: TIF) 식이다. 검사정보함수
$TI(\theta)$는 개별 문항의 정보량을 알려 주는 문항정보함수 값인 $I_i(\theta)$를 모두 더한 값이
다. 검사정보함수를 통해 검사에서 제공하는 총 정보량을 파악할 수 있다.

$$TI(\theta) = \sum_{i=1}^{n} I_i(\theta) \quad \cdots\cdots\cdots\cdots\cdots\cdots\cdots\cdots\cdots\cdots\cdots\cdots\cdots\cdots\cdots\cdots (9.7)$$

검사정보함수는 문항정보함수의 합이므로 검사에 포함된 문항의 난이도, 변별도, 추측도에 따라 그 모양이 달라진다. 검사정보함수는 검사를 설계하고 평가의 효율성을 높이는 데 중요한 역할을 한다. 특히 컴퓨터 적응형 검사(CAT)에서 검사정보함수를 활용하여 실시간으로 최적의 문항을 선택하여 정보량을 극대화한다.[9] 변별도가 높고 추측도가 낮으며, 피험자 능력에 맞는 난이도를 지닌 문항을 선택하여 검사정보함수를 최대화할 수 있다.

또한 검사정보함수과 능력 추정의 분산은 식 (9.8)과 같은 역수 관계에 있다. [그림 9.9]에서 검사정보함수(실선) 값이 클 때 표준오차(점선) 값이 작은 것을 확인할 수 있다.

$$SE(\theta) = \frac{1}{\sqrt{TI(\theta)}} \quad \cdots\cdots\cdots\cdots\cdots\cdots\cdots\cdots\cdots\cdots\cdots\cdots\cdots\cdots\cdots (9.8)$$

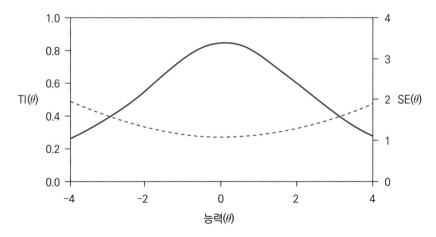

[그림 9.9] 능력 값에 따른 검사점수와 표준오차 간 관계

---

9) 문항 단위로 진행되는 CAT에 대한 설명이다. 모듈(module) 단위로 진행되는 MST(MultiStage adaptive Testing)에서는 모듈 단위의 검사정보함수를 활용한다. 관련 내용을 제10장에 설명하였다.

연습문제

1. 다음과 같은 세 문항의 난이도(b)를 해석하고, 각 문항이 어떤 수준의 학생을 대상으로 하는 문항인지 설명하시오.

문항 1: $b = -1.5$

문항 2: $b = 0$

문항 3: $b = 2.0$

2. 어느 교육청이 자체 개발한 수학 성취도 검사에 문항반응이론을 적용하여 문항분석을 수행하였는데, 대부분 문항의 난이도(b 값)가 0 이하로 산출되었다.

(1) 이 검사의 난이도에 대해 어떻게 평가할 수 있는가?

(2) 학업성취도가 높은 학생과 학업성취도가 낮은 학생 각각에게 이 검사가 적절한 평가 도구인지 논의하고, 문항 난이도 조정에 대한 개선 방안을 제안하시오.

3. 어느 영어 읽기 검사에서 IRT의 3-모수 로지스틱(3PL) 모형을 사용하여 문항분석을 실시한 결과, 몇 가지 문항에 대한 난이도(b), 변별도(a), 추측도(c)가 다음과 같다.

문항 번호	난이도(b)	변별도(a)	추측도(c)
10	0.5	1.0	0.2
15	1.8	0.6	0.4
25	-1.0	2.5	0.1

(1) 문항 10, 15, 25 각각의 난이도(b), 변별도(a), 추측도(c)를 해석하고, 이 문항들이 평가에서 어떤 역할을 할지 설명하시오.

(2) 문항 25는 난이도는 낮지만 변별도는 매우 높은 문항이다. 이러한 문항이 영어 읽기 검사에서 유용할지, 그리고 어떤 학생들에게 가장 적합할지 논의하시오.

(3) 추측도가 높은 문항(예: 문항 15)이 검사에서 다수 포함될 경우 평가결과에 미칠 영향을 설명하시오.

제10장

컴퓨터 검사

주요 용어

CBT(컴퓨터 기반 검사), CAT(컴퓨터 적응형 검사)

학습목표

1. CBT(Computer-Based Testing: 컴퓨터 기반 검사)의 정의와 특징을 이해하고, 지필검사와의 차이점을 설명할 수 있다.
2. CAT(Computerized Adaptived Testing: 컴퓨터 적응형 검사)의 작동 원리와 문항 선택 과정, 능력 추정 방식 등을 간략히 설명할 수 있다.
3. 컴퓨터 검사(computerized testing) 전반에서 자동채점, 데이터 분석 등의 기술이 어떻게 활용되는지 이해하고, 그 장단점을 설명할 수 있다.
4. 원격학습 환경에서 컴퓨터 검사의 역할과 윤리적 문제에 대해 논의할 수 있다.

1 개관

검사는 전통적으로 지필검사로 실시되어 왔다. 지필검사는 종이로 된 문제지와 답안지를 사용하며, 응시자[1]는 필기구로 직접 답안을 작성하는 형식이다. 20세기 중반부터 컴퓨터 기술이 대중화되기 시작하면서, 교육 분야에도 컴퓨터를 활용한 검사, 즉 컴퓨터 검사(computerized testing)가 도입되었다. 초기에는 지필검사와 같은 문항을 컴퓨터 화면으로 제시하고 답안을 입력하는 정도로 사용되었다. 이후 시간이 지남에 따라 점점 더 복잡한 형태의 문항 및 피드백 시스템이 개발되며, 문항 제시, 결과 저장, 채점, 결과 분석 등의 전 과정이 컴퓨터를 통해 이루어지게 되었다. 1990년대 후반부터 2000년대 초반에 걸쳐 GRE(Graduate Record Examination), TOEFL iBT(Test of English as a Foreign Language Internet-Based Test) 등의 대규모 고부담 검사가 컴퓨터 기반으로 실시되기 시작하였다. 이렇게 컴퓨터 기반으로 실시되는 검사를 CBT(Computer-Based Testing: 컴퓨터 기반 검사)라 한다.

최근 인공지능·빅데이터 시대가 도래하며 맞춤형 교육과 더불어 CAT(Computerized Adaptived Testing: 컴퓨터 적응형 검사)이 화두가 되고 있다. CAT에서는 문항반응이론을 이용하여 응시자의 능력 수준에 맞는 문항을 자동으로 선택한다. 즉, 응시자가 잘 맞히면 더 어려운 문제가, 틀리면 더 쉬운 문제가 제공되는 식으로 검사가 역동적으로 구성되며 응시자에게 최적의 문항을 제시한다. 그 결과, CAT은 불필요한 문항 풀이 시간을 단축시키면서도 능력을 정확하게 추정할 수 있다는 점에서 각광받게 되었다. 응시자 입장에서도 검사 시간 단축으로 인해 피로도를 낮출 수 있고 자신의 수준에 맞는 문항을 풀게 되므로 상대적으로 만족도가 높다 하겠다. 이러한 장점들로 인하여 GMAT(Graduate Management Admission Test)과 같이 CAT을 사용하는 검사가 점점 더 늘어나고 있다.

특히 COVID-19 팬데믹 이후 원격학습 환경이 널리 확산되면서, 온라인 평가에

---

1) 제8장과 제9장에서의 '피험자'를 검사 상황에 맞게 바꿔 썼다.

대한 수요 또한 크게 증가하는 상황이다. CBT나 CAT과 같은 컴퓨터 검사는 전통적인 지필고사 방식보다 더 유연하고 접근성이 높기 때문에, 이러한 원격학습 환경에서 매우 적합한 도구로 자리 잡고 있다. 정리하면, 컴퓨터를 활용한 검사를 컴퓨터 검사라고 한다. 이 책에서는 관례에 따라 컴퓨터 검사를 CBT와 CAT으로 구분하였는데, CBT를 넓게 정의할 경우 CAT을 CBT의 하위 영역으로 간주하기도 한다. CBT와 CAT 각각의 특징 및 장단점을 알아보겠다.

② CBT

1) 개요

CBT(Computer-Based Testing)는 말 그대로 '컴퓨터를 기반으로 하는 검사'를 뜻한다. 검사지가 컴퓨터 화면에서 디지털 형태로 제공되고, 응시자는 마우스나 키보드를 사용해 답안을 작성한다. 초기 CBT에서는 모든 응시자가 동일한 문항을 동일한 순서로 풀게 되며 검사 시간 등의 제반 절차도 지필검사와 동일하였다. 이후 CBT에서는 검사 목적 및 상황에 따라 같은 문항 세트(set)를 달리 배치하거나 문항별로 제한 시간을 두는 등의 유연성이 추가되었다.

CBT는 컴퓨터로 실시되므로 시험지를 인쇄할 필요가 없다. 따라서 자료 관리가 간소화되는 측면이 있다. CBT는 고사실에서뿐만 아니라 원격으로도 시행될 수 있으며, 장소에 관계없이 전 세계적으로 동일한 조건에서 검사를 실시하는 것이 가능하다. 지필검사에서는 텍스트와 더불어 이차원의 이미지를 제시하는 정도였는데, CBT에서는 이미지, 비디오, 오디오 등의 다양한 멀티미디어 자료를 활용한 문항도 출제할 수 있다. 또한 자동채점을 할 경우 시간 절감 효과가 크기 때문에 대규모 검사에서 특히 인기가 높다.

이를테면 학생들의 디지털 소양과 컴퓨터 활용 능력을 국제적으로 비교 분석하기 위한 대규모 검사인 ICILS(International Computer and Information Literacy Study; 국제 컴퓨터 및 정보 소양 연구)에서 CBT를 활용한다. 그중 블록 코딩 프로그래밍 과제 예시를 [그림 10.1]에 제시하였다(Fraillon, Ainley, Schulz, Friedman, & Duckworth, 2020). 이 과제에서 드론을 조종하여 모든 농작물 타일(크고 작은 것 모두)에 물을 주고, 작은 농작물 타일에만 비료를 뿌려야 한다. 그런데 현재 코드는 그렇지 않다. 즉, 응시자가 드론이 조건에 맞게 작동하도록 코드를 효율적으로 수정할 수 있는지를 평가하는 문항이다.

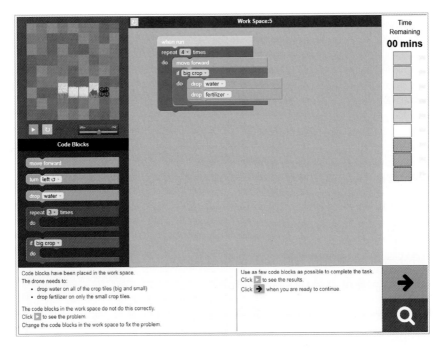

[그림 10.1] CBT 문항 예시

이 문항에서 CBT의 특징이 어떻게 구현되었는지 살펴보겠다. 먼저, 화면 오른쪽 상단에 'Time Remaining'이라고 하여 남은 시간이 표시된다. 이는 CBT에서 흔히 사용되는 요소로, 응시자가 시간 관리를 할 수 있도록 도와주는 기능이다. 그리고 하단에 'Click ▶ to see the results'와 'Click ➔ when you are ready to continue'라는 버튼이 있다. 응시자는 이러한 버튼을 활용하여 코드를 실행한 후 결과를 확인하고 답안을 제출한다. 이렇게 응시자가 코드를 실행한 후 그 결과를 즉시 확인할 수 있는 것은 CBT의 특징이다. 그러나 이후 설명될 CAT과 달리, 이 문항에서는 응시자의 수행에 따른 즉각적인 피드백이나 추가 문항이 없으며, 모든 응시자에게 고정된 문항세트를 사용한다. 다시 말해, 응시자의 수행 결과에 따라 그다음에 제시되는 문항의 난이도가 달라지지 않는다. 이는 CAT과 구분되는 CBT의 전형적인 특징이다.

2) 장단점

CBT는 다음과 같은 장점을 지닌다. 첫째, 문항 출제, 응답 수집, 채점 등의 과정을 자동화할 수 있기 때문에 평가 효율성이 높다. 특히 자동채점이 진행되는 검사라면, 수작업 채점의 오류를 줄이고 시간과 인력 비용을 절감할 수 있으며, 응시자 입장에서는 검사 결과를 즉각적으로 확인할 수 있다는 장점이 크다. 지필검사와 달리 인쇄물이 필요하지 않다는 장점도 있다. 둘째, 검사 목적 및 상황에 따라 문항 배치 순서를 응시자에 따라 다르게 할 수 있다. 이를 통해 부정행위 가능성을 줄일 수 있다. 셋째, 컴퓨터 화면에서 시간 제한을 설정하여 응시자가 정해진 시간 내에 답변하도록 유도할 수 있다. 이는 응시자가 검사를 효율적으로 치르도록 돕는 동시에, 응시자의 시간 관리 능력을 평가하는 데 기여한다. 넷째, 다양한 이미지, 소리, 동영상을 포함한 문항을 제시할 수 있다. 특히 컴퓨터로 진행되는 인터랙티브 과제(interactive items, 상호작용형 과제)에서는 과정에 대한 평가도 가능하다. 과제 수행 중 이를테면 어느 부분에서 마우스를 클릭하거나 어떤 버튼을 눌렀는지, 어떤 메뉴를 열어 보았는지 등의 다양한 활동 정보가 자동으로 저장되기 때문이다. 즉, 지필검사에서 구현하기 어려웠던 실제평가에 가까운 평가를 실시함으로써, 정보 분석 능력, 비판적·통합적 사고력, 역동적 문제 해결력 등을 종합적으로 평가할 수 있다.[2]

그러나 CBT가 성공적으로 구현되려면, 컴퓨터를 포함한 장비 구입 및 프로그램

---

2) 제2장에서 자세하게 설명하였다.

업데이트 문제, 그리고 시스템 오류나 인터넷 연결 불안정 등의 재정적 · 기술적 문제가 선결되어야 한다. 검사 중 컴퓨터 오류나 네트워크 문제 발생으로 인해 검사 진행에 차질이 생길 수 있기 때문이다. 즉, 서버 오류나 시스템 지연이 발생하지 않도록 안정적인 CBT 플랫폼 및 백업 시스템이 필요하며, 시스템 성능이 충분히 확보되어야 한다. 응시자의 사용자 경험을 고려한 사용자 인터페이스(User Interface: UI) 설계도 중요하다. 구체적으로, 검사 과정이 직관적이며 응시자가 쉽게 문항을 탐색할 수 있도록 설계해야 한다. 또한 온라인 시험 환경에서 해킹이나 부정행위를 방지하기 위한 강력한 보안 시스템을 필수적으로 포함시켜야 한다. 그리고 컴퓨터 사용에 익숙하지 않은 응시자에게 불이익이 발생하지 않도록 조치를 취하여, 그러한 응시자의 능력이 과소추정될 위험을 최소화해야 한다.

3 CAT

1) 개관

모든 응시자에게 동일한 문항을 동일한 순서로 제시하는 검사에서는 응시자의 능력 수준을 고려하지 않는다는 문제가 있다. 이러한 문제에 대한 대안으로 적응형 검사(adaptive test)가 제안되었다. 적응형 검사는 응시자의 능력 수준에 따라 실시간으로 문항이 조정되는 검사다. [그림 10.2]에서 미국 대학 입학을 위한 검사인 digital SAT(Scholastic Aptitude Test)의 적응형 검사 문항 예시를 제시하였다.[3]

여러 적응형 검사 유형이 있는데, 그중 CAT이 가장 널리 쓰인다(〈심화 10.1〉). CAT에서는 응시자가 어떤 문항을 맞힐 경우 그다음 문항은 좀 더 어려운 문항을 제시하고, 반대로 응시자가 어떤 문항을 틀릴 경우 그다음 문항은 좀 더 쉬운 문항을 출제

---

3) 이 적응형 검사는 MST 방식을 적용한 검사다(〈심화 10.1〉).

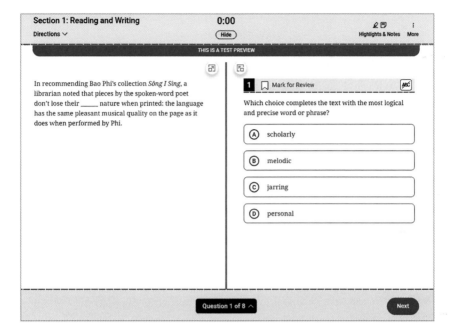

[그림 10.2] 적응형 검사 문항 예시

한다. 이렇게 응시자의 능력 수준에 따라 그에 맞는 문항을 실시간으로 선택해야 하기 때문에, 응시자의 능력과 문항 모수(난이도, 변별도, 추측도)를 정확하게 추정하는 것이 필수적이다.

따라서 CAT에서는 문항반응이론을 활용하는 것이 일반적이다. 문항반응이론에서는 문항모수와 응시자의 능력이 변하지 않는다고 가정하므로 일관된 문항모수와 능력 추정이 가능하다. 다시 말해, 문항반응이론을 활용하여 응시자의 능력에 맞지 않게 지나치게 쉽거나 어려운 문항을 제시하지 않기 때문에 적은 수의 문항으로도 정확한 결과를 산출할 수 있다. 또한 검사를 진행하며 실시간으로 응시자의 수준에 맞는 문항을 제시하므로 CAT을 활용한 맞춤형 검사가 가능하다. 그러나 이전 문항에 대한 응답에 따라 다음 문항이 결정되므로 한번 넘어간 문항을 되돌아와서 다시 검토하거나 응답을 수정할 수는 없다.[4]

---

4) CAT의 특징이다. MST에서는 문항군 단위로 응답 수정이 가능하다.

> **심화 10.1** **CAT vs. MST**
>
> CAT에서는 이전 문항을 맞혔는지 틀렸는지에 따라 다음 문항이 결정된다. 즉, 문항(item) 단위로 검사가 진행된다. 한편, 단계적 적응형 검사(MultiStage adaptive Testing: MST)는 개별 문항이 아니라 모듈(module) 단위로 진행된다. 모듈은 여러 문항으로 묶인 문항군을 뜻한다. 이전 문항군(모듈)의 응답 결과에 따라 다음 단계의 문항군이 결정되기 때문에, CAT과 달리 MST에서는 같은 모듈 내에서는 문항 앞뒤로 이동하며 응답 수정을 할 수 있다. 따라서 검사 보안 측면에서 MST는 같은 문항을 반복해서 제시해야 하는 CAT보다 유리할 수 있으며, 읽기 검사와 같이 여러 문항을 한번에 다루는 경우 MST가 더 적합할 수 있다.
>
> [그림 10.2]에서 제시한 digital SAT가 바로 MST를 적용한 검사다. digital SAT는 독해 및 쓰기(Reading and Writing)와 수학의 두 개 영역으로 구성되며, 각 영역은 다시 두 개의 모듈로 나뉜다. 두 모듈은 모두 동일한 길이로 구성되며, 첫 번째 모듈에 답한 결과에 따라 두 번째 모듈의 문항군이 달라지게 된다.
>
> MST 검사가 증가하고는 있으나, 아직 CAT이 널리 사용된다. 특히 CAT은 적은 수의 문항으로도 응시자의 능력을 정확하게 추정할 수 있기 때문에 자격 시험과 같은 대규모 검사에서 주로 사용된다. 이 책에서는 CAT에 초점을 맞추었다.

2) CAT의 순서도

CAT의 순서도를 [그림 10.3]에서 제시하였다. 첫 번째 단계에서 응시자의 잠재 특성(능력, θ)을 추정하고, 그에 따라 최적의 문항을 선택한다. 두 번째 단계에서 이 문항을 응시자에게 제시한다. 일반적인 CAT에서는 초기 잠재 특성이 평균 수준이라고 간주하고, 평균 난이도의 문항을 첫 번째 문항으로 쓴다. 이때 응시자의 능력이 평균과 멀수록, 능력을 추정하기 위해 문항이 더 많이 필요하게 된다. 따라서 이전 검사 점수와 같은 다른 정보가 있다면 이를 활용하여 잠재 특성을 추정하고 그에 맞는 문항을 제시하기도 한다.

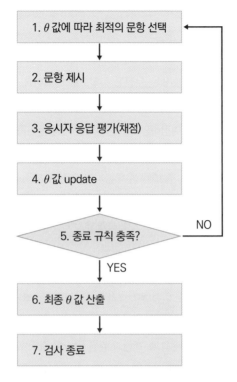

[그림 10.3] CAT 순서도 예시

세 번째 단계에서 응시자의 응답을 평가(채점)하고, 그 결과를 바탕으로 네 번째 단계에서 응시자의 잠재 특성을 업데이트한다. 다섯 번째 단계에서 네 번째 단계의 결과와 종료 규칙(stopping rule; 중지 규칙)을 비교한다(〈심화 10.2〉). 종료 규칙을 충족하지 않을 경우 다시 첫 번째 단계로 돌아가 이후 절차를 반복한다. 종료 규칙을 충족할 경우, 최종 잠재 특성값을 산출하고(여섯 번째 단계) 검사를 종료한다(일곱 번째 단계).

이러한 과정에서 CAT은 검사정보함수[5]를 활용하여 검사 정보량을 최대화함으로써 평가의 효율을 높인다. 즉, 검사정보함수를 통해 변별도가 높고 추측도가 낮으며 응시자 능력에 부합하는 난이도의 문항을 실시간으로 선택하는 것이다.

---

5) 제9장에서 설명하였다. 심화 내용에 해당한다.

심화 10.2 CAT의 종료 규칙

CAT에서는 응시자의 능력에 맞는 문항을 동적으로 선택하여 평가하므로 각 응시자가 모든 문항을 풀지 않고도 검사가 종료될 수 있다. 적절한 종료 규칙(stopping rule)을 사용하여 응시자의 능력을 정확히 측정하면서도 불필요한 문항 풀이를 줄일 수 있기 때문에 검사 설계 시 검사 목적을 고려한 종료 규칙을 선택하는 것이 중요하다.

다양한 종료 규칙이 있는데, 잠재 특성 추정치의 표준오차(standard error)에 기반한 종료 규칙이 가장 널리 쓰인다. 즉, 검사 도중에 표준오차가 일정 수준 이하로 내려갈 경우 (예: 0.3 이하), 응시자의 능력이 충분히 정확하게 추정되었다고 판단하고 검사를 종료하는 것이다.

또는 응시자의 잠재 특성 추정치가 일정 범위 내에서 변화가 없을 때 검사를 종료할 수도 있다. 즉, 새로운 문항을 풀어도 이전 추정값과 큰 차이가 없을 경우 잠재 특성 추정치가 안정적이라고 보고 더 이상 문항을 풀지 않아도 된다고 판단하는 것이다.

그 외 검사 시간 제한 또는 문항 수 제한과 같은 단순한 종료 규칙도 있다. 미리 정해진 문항 수 또는 검사 시간에 도달했을 때 검사를 종료하는 것이다. 이는 그 자체로는 응시자의 잠재 특성을 효율적으로 추정하기에는 어려운 종료 규칙이므로, 앞서 설명한 다른 종료 규칙과 결합하여 활용되는 경우가 많다. 이를테면 최대 40개 문항을 풀 수 있는데, 표준오차가 0.2 이하일 경우 검사를 종료하는 방식이다. 이러한 종료 규칙을 적용함으로써 지나치게 많은 문항을 풀지 않아도 응시자의 능력을 일정 수준 이상으로 정확하게 추정하도록 한다.

[그림 10.4]에서 CAT이 어떻게 진행되는지를 예시를 통하여 보여 준다. 잠재 특성에 따라 최적의 문항을 선택하는 절차가 첫 번째 절차인데, 앞서 언급한 것처럼 다른 정보가 없을 경우 평균 난이도가 0인 문항에서 시작한다. 이 문항을 맞히면 더 어려운 문항이, 문항을 틀리면 더 쉬운 문항이 제시된다. 즉, 1번 문항(Q1)을 맞힌 학생 A에게는 더 어려운 문항이, 오답을 한 학생 B에게는 더 쉬운 문항이 2번 문항(Q2)으로 제시되었다. 또한 이 그림에서 학생 B는 아홉 문항을 풀고 능력이 추정된 반면, 학생

A의 경우 일곱 문항까지만 풀고서도 종료 규칙을 충족하여 검사가 종료된 것을 파악할 수 있다.[6]

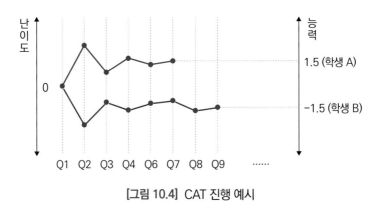

[그림 10.4] CAT 진행 예시

다시 강조하면, CAT에서는 문항반응이론을 기반으로 문항의 난이도, 변별도, 추측도를 고려하여 응시자 수준에 맞는 적합한 문항을 선택하고 컴퓨터로 제시하는 것이 핵심이다. 따라서 질(quality) 높은 문항으로 구성된 문항은행을 구축하고 관리하는 것이 중요하다. 즉, 변별도가 높고 다양한 수준의 능력을 측정할 수 있는 문항으로 문항은행을 구성해야 하며, 주기적으로 진단하여 적절하지 못한 문항을 제외하고 새로운 문항을 추가하는 노력을 기울여야 한다. 또한 검사에 적합한 문항반응모형을 사용하여 문항 추정 시 오차를 최소화하며 각 응시자의 능력 수준이 추정될 수 있도록 문항 선택 알고리즘을 설계해야 한다.

3) 장단점

CAT의 가장 큰 장점은 효율성이라 하겠다. CAT은 상대적으로 적은 수의 문항으로도 응시자의 능력을 정확하게 산출하고 검사를 완료한다. 응시자의 능력에 맞는 문항을 지속적으로 제공하기 때문에 응시자의 실제 능력에 대한 추정이 더 정확할

---

6) 문항난이도와 능력(잠재 특성)을 같은 척도에 두었다.

수 있으며, 따라서 검사 신뢰도 또한 높아진다. 응시자 입장에서는 적은 수의 문항을 풀면 되기 때문에 검사 시간이 단축되며, 응시자의 피로도를 줄일 수 있다. 지나치게 어렵거나 쉬운 문항을 풀지 않아도 되기 때문에 응시자의 만족도도 상대적으로 높다 하겠다. 또한 컴퓨터로 실시된다는 공통점으로 인하여 CBT의 장점을 공유한다. 즉, 다양한 형식의 문항을 제시할 수 있고, 실시간 채점을 통해 더 빠르게 피드백을 제공할 수 있으며, 문항 응답에 걸리는 시간, 마우스 클릭과 같은 세세한 응시자의 반응 정보를 분석하여 더욱 정확한 능력 추정에 활용할 수 있다.

그러나 CAT이 성공적으로 시행되려면, 정교한 검사 알고리즘과 잘 보정된 (calibrated) 문항은행이 필수 요건이다. 다양한 능력 수준을 다루지 못하거나 질 높은 문항이 구비되지 못한 문항은행을 바탕으로 CAT을 시행할 경우, 검사의 정확성이 크게 훼손될 수 있기 때문이다. 이러한 시스템을 구축하고 유지하는 데 많은 자원과 노력이 필요하며, 특히 초기 개발 비용이 상당하다. CBT에서와 마찬가지로 인터넷 연결 문제, 소프트웨어 오류 등이 발생할 경우 검사가 중단될 수 있고, 기본적인 컴퓨터 활용 능력이 부족하거나 CAT에 익숙하지 않은 피험자에게 CAT은 부담으로 작용할 수 있다. CAT에서는 문항 수정이 불가하며, 현재 문항을 풀지 않고서는 다음 문항으로 넘어갈 수 없다는 등의 주의사항을 검사 시작 전에 응시자에게 알려 주어야 한다. 또한 첫 번째 문항이 반복적으로 노출되어 검사 보안 문제가 발생할 수 있다. 그리고 CAT은 주로 선택형 문항에서 성능이 뛰어나며, 서술형/논술형 문항과 같은 유형의 경우 아직까지 한계가 존재한다. 마지막으로, 모든 응시자에게 동일한 문항을 제시하지 않기 때문에 특히 고부담 검사의 경우 공정성 시비가 발생할 수 있다.

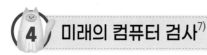

4 미래의 컴퓨터 검사[7]

인공지능(Artificial Intelligence: AI)과 기계학습(machine learning)의 발전과 더불어, 앞으로는 컴퓨터 검사로 인해 평가의 새로운 장이 열릴 것으로 기대한다. 단순히 기존의 지필고사를 디지털화하는 데 그치지 않고, 평가방식 자체를 혁신하는 것이다. 이를테면 VR(Virtual Reality; 가상현실), AR(Augmented Reality; 증강현실)과 같은 최신 기술들이 평가 시스템에 통합되면서, 학습자의 능력을 더 정교하고 다차원적으로 평가하며 학습자 맞춤형 경험까지 제공할 수 있다. 구체적으로 알아보겠다.

1) 인공지능 기반 평가 시스템의 확대

인공지능과 기계학습은 자동 채점, 문제 출제, 학습자 맞춤형 평가에서 중요한 역할을 하고 있다. 우선, 자동 채점 시스템이다. 최근 자연어 처리 기술(Natural Language Processing: NLP)을 사용한 자동채점 시스템이 개발되어, 채점하기 까다로운 서술형/논술형 문항에 대해서도 적용되고 있다. 이를테면 미국의 ETS(Educational Testing Services)는 수십만 개의 논술(essay) 샘플을 기계학습으로 학습하여 자동 채점하는 e-rater를 운영 중이다. TOEFL, GRE 등의 표준화검사에서 실제로 활용되는 이 시스템은 NLP 알고리즘을 사용하여 논술형 답안을 신속하게 채점한다. 또한 채점에 끝나지 않고, 문법적 오류나 어휘 사용에 대한 개선점을 알려 주는 등의 구체적인 피드백을 제공함으로써 응시자가 자신의 글쓰기 능력을 향상시킬 수 있도록 도와준다(예: '모호한 단어를 더 구체적이고 정확한 어휘로 바꿀 것', '주어와 동사의 일치 오류'). 그러나 문법, 문장 구조와 같은 형식적 요소는 잘 평가하는 반면, 창의적인 아이디어나 복잡한 논리 전개를 정확하게 평가하기는 어려우며, 예외적이거나 비정형적인 글쓰기 스타일을 충분히 반영하지 못하는 한계가 있다고 알려진다. ETS는 인

---

7) 이 절은 ChatGPT의 답변을 기반으로 작성하였다.

간 채점자를 투입하여 e-rater의 결과 간 객관도[8]를 확인하며 공정성과 정확성을 유지하기 위해 노력하고 있다.

또한 인공지능과 기계학습 기술이 발전하며 CAT이 더욱 정교해질 것으로 기대된다. 향후 CAT 시스템은 단순히 난이도 조정에 그치지 않고, 학습자의 문제해결 전략, 속도, 응답 패턴 등의 다양한 인지적·비인지적 요인을 종합적으로 분석하여 맞춤형 문제를 출제하고 맞춤형 피드백을 제공할 수 있을 것이다. 예를 들어, 학생이 특정 유형의 문제를 푸는 데 걸리는 시간을 분석하여, 시간이 너무 길어지면 문제 풀이에 필요한 새로운 힌트나 다른 유형의 문제를 제시할 수 있다. 이는 지능형 튜터링 시스템(Intelligent Tutoring System: ITS)에서도 추구하는 것으로, 학생이 학습하는 동안 실시간으로 문제해결을 지원하고 피드백을 제공함으로써 학습 성과를 향상시키는 것이 목적이다.

2) 몰입형 (학습) 평가

VR이나 AR을 활용한 몰입형 학습 평가(assessment for immersive learning) 또는 몰입형 평가(immersive assessment)가 혁신적인 평가 기법으로 떠오르고 있다. 몰입형 (학습) 평가란 학습자가 몰입감 있는 환경에서 학습하도록 하여 학습자의 역량이나 지식을 평가하는 방식으로, 디지털 환경에서 구현되는 VR이나 AR 속에서 학습자가 과제를 수행하고 피드백을 받는 형식으로 진행된다. 따라서 평가 상황이 더욱 실감나고 실제적이라는 점이 특징이다.

VR은 특히 의학과 같이 실습이 중요한 분야에서는 이미 활용 중이다. 의대생들은 VR 환경에서 다양한 임상적 시나리오를 경험하고, 이러한 상황에서 내리는 결정에 대해 실시간으로 피드백을 받는다. 한편, 실제 현실 세계에 가상 정보를 덧붙이는 방식인 AR은 주로 3D(3차원 공간)에서 구현되어 학습자의 생생한 경험을 돕는다. 이를 테면 NASA는 우주비행사 훈련에서 AR 기술을 사용하여 우주에서 발생할 수 있는

---

8) 제11장에서 설명하였다.

비상 상황을 시뮬레이션하고 이를 통해 비상 대응 능력을 평가한다. 우주비행사 입장에서는 AR 기술을 통해 실제 비행 중에 발생할 수 있는 다양한 상황을 연습하고, 그에 대한 대응 능력을 강화할 수 있다. 이러한 방식은 단순히 이론적 지식이 아니라 실제 상황에서의 문제해결 능력을 평가하는 데 효과적이다. 즉, 최신 기술을 활용함으로써 지식 평가를 넘어 실제 상황에서의 대응 능력, 의사 결정력, 그리고 협업 능력까지 평가하는 방식으로 평가가 발전하고 있는 것이다. 몰입형 평가를 통해 학습자들은 보다 실질적이고 적용 가능한 기능을 연습하고 평가받을 수 있다.

초·중등 교육 상황에서 몰입형 평가의 예를 들어 보겠다. VR 환경에서 건물을 설계하고 완성해야 하는 수행평가 과제가 있다고 하자. 학생들은 각자 건축가, 엔지니어, 예산 관리자 등의 역할을 맡아 함께 협력해야 한다. 교사는 이러한 학생 간 상호작용을 실시간으로 모니터링하며, 팀원 간 의사소통 빈도와 질, 문제해결 과정에서의 역할 분담, 공동 목표를 향한 기여도와 리더십 등을 평가하며 피드백을 줄 수 있다. 특히 3D로 구현되는 AR은 학생의 흥미와 참여도를 높이는 데 효과적이다. 예를 들어, AR 앱을 사용해 로마 콜로세움이나 이집트 피라미드와 같은 고대 유적지나 역사적 장소를 3D로 재구성하여 탐방하도록 함으로써 학생들에게 생생한 경험을 제공할 수 있다. 이를 통해 학생들은 역사적 맥락을 보다 깊이 이해하게 된다. 과학 교과에서 AR은 시각적 보조기구로서의 역할을 톡톡히 수행한다. AR 앱을 통해 분자 구조를 3D로 보면서 화학 반응이 일어나는 과정을 실시간으로 관찰할 수 있고, 인체의 해부학적 구조를 3D로 구현하여 인체의 장기나 세포 구조를 직접 탐험할 수 있다. 즉, 안전한 환경에서 추상적인 개념을 시각적으로 쉽게 이해하게 되는 것이다. 수학 교과에서도 마찬가지다. AR을 활용하여 기하학적 도형을 3D로 나타내고, 도형의 크기, 각도, 면적 등을 직접 조작하여 학습함으로써 학생들은 추상적인 수학 개념을 보다 직관적으로 이해할 수 있다. 지리 수업에서는 지형도나 세계 지도를 3D로 시각화하여, 학생들이 산맥, 강, 대륙, 국가 경계 등을 입체적으로 학습하도록 한다. 외국어 수업에서는 단어 카드를 스캔하면, 해당 단어의 이미지나 발음, 예문이 3D로 나타나는 AR 앱을 활용하여 학생의 학습 효율을 높일 수 있다. 미술 교과에서는 디지털 공간에서 그림을 그리거나 조각을 만들고, AR을 활용하여 그 작품을 실시간으로 교실 또는 특정 공간에 배치해 볼 수 있다.

3) 데이터 기반 평가

학생의 성적뿐만 아니라 학습 과정에서 생성되는 데이터를 수집하고 분석하여 학생의 전반적인 학습 성과를 평가하는 방식이 점점 중요해지고 있다. 이때 빅데이터와 학습 분석(learning analytics)을 활용한 데이터 기반 평가(data-driven assessment)가 미래의 평가 시스템에서 핵심적인 역할을 할 것이다. 이를테면 Coursera, EdX와 같은 온라인 학습 플랫폼은 학생들이 학습하는 동안의 데이터를 지속적으로 수집하고, 이를 기반으로 개인화된 학습 경로를 제안한다. 학생이 자주 틀리는 특정 유형의 문제를 분석하고, 강의를 시청하는 시간, 퀴즈 점수 등을 수합하여 분석함으로써 학습자의 강점과 약점을 파악하는 것이다. 이를 기반으로 개별 학습 경로를 제안하고, 필요한 부분에 대한 추가 학습을 추천한다. 이 과정에서 얻은 정보는 교수자에게도 제공되어, 학습자의 성취도를 정밀하게 파악하고 다음 교수에서 활용하는 데도 활용된다. 즉, 데이터 기반 평가를 통해 학습자의 능력을 보다 정밀하게 파악하고, 맞춤형 피드백을 제공하여 학습 효율성을 극대화할 수 있다.

같은 맥락에서 대학 차원에서도 학생들의 학습 데이터를 분석하여 학습 과정에서 발생한 어려움을 미리 예측하고, 이를 해결하기 위한 맞춤형 피드백을 제공하는 시스템을 개발하고 있다. 이를테면 학생들이 강의 시간 동안 참여한 활동, 퀴즈 응답 패턴, 온라인 상호작용 등을 분석하여 학습 성과를 예측하고, 학습자가 겪을 수 있는 잠재적인 어려움을 사전에 예측하여 피드백을 제공하는 방식으로 운영된다. 즉, 학습자의 작은 오류나 학습 속도를 분석하여 학습 성과를 예측하고, 이에 대한 지원을 미리 제공함으로써 실패를 예방할 수 있는 것이 특징이다. 더 나아가, 데이터를 기반으로 자퇴생의 특징을 분석하고 예측함으로써 학업 중단을 예방하기 위해 선제적으로 대응하는 대학이 점차 늘고 있다.

4) 윤리적 문제와 보안

컴퓨터 검사에는 여러 이점이 많은 반면, 윤리적 문제와 보안에 대한 고려가 중요하다. 먼저, 부정행위 방지가 중요한 과제다. 원격 평가 환경에서는 부정행위의 가능성이 높아질 수 있다. 이를 해결하기 위해 얼굴/음성 인식을 통한 신분 확인 시스템, 키보드 입력 패턴 분석 등을 통한 부정행위 감지 알고리즘 등의 다양한 기술적 대책이 필요하다. 또는 시험 중 응시자의 화면 활동을 모니터링하고, 웹캠을 통해 시험 환경을 감독하는 방식으로 부정행위를 실시간으로 감지하고 경고를 보낼 수 있다. 예를 들어, Google 공인 교육 전문가 등급 인증 시험에서는 응시자가 온라인 평가를 치르는 동안 웹캠을 통해 실시간으로 응시자를 모니터링하여 신분 확인과 부정행위 방지를 강화한다.

그러나 이러한 기술이 발전하면서 동시에 개인정보 보호와 관련된 윤리적 이슈가 대두되는 것도 현실이다. 얼굴 인식이나 생체 데이터를 활용한 평가 시스템은 응시자의 프라이버시를 침해할 가능성이 있다. 따라서 검사 중 수집되는 응시자의 개인정보와 시험 결과 데이터를 안전하게 관리해야 하며, 불법적인 접근이나 데이터 유출을 방지하기 위한 강력한 보안 시스템이 필요하다. 마지막으로, 이러한 모든 사안에 대한 법적, 윤리적 기준이 마련되어야 원격 환경에서도 공정하고 신뢰성 있는 평가가 이루어질 수 있다는 점을 인지해야 한다. 이를 위해 관련 법규의 지속적인 개정이 필요하다.

5) 요약

정리하면, 기술 발전에 따라 평가 시스템의 효율성과 정확성이 크게 향상되고 있다. 미래의 컴퓨터 검사는 평가방식을 혁신하고, 학습자 맞춤형 평가를 통해 더욱 정확하고 효율적인 평가를 가능하게 할 것이다. 특히 인공지능, 빅데이터와 기계학습, 몰입형 평가 기술 등의 발전과 함께 평가의 자동화와 분석 능력이 크게 강화되고 있으며, 평가는 단순한 지식 측정을 넘어, 문제해결 능력, 창의성, 비판적 사고 등을 포함하는 종합적인 평가로 확장되고 있다. 이러한 컴퓨터 검사의 발전과 더불어 평가의 공정성과 신뢰성을 유지하며 보안 및 윤리적 문제를 해결하기 위한 지속적인 노력이 필수적이다.

연습문제

1. CBT와 CAT의 주요 차이점을 문항 제시 방식, 검사 시간, 평가의 정확성을 기준으로 비교하시오.

2. 원격학습 환경에서 CBT와 CAT이 직면할 수 있는 윤리적 문제와 보안 문제를 설명하고, 이를 해결할 수 있는 방법을 제시하시오.

신뢰도와 객관도

학습목표

1. 신뢰도, 타당도, 객관도의 뜻을 이해하고, 서로의 관계를 설명할 수 있다.

2. 신뢰도의 종류 및 특징을 설명할 수 있다.

3. 신뢰도에 영향을 주는 요인을 이해하고 설명할 수 있다.

4. 측정의 표준오차가 쓰이는 맥락을 이해하고 설명할 수 있다.

5. 실제 검사 자료에 대하여 크론바흐 알파 신뢰도를 구하고 해석할 수 있다.

6. 실제 검사 자료에 대하여 객관도를 구하고 해석할 수 있다.

1 신뢰도, 타당도, 객관도 개관

 교육평가에서 검사개발 또는 검사선택은 매우 중요한 부분이다. 유치원부터 초·중등학교에 이르기까지 학생의 인지적, 정의적, 심동적 영역을 측정하기 위하여 무수히 많은 검사가 개발·이용되고 있다. 교사는 이렇게 이미 만들어진 검사를 쓸 수도 있고, 자신이 직접 검사를 개발하여 학생을 평가할 수도 있다. 어느 경우든 교사는 검사의 신뢰도, 타당도를 확인해야 하며, 상황에 따라 객관도 또한 고려해야 할 수 있다. 이 절에서 검사의 신뢰도, 타당도, 객관도의 뜻을 간략하게 설명하겠다.

 교육평가에서의 신뢰도(reliability)는 일상적으로 쓰이는 '신뢰할 수 있는 정도'의 의미가 아니라 '일관성'을 뜻한다는 것을 유념해야 한다. 즉, 검사를 여러 번 실시해도 같은 결과가 나온다면 그 검사는 신뢰도가 높은 검사라 할 수 있다. 교육평가에서 '검사 신뢰도가 높다'는 것은 그 검사점수를 '신뢰할 수 있다, 믿을 수 있다'가 아니라, 그 검사를 다시 실시하여도 비슷한 결과가 나올 만큼 일관되게 측정한다는 뜻이다.

 다시 강조하면, 검사 신뢰도는 그 검사점수가 옳은지 아닌지를 따지는 것이 아니다. 그렇다면 그 검사점수가 측정해야 하는 영역을 얼마나 제대로, 잘 측정하고 있는지, 즉 그 검사점수가 옳은지 아닌지를 알려 주는 척도는 무엇인가? 바로 타당도(validity)다.[1] 즉, 측정해야 하는 영역을 제대로 측정하지 못하는 검사라도 일관된 점수가 나오는 검사라면 신뢰도가 높으며, 측정해야 하는 영역을 제대로 측정하면서 일관된 점수가 나오는 검사는 신뢰도뿐만 아니라 타당도까지 높다고 할 수 있다.

 반면, 객관도(objectivity)는 구성형 문항 또는 수행평가 문항/과제 채점과 관련된 개념으로, 채점의 일관성을 뜻한다. 즉, 객관도는 채점의 신뢰도다. 답이 하나로 명료하며 채점의 객관성이 보장되는 선택형 문항과 달리, 구성형 문항은 채점자에 따라 점수가 달라질 수 있다. 같은 답안에 대하여도 어떤 채점자는 만점을 주는데, 다른 채점자는 부분점수만 줄 수 있다. 따라서 구성형 문항 또는 수행평가 문항/과제

---

1) 타당도는 제12장에서 설명하였다.

의 경우 두 명 이상의 채점자가 채점하도록 하고, 그 결과에 대하여 객관도를 구할 것을 권한다. 이 장에서는 신뢰도와 객관도를 설명하겠다.

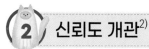

2 신뢰도 개관[2]

길이, 무게, 시간과 같은 비율척도인 변수의 측정은 어렵지 않으며, 일관성도 높다. 예를 들어, 키나 몸무게를 수십 번, 수백 번 측정하는 것은 귀찮을 뿐 어렵지 않다. 5센티미터 발판이 있는 것을 간과하고 키를 재서 언제나 원래 키보다 5센티미터가 더 나온다고 한다면, 이 측정의 타당도는 낮지만 신뢰도는 높다고 할 수 있다. 마찬가지로 저울을 카펫 위에 놓고 몸무게를 쟀더니, 매번 평소보다 5킬로그램이 적게 나온다고 하자(카펫 위에서 측정하면 실제로 무게가 덜 나온다). 이 경우에도 측정의 신뢰도는 높으나, 타당도는 높다고 할 수 없다.[3] 그런데 교육학에서 관심 있는 성취도, 자기효능감 등과 같은 변수는 수십 번이 아니라 두 번 측정하는 것도 어려우며, 일관성이 담보되지도 않는다.

또 다른 예를 들어 보겠다. 어느 연구자가 학생의 수학 성취도를 측정하기 위하여 수학검사를 만들고 검사 신뢰도를 구하려 한다. 그런데 학생의 반발로 인해, 또는 학교장의 허락을 얻을 수 없어 검사를 두 번 실시하는 것이 어렵다면, 연구자는 고민에 휩싸이게 된다. 운좋게 검사를 두 번 실시할 수 있게 된다고 하더라도, 검사 간 간격을 얼마나 두어야 할지도 고민이다. 특히 성취도 검사의 경우 학생들이 학교를 다니면서 해당 교과 내용을 계속 학습한다면, 검사 간격이 어느 정도 길 때 학생들의 '성취도' 구인 자체가 변할 수 있다. 그렇다고 검사 간격을 짧게 잡는 것도 능사는 아니

---

2) 이 장에서의 신뢰도와 객관도는 고전검사이론(classical test theory)에 기반한다. 문항반응이론(item response theory) 기반 신뢰도에 관심이 있다면 Embretson & Reise(2000) 등의 관련 문헌을 추천한다.

3) 이 예시에서 저울이 잘못되었다기보다는, 저울을 활용하여 측정하는 일련의 절차상 문제로 인하여 타당도가 높을 수가 없다.

다. 같은 검사인 것을 학생들이 알고 지난번 검사에서의 답을 기억했다가 적을 수도 있고, 지난번 검사가 연습한 셈이 되어 두 번째 검사는 훨씬 더 쉽게 풀 수도 있다. 또는 같은 검사를 두 번 보는 것이 너무 지겨워서 오히려 검사 동기가 떨어져 제대로 검사에 응하지 않을 수도 있기 때문이다.[4]

정리하면, 어떤 검사의 신뢰도가 높다는 것은 그 검사를 여러 번 시행한다 해도 그 결과가 일관된다는 것을 뜻한다. 그런데 연구자가 얻는 점수는 관찰점수(observed score)로, 진짜 점수(true score; 진점수)에 오차(error)가 합산된 점수다. 관찰점수, 진점수, 오차를 이용하여 신뢰도를 설명한다면, 신뢰도는 관찰점수 분산 중 진점수 분산이 차지하는 비율로 나타낼 수 있다. 즉, 관찰점수에서 오차 부분이 작고 진점수 부분이 클수록 신뢰도가 높아지는 것이다. 이 부분을 다음 항에서 자세하게 설명하겠다.

1) 관찰점수 = 진점수 + 오차

신뢰도에서 가장 중요한 공식 중 하나는 관찰점수(X: observed score)가 진점수(T: true score)와 오차(E: error)의 합으로 이루어진다는 공식이다(식 11.1). 즉, 우리가 얻는 관찰점수는 실제로는 오차가 포함된 값이라는 것이다. 물론 오차가 0일 수도 있다. 그렇다면 관찰점수는 진점수와 일치하게 된다. 그러나 오차가 평균을 중심으로 좌우대칭의 종모양인 정규분포를 따른다고 가정하므로, + 방향 또는 - 방향으로 발생할 확률이 더 크다. 앞선 예시에서 키나 몸무게와 같은 변수는 측정이 쉽고 신뢰도도 높은 편이라고 하였다. 그럼에도 측정오차(measurement error)는 존재하므로 키나 몸무게와 같은 변수의 측정에도 어느 정도 오차가 포함된다.

---

4) 초기 검사 이론에서는 우스꽝스럽게도 '최면'(!)이라는 단어가 다음과 같이 등장한다: 연구자가 수학검사를 제작하여 한 학생에게 반복적으로 그 검사를 시행할 때, 검사 전후 학생에게 최면을 걸어(!) 이전 검사 시행 경험이 이후 검사 시행에 영향을 미치지 않는다고 가정한다.

$$X = T + E \text{ .... (11.1)}$$

관찰점수=진점수+오차

$$E(E) = 0$$

오차의 기대값이 0, 오차와 진점수 간 상관이 0, 오차 간 상관도 0

검사이론에서 진점수와 오차 간 상관이 0이라고 가정한다는 것을 주의해야 한다. 다시 말해, 이때의 오차는 무선오차(random error)로, 진점수와 전혀 관계가 없다고 가정한다. 즉, 능력이 높은 학생에게 + 방향으로 무선오차가 일어나고 능력이 낮은 학생에게 − 방향으로 무선오차가 일어나는 것이 아니다. 물론, 극단적으로 높거나 낮은 점수의 경우 아무래도 오차가 각각 +와 − 방향으로 작용했을 수는 있다. 그러나 무선오차는 진점수와 무관하게 발생하는 것이다. 예를 들어, 시험에서 모르는데도 답을 찍어서 맞히거나 공부한 단원에서 문제가 많이 출제될 경우 오차가 + 방향으로 작용하여 관찰점수가 실제 능력(진점수)보다 높게 나올 수 있다. 반대로 실수로 답안을 잘못 표기하거나, 공부한 단원에서 문제가 적게 출제될 경우 오차가 − 방향으로 작용하여 관찰점수가 실제 능력보다 낮게 나올 수 있다.

2) 신뢰도 산출 공식

관찰점수에 대한 분산 식을 구하겠다. 식 (11.1)을 이용하여 관찰점수 분산 $var(X)$를 $var(T+E)$로 바꿔 쓸 수 있다. 이를 풀어 쓰면, 진점수 분산 $var(T)$, 오차 분산 $var(E)$, 그리고 진점수와 오차의 공분산을 두 배로 한 값인 $2cov(T,E)$의 합과 같다. 표기법을 달리하여 바로 아래 식으로 정리할 수 있다. 즉, σ^2_X이 관찰점수 분산, σ^2_T와 σ^2_E이 각각 진점수 분산과 오차 분산, 그리고 $\sigma_{T,E}$는 진점수와 오차 간 공분산을 뜻한다.

$$var(X) = var(T+E) = var(T) + var(E) + 2cov(T,E)$$

$$\sigma_X^2 = \sigma_T^2 + \sigma_E^2 + 2\sigma_{T,E}$$

앞서 언급하였듯이, 이때의 오차는 무선오차이며, 진점수와 오차 간 상관이 0이라고 가정한다. 따라서 진점수와 오차 간 공분산 또한 0이 되며 $2\sigma_{T,E}$ 항이 0으로 없어지고, 관찰점수에 대한 분산 식은 식 (11.2)로 정리된다. 즉, 관찰점수 분산은 진점수 분산과 오차 분산을 합한 값이다. 분산은 편차를 제곱하여 더한 값이므로 0보다 크거나 같은 값이다. 따라서 진점수 분산과 오차 분산을 더한 관찰점수 분산($\sigma^2{}_X$)은 이 중 가장 큰 값이다.

$$\sigma_X^2 = \sigma_T^2 + \sigma_E^2 \quad\cdots\cdots\cdots \text{(11.2)}$$
관찰점수 분산＝진점수 분산 ＋ 오차 분산

신뢰도를 검사점수 X와 그 검사와 동형인 검사점수 X' 간 상관계수로 표기하고, 관찰점수 분산 중 진점수 분산이 차지하는 비라고 정의한다. 이때, 모집단의 상관계수를 뜻하는 그리스어 문자 ρ(rho)를 이용하여 표기하면 식 (11.3)과 같다. 또는 식 (11.2)를 이용하여 신뢰도를 (1－오차 분산/관찰점수 분산)으로 정리할 수도 있다.

$$\rho_{XX}{}' = \frac{\sigma_T^2}{\sigma_X^2} \quad\cdots\cdots\cdots \text{(11.3)}$$

$$\rho_{XX}{}' = \frac{\sigma_T^2}{\sigma_X^2} = 1 - \frac{\sigma_E^2}{\sigma_X^2}$$

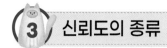 3 신뢰도의 종류

1) 두 번의 검사 시행

우리는 오차를 최소화하여 진점수에 가까운 관찰점수를 얻고자 한다. 그러나 측정을 통하여 개인의 관찰점수만 알 수 있을 뿐, 오차와 진점수가 몇 점인지는 알 수 없다. 초기에는 동형검사라고 하여 측정학적 특징이 유사한 검사 두 개를 같은 학생들에게 실시한 후, 그 검사점수 간 상관계수로 신뢰도를 구하였다. 이를 동형검사 신뢰도(equivalent form reliability)라고 한다. 그런데 동형검사는 만들기도 어렵고, 학생들에게 검사를 두 번 시행해야 하는 불편함이 있다.

검사-재검사 신뢰도(test-retest reliability)는 같은 검사를 두 번 실시한 후, 그 검사점수 간 상관계수로 구한다. 같은 검사를 두 번 쓰는 것이므로 동형검사를 만들 필요가 없다는 점은 장점이지만, 검사 간격을 어떻게 하는 것이 좋을지에 대한 명확한 이론이 없으며, 기억 · 연습 · 피로 등의 문제가 발생할 수 있다는 점 등이 단점이다.

2) 한 번의 검사 시행과 신뢰도 교정

동형검사 신뢰도와 검사-재검사 신뢰도는 검사를 두 번 실시해야 한다는 어려움이 있다. 지금부터 설명하는 방법은 검사를 한 번만 실시해도 된다. 먼저, 반분신뢰도(split-half reliability) 방법이 있다. 이름 그대로 (한 번 시행한) 검사를 반으로 쪼개어 두 개의 검사인 것처럼 취급하여 상관계수를 구하는 방법이다. 이를테면 원래 40개 문항으로 구성된 검사를 반으로 나누어 20개 문항인 검사 두 개인 것처럼 취급하는 것이다. 이 경우 검사 문항 수가 반으로 줄어들어 원래 신뢰도보다 낮은 값이 산출되기 때문에 Spearman-Brown 공식을 이용하여 계산된 신뢰도보다 더 높은 값이 나오도록 교정해야 한다(〈심화 11.1〉).

심화 11.1 반분신뢰도 교정을 위한 Spearman-Brown 공식

$$\rho_{XX'}^* = \frac{n\rho_{XX'}}{1+(n-1)\rho_{XX'}}$$

$\rho_{XX'}$: 계산된 신뢰도 계수

n: 하위검사 개수

$\rho^*{}_{XX'}$: 교정된 신뢰도 계수

Spearman-Brown에서 n은 문항 수나 사람 수가 아니라, 쪼개진 검사의 개수라는 점을 주의해야 한다. 예를 들어, 원래 40개 문항인 검사를 20개 문항 두 개로 나누었다면, n은 '2'가 된다. 20문항씩 나눈 두 검사 간 신뢰도를 $\rho_{XX'}$라고 하면, 이 신뢰도는 원래 40개 문항에 대한 검사 신뢰도보다 낮기 때문에 Spearman-Brown 공식을 이용하여 신뢰도를 높여 줘야 한다. $\rho_{XX'}$가 0.5였다면, n이 2이므로 이 공식에 대입할 때, $\rho^*{}_{XX'}$은 약 0.67로 높아지는 것을 알 수 있다.

반분신뢰도에서 주의할 점은, 아무렇게나 나누는 것이 아니라 두 검사가 '동형'이 되도록 나눠야 한다는 점이다. 물론 쉽지 않은 일이며, 따라서 반분신뢰도는 그다지 사용되지 않는 방법이다. 그러나 반분신뢰도와 관련된 문항 수와 신뢰도 간 관계는 중요한 개념이므로 이 개념에 대해서는 이해하고 있어야 한다. 이는 제5절 신뢰도에 영향을 주는 요인에서 더 자세히 설명할 것이다.

내적합치도(internal consistency; 내적일치도)를 이용해도 한 번의 검사 시행으로 신뢰도를 구할 수 있다. 내적합치도는 문항 하나하나를 각각 검사처럼 생각하여 신뢰도를 구하는 방법으로, KR20(Kuder-Richardson 20), KR21(Kuder-Richardson 21), 크론바흐 알파(Cronbach α) 등이 있다. 다음 항에서 내적합치도에 대하여 자세하게 설명하겠다.

3) 내적합치도

먼저, KR20은 부분점수가 없는 문항으로 구성된 검사에만 쓸 수 있다는 제한점이 있다. 이를테면 선다형 문항 또는 부분점수가 없는 단답형 문항에 KR20을 적용할수 있다. KR20은 문항 수와 더불어 검사점수 분산과 각 문항의 정답률을 모두 알아야 구할 수 있는 반면(식 11.4), KR21은 문항 수, 검사점수 분산과 평균만 알면 된다(식 11.5). KR21은 문항에 대한 정보가 제한적일 때 약식으로 구할 수 있다는 장점이있지만, KR20과 비교 시 정확한 신뢰도라고 보기는 힘들다. 따라서 문항에 대한 정보가 있다면 KR20으로 신뢰도를 구하는 것이 좋다.

크론바흐 알파 공식은 부분점수 유무에 관계없이 이용할 수 있다는 큰 장점이 있다(식 11.6). 맞냐 틀리냐, 부분점수를 받느냐 아니냐와 같은 성취도 검사 문항뿐만아니라 적성검사 또는 설문조사의 '전혀 동의하지 않는다'부터 '매우 동의한다' 식의리커트 문항에도 크론바흐 알파 공식을 적용할 수 있다. 따라서 검사를 한 번만 보고도 신뢰도를 구할 수 있는 내적합치도 기법인 KR20, KR21, 크론바흐 알파 중 크론바흐 알파가 가장 널리 쓰이며, 여러 통계 프로그램에서도 신뢰도 산출 시 기본 방법으로 제시된다. 참고로, 부분점수가 없는 문항으로 구성된 검사의 경우, KR20과 크론바흐 알파 공식은 동일하다. 〈심화 11.2〉에 이를 설명하였다.

심화 11.2 **KR20과 크론바흐 알파**

부분점수가 없는 문항으로 구성된 검사의 경우, KR20과 크론바흐 알파 공식은 동일하다. 수식으로 이를 확인할 수 있다(식 11.6). 맞거나 틀리는 것만 가능한 문항의 분산은 정답률 p와 오답률 $q(1-p)$의 곱이다. 따라서 KR20의 분자 부분인 $\sum_{i=1}^{n} p_i q_i$는 각 문항의 분산을 합한 값이다. 크론바흐 알파의 분자 부분인 $\sum_{i=1}^{n} S_i^2$ 또한 각 문항의 분산을 합한 값인데, KR20과 달리 부분점수가 있는 문항의 경우에도 구할 수 있다는 차이점이 있을 뿐이다.

$$KR_{20} = \frac{n}{n-1}\left(1 - \frac{\sum_{i=1}^{n} p_i q_i}{S_X^2}\right) \quad \cdots\cdots\cdots\cdots\cdots\cdots\cdots\cdots\cdots\cdots\cdots \text{(11.4)}$$

$$KR_{21} = \frac{n}{n-1}\left(1 - \frac{\overline{X}(n-\overline{X})}{nS_X^2}\right) \quad \cdots\cdots\cdots\cdots\cdots\cdots\cdots\cdots\cdots \text{(11.5)}$$

$$\alpha = \frac{n}{n-1}\left(1 - \frac{\sum_{i=1}^{n} S_i^2}{S_X^2}\right) \quad \cdots\cdots\cdots\cdots\cdots\cdots\cdots\cdots\cdots\cdots\cdots \text{(11.6)}$$

n: 문항 수

p_i: 문항 i의 정답률

q_i: 문항 i의 오답률(=1-p_i)

$\overline{X}$: 검사점수 평균

S_X^2: 검사점수 분산

S_i^2: 문항 i의 분산

 ## 4 신뢰도 관련 추가 사항

1) 신뢰도의 특징

속도검사(speeded test)의 경우, 크론바흐 알파와 같은 내적합치도로 신뢰도를 구하는 것이 적절하지 않다. 속도검사는 검사 시간에 비해 문항 수가 너무 많아서 검사 뒷부분의 문항을 손도 못 대고 모두 틀리게 되는 그런 검사로, 주로 선택형 문항으로 구성된다.[5] 검사 시간이 부족해서 거의 모든 학생이 검사 뒤쪽의 문항을 손도 못 대고 틀린 경우, 크론바흐 알파 식에서는 '문항 내 분산'이 0에 가깝게 된다(〈심화 11.3〉). 왜냐하면 모두 틀린 문항의 경우 문항 분산이 0이 되기 때문이다. 즉, 원래는

---

5) 속도검사는 단순 정보 처리 속도나 반응 시간을 측정하거나, 시간적인 압박하에서의 수행 정도를 평가할 때 유용한 검사다.

학생 개개인의 능력에 따라 맞히기도 하고 틀리기도 하여 문항 분산이 0보다는 더 커야 한다. 그런데 속도검사 요인으로 인해 문항 분산이 0이 되면, 결과적으로 크론바흐 알파가 측정하는 '문항 간 분산'이 원래보다 크게 추정되고, 따라서 신뢰도 또한 과대추정될 위험이 발생한다(《심화 11.3》). 단, 이는 속도검사로 인해 검사 뒷부분을 모두 틀리는 경우에 해당된다. 만일 학생들이 아무 답이나 체크해서 틀리기도 하고 맞히기도 하는 경우는 내적합치도가 오히려 떨어질 수 있다는 점을 주의해야 한다. 학생의 능력 요인이 아닌 오차 요인이 더 크게 작용하기 때문이다.

심화 11.3　**문항 간 분산과 신뢰도**

검사점수의 분산은 문항 내 분산과 문항 간 분산의 합으로 이루어지며, 문항 간 분산 부분이 클수록 신뢰도가 커진다. (11.6)의 크론바흐 알파 공식에서 $\sum_{i=1}^{n} S_i^2$는 각 문항의 분산을 합한 것이므로 '문항 내 분산'이다. (11.7)과 같이 통분하면, 분자 부분이 $S_X^2 - \sum_{i=1}^{n} S_i^2$가 된다. S_i^2이 검사점수 분산이므로, 통분 후 분자인 $S_X^2 - \sum_{i=1}^{n} S_i^2$는 '문항 간 분산'을 뜻한다. 결국 크론바흐 알파는 문항 간 분산이 얼마나 큰지를 보여 주는 지수라는 것을 알 수 있다. 다시 말해, 하나의 검사에 속해 있는 문항 간 분산이 클수록, 즉 문항끼리 관련이 높을수록 크론바흐 알파 값 또한 커진다.

$$\alpha = \frac{n}{n-1}\left(1 - \frac{\sum_{i=1}^{n} S_i^2}{S_X^2}\right) \quad\text{.............................}(11.6)$$

$$\alpha = \frac{n}{n-1}\left(1 - \frac{\sum_{i=1}^{n} S_i^2}{S_X^2}\right) = \frac{n}{n-1}\left(\frac{S_X^2 - \sum_{i=1}^{n} S_i^2}{S_X^2}\right) \quad\text{..............}(11.7)$$

이와 관련하여, 내적합치도는 한 검사의 문항들이 하나의 구인(construct)을 측정할 때 높은 값을 가진다. 한 검사의 문항들이 하나의 구인을 측정하는 것은 문항반응이론(item response theory)과 같은 검사 이론에서의 일차원성(unidimensionality) 가정과 연결된다. 검사 문항들이 여러 구인을 측정하는 경우 내적합치도가 낮은 것이 일반적이므로, 여러 구인으로 구성된 검사인 경우 구인별로 내적합치도를 구하여 보고하는 것이 좋다.

2) 측정의 표준오차[6]

어느 한 개인의 진점수(true score)가 몇 점인지가 죽느냐 사느냐를 결정하는 데 중요한 정보로 작용할 수도 있다. 살인자라도 지능이 현격하게 낮아서 사리분별을 못할 정도라고 판단된다면 형량이 경감된다. 지능검사 점수만으로 결정된 것은 아니지만, 결과적으로 웩슬러 성인 지능검사(WAIS-III)에서 59점을 받은 사형수는 사형을 면했으나, 65점을 받은 사형수에게는 사형이 집행되었다고 한다(Cizek & Bunch, 2007). 그런데 측정에서는 언제나 측정오차가 작용한다는 것을 이쯤 되면 알아야 한다. 즉, 검사에서 측정한 점수는 '관찰점수'로 '진점수'가 아닌데, 우리는 어느 한 개인의 '진점수'와 '오차'를 알 수 없다는 문제가 발생한다.

이를 해결하기 위하여 진점수의 범위 또는 신뢰구간(confidence interval)을 구하여 측정오차를 통제한다. 관련된 개념인 점추정(point estimation)과 구간추정(interval estimation)을 이해할 필요가 있다. 통계를 한 학기만 공부하여도 평균뿐만 아니라 표준편차(또는 분산)가 중요하다는 것을 알게 된다(알아야 한다!). 즉, 한 점에서의 추정치인 점추정보다는, 점추정을 중심으로 표준편차 정보가 적용된 구간추정을 이용하는 것이 바람직하다.

정리하면, 지능검사 결과로 얻는 점수는 점추정인데, 점추정에 대한 신뢰구간을 추정하여 측정오차를 통제하게 된다. 이때 식 (11.8)에서와 같이 신뢰도를 활용한다. 즉, (측정) 오차 분산은 관찰점수 분산에 (1-신뢰도)를 곱한 것과 같다. 이 값의 제곱근을 측정의 표준오차(standard error of measurement)라고 부른다.

---

6) 이 장에서 설명하는 측정의 표준오차는 고전검사이론에 기반한 것으로, 학생의 점수에 관계없이 측정의 표준오차가 같다. 문항반응이론에서 측정의 표준오차는 학생의 점수(또는 반응 패턴)에 따라 달라진다. 제9장에서 설명하였다.

$$\sigma_X^2 = \sigma_T^2 + \sigma_E^2$$

$$\sigma_E^2 = \sigma_X^2 - \sigma_T^2 \ \left(\rho_{XX'} = \frac{\sigma_T^2}{\sigma_X^2}, \ \sigma_T^2 = \sigma_X^2 \rho_{XX'}\right)$$

$$\sigma_E^2 = \sigma_X^2 - \sigma_X^2 \rho_{XX'} = \sigma_X^2 (1 - \rho_{XX'})$$

$$\therefore \ \sigma_E = \sigma_X \sqrt{1 - \rho_{XX'}} \ \cdots\cdots\cdots\cdots\cdots\cdots\cdots\cdots\cdots\cdots\cdots\cdots\cdots\cdots\cdots\cdots\cdots\cdots\cdots \ (11.8)$$

측정의 표준오차는 검사점수의 표준편차(또는 분산)와 신뢰도만 있으면 쉽게 구할 수 있다. 예를 들어, 검사점수 표준편차가 5점이며 이 검사의 신뢰도가 0.91이라고 하자. 그렇다면 측정의 표준오차는 다음과 같이 계산할 수 있다.

$$\sigma_E = \sigma_X \sqrt{1 - \rho_{XX'}} = 5 \times \sqrt{1 - .91} = 1.5$$

오차점수가 정규분포를 따른다고 가정한다면, 측정의 표준오차를 이용하여 개인의 진점수 구간을 구할 수 있다. 예를 들어, 관찰점수가 70점이며 측정의 표준오차가 1.5점인 참가자의 95% 신뢰수준에서의 진점수 구간은 67.06점에서 72.94점 사이가 된다.

95% 신뢰구간: $X \pm 1.96 \sigma_E$

$(70 \pm 1.96 \times 1.5) = (67.06, \ 72.94)$

5 신뢰도에 영향을 주는 요인[7]

1) 집단의 이질성

다음으로 신뢰도에 영향을 주는 요인을 살펴보겠다. 우선, 집단의 이질성(group heterogeneity)이 신뢰도에 영향을 미친다. 집단이 이질적이라는 것은 진점수 분산이

---

7) 유진은(2022, 2024)을 참고하였다.

크다는 뜻이다. 신뢰도는 진점수 분산 대 관찰점수 분산으로 정의되므로, 진점수 분산이 크면 신뢰도가 커지고, 진점수 분산이 작다면 신뢰도 또한 작아진다. 예를 들어 보겠다. 인문계 고등학교 학생을 대상으로 만든 수학검사를 과학고등학교 학생에게 실시했다고 하자. 인문계고 학생들은 수학을 못하는 학생부터 잘하는 학생까지 다양한 반면, 과학고 학생들은 대부분 수학을 잘하는 학생들로 구성되어 있다. 인문계고 학생을 대상으로 만든 수학검사이므로 과학고 학생들이 거의 만점에 가까운 점수를 받는 상황을 생각해 보면, 과학고 학생들의 진점수 분산이 상대적으로 작기 때문에 오차 요인이 더 크게 작용할 것임을 추측할 수 있다. 다시 말해, 실수로 인한 점수 변동이 과학고 학생들에게 더 크게 나타날 것이며, 그렇다면 검사점수의 일관성이 떨어져서 신뢰도가 상대적으로 낮아질 수 있다. 반대로, 수학 성취도가 다양한 학생으로 구성된 인문계고 학생의 경우에는 실수로 인한 점수 변동이 그만큼 크지 않으므로 신뢰도는 상대적으로 높아지게 된다. 따라서 검사 모집단의 특성을 인지하여 그에 맞게 검사를 실시하고 그 결과를 해석해야 한다.

2) 검사 시간과 문항 수

검사 시간도 신뢰도 계수에 영향을 줄 수 있다. 특히 검사 시간은 문항 수와 연관되어 있는데, 제한된 시간 내에 너무 많은 문항을 풀도록 할 경우 속도검사(speeded test)가 되어 버려 신뢰도가 왜곡될 수 있다. 앞서 설명한 바와 같이, 시간이 부족하여 검사 후반부 문항을 손도 못 대서 모두 틀릴 경우 내적합치도 공식으로는 오히려 일관성이 높은 것으로 간주되어 신뢰도가 높게 추정될 수 있다. 따라서 속도검사인 경우 반분신뢰도를 이용하는 것도 추천하지 않는다. 어떻게 검사를 나누느냐에 따라서 신뢰도가 천차만별로 나올 수 있기 때문이다. 속도 요인이 발생한다고 판단된다면, 내적합치도 방법보다는 검사-재검사 또는 동형검사 신뢰도를 구하는 것이 적절하다(Crocker & Algina, 1986).

또한 문항 수도 검사 신뢰도에 영향을 준다. 동형검사를 하나 더 실시한다면, 즉 문항 수를 두 배로 늘린다면 진점수 분산은 4배로 증가하는 반면 오차 분산은 2배만 증가한다(Traub, 1994). 다시 말해, 문항 수가 두 배로 늘어나면 신뢰도 또한 높아지는 것이다. 앞서 언급된 Spearman-Brown 공식은 반분신뢰도 계산 시 문항 수가 반으로 줄어서 원래보다 낮아지는 신뢰도를 원래 신뢰도로 높여 주는 공식이다. 이 공식을 반대로 이용하면, 문항 수가 반으로 줄어들 때 신뢰도가 얼마나 떨어지는지도 계산할 수 있다. 이때 문항들은 모두 동형검사 문항을 뜻하며, 문항 수를 마구잡이로 늘리는 것이 아니라 정해진 검사 시간 등의 제반 상황을 고려하여 문항 수를 늘려야 한다는 것에 유의해야 한다.

3) 문항 특성(문항변별도)

문항 특성이 신뢰도에 영향을 미칠 수 있다. 특히 문항변별도(item discrimination)는 신뢰도와 직접 연관되어, 문항변별도가 높은 문항으로 구성된 검사가 그렇지 않은 검사보다 신뢰도가 더 높다. 다른 조건이 모두 같다면, 검사 총점의 분산이 크면 신뢰도가 높다는 것을 크론바흐 알파 식에서 확인할 수 있다. 그런데 검사 총점의 표준편차는 각 문항의 표준편차와 문항변별도 곱을 모두 합한 것과 같기 때문에, 문항변별도가 높다면 검사 총점의 분산 또한 커지게 된다(Traub, 1994). 검사이론에서 문항변별도가 높은 문항은 능력이 높은 참가자와 능력이 낮은 참가자를 변별하는 문항이므로 문항변별도는 높을수록 좋다. 참고로 고전검사이론에서 문항변별도는 일반적으로 0.3 이상이 되어야 한다고 알려져 있다.

> **필수 내용 정리** 문항변별도와 신뢰도
>
> 검사 총점의 표준편차 = $\sum$ (각 문항의 표준편차 × 문항변별도)

반면, 문항난이도(item difficulty)는 문항변별도와 같이 신뢰도에 직접적인 영향을 미치지 못한다는 점을 주의해야 한다. 만일 문항난이도가 문항변별도와 관련이 있다면, 문항난이도도 신뢰도와 관련이 있다고 말할 수 있을 것이다. 모든 학생이 맞히거나 틀리는 문항으로 구성된 검사는 신뢰도가 높을 수 없다. 즉, 문항난이도가 0 또는 1인 문항으로 구성된 검사의 신뢰도는, 능력 차가 크지 않은 집단에 대하여 신뢰도를 구하는 것과 비슷하다. 따라서 이러한 문항들로만 구성된 검사는 신뢰도가 높기 힘들다. 이런 관계 이상으로 문항난이도와 문항변별도 간 어떤 함수 관계가 존재한다면, 문항난이도도 신뢰도에 영향을 미치는 요인이 될 수 있다. 국내 여러 교육평가 교재에서 문항난이도가 0.5일 때 문항변별도가 가장 높고, 0.5 축을 기준으로 하여 문항난이도가 0 또는 1에 가까워질수록 문항변별도가 수직으로 하강하는 그래프를 제시한다. 그러나 이는 매우 특수한 조건하의 모의실험 연구 결과에 불과한 것으로, 단적으로 말하자면 틀린 그래프다. 문항난이도는 문항변별도와 단순한 함수관계에 있지 않다. 문항난이도가 0.96, 0.98, 0.93 등으로 거의 1에 가까운데 문항변별도는 0.43, 044, 0.51로 무려 0.4가 넘는 검사 문항들을 분석한 적이 있다(유진희, 유진은, 2012). 자세히 들여다보니, 이 문항들이 쉬운 문항이기는 했으나 매우 중요한 개념을 다루는 문항으로, 검사 총점이 가장 낮은 학생들만 이 문항을 틀렸고 나머지 학생들은 이 문항을 맞힌 것을 알 수 있었다.

정리하면, 문항난이도와 문항변별도는 그 직접적인 관련성에 대하여 알려진 바가 없으며, 따라서 문항난이도와 신뢰도 또한 직접적인 연관을 찾을 수 없다.[8] 관련하여, 검사 제작 시 개별 문항의 문항난이도를 중간으로 맞추려고 노력하는 것보다는 개별 문항으로 구성된 전체 검사의 난이도가 중간 정도가 되도록 검사를 구성하는 것이 바람직하다. 특히 규준참조평가의 경우, 중간 수준의 난이도를 보이는 문항이 가장 많이 출제되지만, 쉬운 문항도 있고 어려운 문항도 함께 포함해야 한다. 그래야 성취도 수준에 따른 변별이 가능하고, 검사 결과를 이후 교수·학습 과정에 반영하여 학생의 성취도를 높이는 데 활용할 수 있기 때문이다.

---

8) Crocker & Algina(1986)는 아예 문항난이도를 신뢰도에 영향을 주는 요인으로 언급하지 않았으며, Traub(1994) 또한 중간 정도의 문항난이도를 보이는 문항들로 검사를 구성하는 것이 검사 신뢰도를 높이기 위한 충분조건이 아니라고 하였다.

4) 검사 동기

시험을 보는 학생들의 검사 동기 또한 신뢰도에 영향을 미치는 중요한 요인으로 작용할 수 있다. 문항변별도가 높은 문항들로 검사를 구성하고 채점의 객관도를 높이기 위하여 노력한다 하여도 정작 검사를 보는 학생들이 자신의 능력을 발휘하지 않고 건성으로 임한다면 검사 신뢰도를 제대로 구할 수 없기 때문이다. 예를 들어, 국가수준 학업성취도 평가와 같이 전국적으로 시행되는 대규모 검사는 소위 '성적에 들어가지 않는 검사'다. 초등학교 고학년만 되어도 자신이 치르는 검사가 성적에 들어가는지 안 들어가는지를 인지하고 그에 따라 검사전략을 적용한다. 그런데 이는 특히 '성적에 들어가지 않는' 검사를 시행하는 입장에서 심각한 문제다.

관련하여 본검사(operational test)에 예비검사(field test) 문항을 끼워 넣어 테스트하는 방법이 있다. 즉, 성적에 들어가는 올해 검사에 내년에 쓸 검사 문항들을 끼워 넣되, 올해 성적에는 합산하지 않는 것이다. 학생들은 어느 문항이 성적에 합산되는지를 알지 못하기 때문에 최선을 다하여 모든 문항에 답을 할 것이다. 따라서 이렇게 얻은 예비검사 문항 결과를 분석하여 이를테면 문항변별도가 낮은 문항을 솎아낸다면, 이듬해에 쓸 본검사의 신뢰도를 높일 수 있게 된다. 토플(TOEFL)과 같은 시험에서 점수에 합산되지 않는 예비검사 문항까지 포함시켜 실시한 후, 일정 기준을 충족하는 질 높은 문항을 골라내어 다음 TOEFL 시험에서의 본검사 문항으로 활용한다. 그러나 보통은 이렇게 본검사에 예비검사 문항을 끼워 넣어 테스트하는 것이 가능하지 않은 경우가 더 많을 것이다. 그렇다면 학생들에게 검사 결과가 어떻게 쓰이며 어떤 영향을 미칠 수 있는지 자세히 설명하고 학생의 협조를 구하여 학생들이 성실하게 검사에 임하도록 독려하는 수밖에 없다.

5) 객관도

5지선다, TF 문항 등의 선택형 문항인 경우에는 채점이 객관적이고 단순하기 때문에 OMR 카드를 이용할 수도 있고, 심지어 중등학교 학생에게 채점을 맡길 수도 있다. 그러나 서술형/논술형 문항인 경우, 채점자가 채점기준표(또는 모범답안)를 아무리 잘 만든다 하여도 실제 답안을 채점할 때 어려움이 있을 수 있다. 출제자가 미처 생각하지 못했던 여러 다양한 반응이 가능하기 때문이다. 따라서 우선 채점기준표를 꼼꼼하고 정확하게 만드는 것이 중요하며, 가능한 한 많은 답안을 훑어본 후 필요하다면 채점기준표를 수정하여 채점하는 것이 바람직하다. 채점기준이 엉성하다면 채점자마다 다르게 생각하여 다른 점수를 부여하게 되며, 이 경우 검사 신뢰도가 낮아지기 때문이다. 그런데 채점기준표가 잘되어 있다고 하더라도 채점자에 따라서 점수가 달라질 수도 있다. 같은 답안에 대하여 어떤 채점자는 높은 점수를 주고 다른 채점자는 낮은 점수를 준다면, 당연히 이 검사의 신뢰도는 높을 수가 없다. 따라서 서술형/논술형 문항 채점 시 채점자 훈련이 필수적이며, 채점자내 신뢰도(intra-rater reliability), 채점자간 신뢰도(inter-rater reliability) 등을 구하며 채점 과정을 모니터링하는 것이 필요하다. 객관도로도 불리는 채점자내/채점자간 신뢰도는 다음 절에서 자세하게 설명하겠다.

필수 내용 정리 검사 신뢰도에 영향을 주는 요인

집단의 이질성, 검사 시간, 문항 수, 문항변별도, 검사 동기, 객관도(채점의 신뢰도) 등

6 객관도 개관

서술형/논술형 문항과 같이 채점자의 주관이 개입할 수 있는 경우, 같은 답안을 여러 명의 채점자가 채점하도록 하고, 그 결과가 일관되는지 확인할 필요가 있다. 이렇게 여러 채점자가 채점한 점수에 대하여 상관계수 또는 일치도를 구하는 것을 채점자간 신뢰도(inter-rater reliability)라고 부른다. 같은 답안을 한 명의 채점자가 여러 번 채점한 후 그 상관계수 또는 일치도를 구하는 것은 채점자내 신뢰도(intra-rater reliability)다. 즉, 채점자간 신뢰도와 채점자내 신뢰도는 여러 명(또는 여러 번)의 채점이 얼마나 일관되는지를 알아보는 것이므로 '채점의 신뢰도'를 구하는 것이다. 채점자간 신뢰도와 채점자내 신뢰도를 객관도(objectivity)라고도 한다.

객관도를 구하는 것은 서술형/논술형 문항을 비롯한 수행평가에서 매우 중요하다. 실제 사례에서는 채점자간 신뢰도를 구하는 것이 일반적이다. 동간척도 또는 비율척도로 측정된 점수의 경우, 피어슨 적률상관계수(Pearson product-moment correlation coefficient)(〈표 11.1〉)를 사용하여 객관도를 구한다. 명명척도 또는 서열척도로 측정된 점수는 일치도(〈표 11.2〉)로 객관도를 구한다. 예를 들어, 두 채점자의 채점 결과가 상, 중, 하로 일치하는 값(표의 음영 부분)을 모두 더한 후 전체 학생 수로 나눠 주면 일치도 비율을 구할 수 있다. 자세한 내용은 다음 절에 예시와 함께 설명하였다.

〈표 11.1〉 상관계수로 객관도 구하기(동간, 비율척도)

	R1(채점자 1)	R2(채점자 2)
학생 1	90	100
학생 2	50	55
⋮	⋮	⋮

〈표 11.2〉 일치도로 객관도 구하기(명명, 서열척도)

R1 \ R2	상	중	하
상	▨		
중		▨	
하			▨

채점자들이 같은 답안을 다르게 채점하거나, 같은 채점자가 같은 답안을 채점하는데도 오전에는 틀렸다고 채점했다가 오후에는 부분점수를 준다면, 아니면 반대로 채점 초반에는 맞다고 했다가 채점 후반부로 가면서 틀리다고 한다면 객관도가 높을 수 없다. 채점의 일관성을 위하여 먼저 문항별로 채점기준표와 모범답안을 작성하는 것이 중요하다. 이전 자료를 이용하여 채점자 훈련을 하여 채점기준표 작성, 채점자 훈련 등을 통하여 채점자간 또는 채점자내 신뢰도(객관도)를 높이도록 노력해야 한다.

객관도가 너무 낮을 경우 어떤 부분에서 이러한 불일치가 일어나는지 면밀히 파악해야 한다. 만일 어느 한 채점자가 지속적으로 채점기준표보다 낮게 또는 높게 점수를 준다면 채점자 훈련을 다시 시키든지 아니면 그 채점자를 아예 채점에서 제외시키는 등의 대책을 강구할 수 있다. 객관도를 높이기 위한 다른 방안으로 채점기준표를 꼼꼼하게 만들어 채점자 훈련을 철저하게 시키며, 실제 자료 채점 시 채점자로 하여금 중간중간 충분한 휴식을 취하게 하는 것 등이 있다.

주의할 점으로, 채점자내/채점자간 신뢰도가 높다고 하여 이 채점이 타당하다는 논지를 전개할 수는 없다. 신뢰도와 타당도의 관계에서와 마찬가지로 채점자내/채점자간 신뢰도는 채점자가 일관적으로 채점한다는 것일 뿐, 그 채점 결과가 타당하다고 입증해 주지는 못하기 때문이다. 다시 말해, 객관도는 채점자내/채점자간 신뢰도이므로 타당도에 대한 정보는 제한적으로 제공할 뿐이다.

(7) Excel 실습[9]

이 절에서는 신뢰도와 객관도를 구하는 예시를 Excel에서 보여 주겠다. 신뢰도의 경우, 가장 많이 쓰이는 방법인 크론바흐 알파에 초점을 맞출 것이다. 객관도는 채점자간 신뢰도를 구하는 방법을 연속형 변수와 범주형 변수로 나누어 설명하겠다.

1) 신뢰도 구하기

정의적 영역을 측정하는 설문에서 문항 진술 방향이 반대인 역문항(reverse item)을 포함시키는 경우가 많다. 이러한 역문항은 역코딩(reverse-coding)이 필요하다(《심화 11.4》). [Excel 11.1]에서 역코딩을 실시한 후, [Excel 11.2]에서 크론바흐 알파 계수를 구하였다.

---

9) 부록 A에 SPSS로 같은 예시를 제시하였다.

심화 11.4　역문항과 역코딩

　정의적 영역을 측정하는 설문에서 문항 진술 방향이 반대인 역문항을 포함시키는 경우가 많다. 자신감 검사에서 '나는 매우 능력 있는 사람이다', '나는 새로운 것을 빨리 배운다'와 같은 문항에 동의할수록 자신감이 높게 측정된다. 반대로, '나 자신이 부끄럽다', '내가 하는 대부분의 일에서 실패할 가능성이 크다'에 동의할수록 자신감 지수는 떨어지며, 이러한 문항을 역문항이라 한다.

　역문항을 포함시켜서 응답자의 일관성을 확인하고 응답 편향을 줄이며, 검사 신뢰도를 높일 수 있다. 역문항이 포함된 설문의 모든 문항에 '매우 그렇다'를 선택한 응답자가 있다고 하자. 응답자가 불성실하게 응답하였을 수도 있고, 문항을 제대로 이해하지 못했을 수도 있다. 가능하다면 성실하게 응답하도록 다시 안내하거나 문항 내용을 자세하게 설명하여 옳은 응답을 얻는 것이 좋은데, 실제 자료 수집 상황에서 쉽지는 않다. 설문에 일관되지 못하게 응답한 것을 확인하였다면, 해당 응답을 삭제하여 검사 신뢰도를 높일 수 있다.

　또는 어떤 문항은 반대로 진술하는 것이 자연스러운 경우가 있다. 자신감을 측정하는 검사에서 '나는 나 자신이 자랑스럽다'가 우리나라 정서상 상당히 강한 표현이라고 판단한다면, '나는 나 자신이 부끄럽다'로 반대 방향의 진술을 제시하고 분석 시 역코딩하는 것이 나을 수 있다.

자료: 자신감 검사 설문

연구자가 59명의 학생에게 자신감 검사 14문항을 실시하고, 크론바흐 알파 값으로 신뢰도를 구하고자 한다. 검사 문항은 모두 1(전혀 동의하지 않는다)~5(매우 동의한다)의 리커트 척도로 측정되었다. 14개 문항 중 i3, i5, i7, i9, i11, i14 문항은 역코딩(1을 5, 2를 4, 3은 그대로, 4를 2, 5를 1로 코딩)하여 분석해야 한다.

변수명	변수 설명(*역코딩)
i1	나는 매우 능력 있는 사람이다
i2	친구들은 나에게서 좋은 인상을 받는다
i3	어떤 일을 할 때 다른 친구가 나보다 훨씬 더 잘한다*
i4	나는 새로운 것들을 빨리 배울 수 있다

변수명	변수 설명(*역코딩)
i5	나는 내가 하는 대부분의 일에서 실패할 가능성이 크다*
i6	나는 새로운 친구들과 쉽게 사귈 수 있다
i7	나는 나 자신이 부끄럽다*
i8	나에게는 어려운 상황을 해결할 수 있는 능력이 있다
i9	다른 사람들이 나를 바보로 생각할까 봐 걱정이 된다*
i10	나는 스스로 내가 할 일을 잘 해낸다고 생각한다
i11	내 생각을 다른 사람들에게 밝히는 것이 창피하다*
i12	친구들이나 주변 사람들은 나를 좋아한다
i13	나는 무엇을 하든지 잘할 자신이 있다
i14	나는 나 자신보다 다른 사람의 능력을 더 믿는다*

data file: reliability_math2.xlsx

Excel 분석 절차 1: 역코딩하기

- 원자료(raw data)의 오른쪽에 새로운 변수명을 입력한다(예: i3R, i5R, i7R, i9R, i11R, i14R).
- 수식에 = 6 − (원래 변수의 위치)를 입력한다.
- 채우기 핸들(셀의 위치를 나타내는 사각형의 오른쪽 아래 꼭지점)을 끌어당겨 수식을 복사한다.
- 나머지 i5, i7, i9, i11, i14에 대해서도 같은 작업을 반복하면 역코딩이 완료된다.

	A	B	C	D	E	F	G	H	I	J	K	L	M	N	O	P
1	group	i1	i2	i3	i4	i5	i6	i7	i8	i9	i10	i11	i12	i13	i14	i3R
2	0	3	3	3	4	1	4	2	4	2	3	2	3	3	2	3
3	0	1	1	3	4	2	3	3	3	1	3	2	2	4	2	3
4	0	4	4	3	3	2	4	1	3	2	3	1	3	3	2	3
5	0	3	3	4	3	4	2	4	4	5	3	3	3	3	3	2
6	0	4	5	3	2	3	5	3	2	3	3	3	3	3	1	3
7	0	3	3	3	3	3	4	3	4	3	4	3	4	3	3	3
8	0	4	4	3	3	3	2	2	3	2	3	3	3	3	2	3
9	0	5	5	3	3	4	5	1	5	3	5	1	5	5	3	3
10	0	4	4	3	4	2	4	1	4	2	4	2	5	4	2	3
11	0	3	3	3	4	2	4	2	2	2	3	2	3	3	3	3
12	0	4	4	4	4	4	4	3	4	3	4	3	3	5	2	2
13	0	4	4	5	3	4	5	3	4	2	3	3	4	4	2	1
14	0	3	3	2	2	4	3	3	3	3	3	3	3	2	3	4
15	0	4	4	2	5	3	5	1	4	1	3	4	5	5	3	4

P2: =6-D2

[Excel 11.1] 역코딩하기

Excel 분석 절차 2: 크론바흐 알파 구하기

- 학생별 총점을 =SUM(점수)을 이용하여 구한다.
- 총점의 분산을 =VAR(총점)을 이용하여 구한다.
- 문항별 분산을 =VAR(문항별 점수)을 이용하여 구한다.
- 크론바흐 식을 사용하여 =문항 수/(문항 수-1)*(1-SUM(문항별 분산)/총점의 분산)을 입력한다.

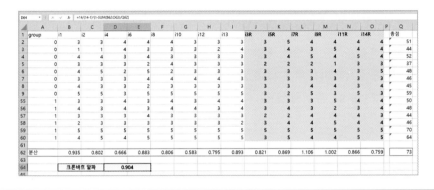

[Excel 11.2] 역코딩 후 크론바흐 알파 구하기

총 14개 문항 중 3, 5, 7, 9, 11, 14번 문항은 역코딩을 해야 하는 문항이다. 역코딩을 하지 않고 크론바흐 알파 값을 구하면 0.486이라는 아주 낮은 값이 산출된다. Excel에서는 크론바흐 알파값을 구하는 함수가 없다. 따라서 총점을 구하는 SUM 함수와 분산을 구하는 VAR 함수를 이용하여 크론바흐 알파를 계산해야 하는데, 단계가 여럿일 뿐 어렵지는 않다. 단계를 차근차근 설명하겠다.

첫 번째로, 학생별 총점을 구한다. [Excel 11.2]에서는 Q열에 SUM 함수로 학생별 총점을 계산하였다. 두 번째 단계는 방금 구했던 총점의 분산을 구하는 것이다. 분산을 구하는 함수인 VAR을 적용하면, 총점의 분산이 73임을 알 수 있다. 세 번째 단계는 문항별 분산을 구하는 것이다. 1번 문항(i1)의 분산은 =VAR(1번 문항의 점수)로 구하면 된다. 채우기 핸들을 이용하여 모든 문항의 분산을 구한다. 마지막으로 크론바흐 알파값을 구한다. 크론바흐 알파값은 '문항수/(문항수-1)*(1-문항별 분산

의 합)/총점의 분산'이므로 =14/(14-1)*(1-SUM(B62:O62)/Q62)라고 입력하였다
([B62:O62]는 문항별 분산이 들어 있는 셀 범위, [Q62]는 총점의 분산이 들어 있는 셀 위치
임). 역코딩 후 옳게 구한 크론바흐 알파값이 0.904인 것을 확인할 수 있다.

2) 연속형 변수의 객관도 구하기

자료: 연속형 변수에 대하여 객관도 구하기

채점자 훈련을 통과한 두 명의 채점자(평가자)가 30명 학생의 서술형 과제에 대하여 분
석적 채점을 실시하였다. 채점기준표상 최소 0점부터 최대 100점까지 가능하다. 첫 번째
채점자의 점수를 R1, 두 번째 채점자의 점수를 R2로 명명하고 inter_con2.xlsx 파일에 저
장하였다.

🔍 data file: inter_con2.xlsx

Excel 분석 절차: 연속형 변수에 대하여 객관도 구하기

- 연속형 변수의 객관도는 상관계수를 구하는 함수인 CORREL을 이용한다.
- 수식에 =CORREL(R1 범위, R2 범위)를 입력한다.

[Excel 11.3] 연속형 변수의 객관도 구하기

같은 학생 과제에 대하여 두 명의 독립적인 채점자가 채점한 결과에 대한 신뢰도를 구한 것이므로, 이때의 객관도는 채점자간 신뢰도가 된다. 분석 결과, 채점자간 신뢰도가 .939로 상당히 높은 것을 확인할 수 있다([Excel 11.3]).

3) 범주형 변수의 객관도 구하기

Excel 자료: 범주형 변수에 대하여 객관도 구하기

채점자 훈련을 통과한 두 명의 채점자가 30명 학생의 영어과 글쓰기 과제에 대하여 총체적 채점을 실시하였다. 채점(평정) 결과는 A/B/C/D/E의 다섯 가지 등급으로 산출되었다. 첫 번째 채점자의 채점값을 R1, 두 번째 채점자의 채점값을 R2로 명명하고 inter_cat2.xlsx 파일에 저장하였다.

🔍 data file: inter_cat2.xlsx

Excel 분석 절차: 범주형 변수에 대하여 객관도 구하기

- MATCH 함수를 사용하여 문자로 입력되어 있는 변수를 숫자로 변환한다. 수식은 =MATCH(찾는 값, 검색할 범위, 선택 옵션)으로 입력한다.
- 정확 일치도(exact agreement rate)와 근사 일치도(adjacent agreement rate)를 구하기 위해 채점자간 채점의 차이를 계산한다. 정확 일치도는 =IF(ABS(R1의 채점값-R2의 채점값)=0,1,0)으로 수식을 입력하고, 근사 일치도는 =IF(ABS(R1의 채점값-R2의 채점값)<=1,1,0)으로 입력한다.
- 정확 일치도와 근사 일치도는 =SUM(채점자간 채점 차)/COUNTA(전체 채점값)로 계산한다.

	A	B	C	D	E
B2		fx	=MATCH(inter_con!B2, {"A","B","C","D","E"},0)		
1	ID	R1	R2		
2	1	1	2		
3	2	2	2		
4	3	3	3		
5	4	3	4		

B2		× ✓ fx	=IF('등급을 숫자로 변환'!B2-'등급을 숫자로 변환'!C2=0,1,0)	
	A		B	C
1	ID		R1-R2	
2	1			0
3	2			1
4	3			1
5	4			0

C35		× ✓ fx	=SUM(B2:B31)/COUNTA(B2:B31)	
	A		B	C
33		일치한 셀		15
34		총 셀		30
35		exact agreement rate		0.5

B2		× ✓ fx	=IF(ABS('등급을 숫자로 변환'!B2-'등급을 숫자로 변환'!C2)<=1,1,0)	
	A		B	
1	ID		ABS(R1-R2)	
2	1			1
3	2			1
4	3			1

C35		× ✓ fx	=SUM(B2:B31)/COUNTA(B2:B31)	
	A		B	C
33		인접한 셀		28
34		총 셀		30
35		Adjacent Agreement Rate		0.933

[Excel 11.4] 범주형 변수의 객관도 구하기

[Excel 11.4]에서 범주형 변수에 대하여 객관도를 구하는 예시를 순서대로 제시하였다. 먼저, 범주형 변수의 객관도를 구하려면 A/B/C/D/E로 입력된 채점 결과를 수치로 바꿔야 한다. A를 1, B를 2, C를 3, D를 4, E를 5로 바꿀 때, MATCH 함수를 이용한다. 이 함수는 찾는 값, 검색할 범위, 선택 옵션의 세 가지 인자가 필요하다. 예를 들어, [B2] 셀에 들어 있는 문자를 숫자로 바꾸어 주려면 찾는 값에는 B2, 검색할 범위는 문자 배열 중 찾는 것이므로 배열을 나타내는 {}를 사용하여 {"A","B","C","D","E"}를 직접 입력하고, 마지막 선택 옵션은 정확히 일치하는 값을 찾는 것이므로 0을 입력한다. 선택 옵션에 1을 입력할 경우, 오름차순으로 정렬된 범위에서 찾는 값보다 작거나 같은 최대값의 위치를 찾고, -1을 입력하면 내림차순으로 정렬된 범위에서 찾는 값보다 크거나 같은 최소값의 위치를 찾는다.

정확 일치도(exact agreement rate)는 두 채점자가 완벽하게 일치하는 비율을 뜻한다. 방금 전 채점 결과를 숫자로 바꾸었던 결과를 이용하여 IF 함수로 두 채점자의 결과가 완벽히 일치하는 셀의 개수를 구할 수 있다. IF 함수는 조건, 조건이 참일 때의 반환 값, 거짓일 때의 반환 값을 인자로 갖는다. 수식에 =IF(B2-C2=0,1,0)이라고 쓴다면, [B2]와 [C2]의 결과 차가 0이라면 1을 반환하고, 아니라면 0을 반환한다. 즉, [B2]와 [C2]의 채점 결과가 일치한다면 1, 일치하지 않을 경우 0을 반환한다. 따라서 1로 반환된 셀의 값을 모두 더하여 전체 셀에서의 비율을 구하면 정확 일치도를 구할 수 있다. 수식으로는 =SUM(반환된 셀의 범위)/COUNTA(반환된 셀의 범위)이다. 분자인 SUM(반환된 셀의 범위)은 1로 반환된 값들만 더해진 값이므로 두 채점자의 일치된 셀의 수이고, 분모인 COUNTA(반환된 셀의 범위)는 1 또는 0인 모든 셀의 개수가 된다. 이 예시는 30개 중 15개 판정이 일치하므로 정확 일치도는 50%가 된다.

근사(인접) 일치도(adjacent agreement rate)는 두 채점자의 채점의 불일치가 한 등급만 차이 나는 경우까지 포함하여 일치도를 구하는 것을 말한다. 정확 일치도에서는 IF 함수만 이용하여 완벽하게 일치한 경우만 1로 결과를 반환하였는데, 근사 일치도는 절대값을 구하는 함수인 ABS 함수도 같이 이용한다. 근사 일치도를 구하기 위하여 수식에 =IF(ABS(B2-C2)<=1,1,0)이라고 작성하였다. B2-C2의 절대값이 1 이하라면 1, 아니면 0을 반환해 달라는 뜻이다. 즉, [B2]와 [C2]의 채점 결과가 한 등급 이하로 차이가 날 경우 1, 그 외는 0을 반환하게 된다. 이후 과정은 정확 일치도와 같다. =SUM(반환된 셀의 범위)/COUNTA(반환된 셀의 범위)를 입력하면 근사 일치도 값을 얻는다. 이 예시에서 한 등급만 차이 나는 경우까지 포함하면 28이므로 약 93.3%(=28/30=0.933)의 근사 일치도를 보이고 있다.

Excel 분석 절차: 피벗 테이블 만들기

- 데이터의 범위를 선택 후 삽입-피벗 테이블을 클릭한다.
- 피벗 테이블 만들기 창이 뜨면 표 또는 범위 선택에 두 채점자의 결과 범위가 맞게 입력되어 있는지 확인하고 피벗 테이블 보고서를 넣을 위치를 선택한다.
- 피벗 테이블 필드를 설정하는 칸이 뜨면 행에는 R2, 열에는 R1, 값에는 R2의 개수를 넣는다.

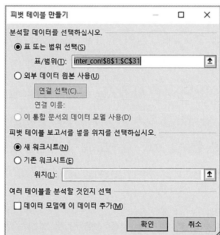

[Excel 11.5] 피벗 테이블 만들기

　Excel에서는 피벗 테이블(pivot table)로 채점자의 채점 결과를 표로 정리할 수 있다. [Excel 11.5]에서 이를 차례대로 설명하였다. 먼저, 두 채점자의 채점 결과를 입력한 R1과 R2의 변수를 선택한 후 삽입-피벗 테이블을 누르면, 피벗 테이블 만들기 창이 뜬다. 표 또는 범위 선택에 지정된 범위가 맞게 들어가 있는지 확인한 후, 피벗 테이블을 넣을 위치를 지정한다. 이 예시에서는 새 워크시트에 피벗 테이블을 제시하였다. 피벗 테이블의 필드를 지정하는 칸이 뜨면 열에는 R1, 행에는 R2, 값에는 R2의 개수를 드래그하여 지정한다.

　생성된 피벗 테이블에서 채점이 일치하는 경우는 2+7+2+3+1=15건이었으며 (○로 표시함), 채점 결과가 한 등급 차이 나는 경우는 1+3+3+3+2+1=13건, 두 등급 이상 차이 나는 경우는 1+1=2건이었다. 피벗 테이블에서 첫 번째 채점자가 더 높은 등급을 준 경우 두 줄 실선 네모로 표시하였고, 두 번째 채점자가 더 높은 등급을 준 경우 한 줄 실선 네모로 표시하였다. 이렇게 채점이 불일치하는 경우, 무엇 때문에 불일치가 일어나는지 확인하고, 가능하다면 채점자 재교육을 통하여 불일치를 줄이도록 노력해야 한다. 두 채점자 중 누가 잘못한 것인지, 아니면 둘 다 잘못한 것인지를 보통 채점자 교육을 담당한 상위 채점자가 판단하고, 그에 맞게 채점자 재교육을 병행할 필요가 있다.

　채점의 불일치가 두 등급 이상 차이 나는 경우 문제가 좀 더 심각해진다. 30건 중

두 건에서 두 등급 이상 채점 불일치가 일어났다. 첫 번째 채점자는 C등급을 줬는데 두 번째 채점자가 A등급을 주는 경우와 첫 번째 채점자는 E등급을 줬는데 두 번째 채점자가 B등급을 준 경우가 있었다. 이때 어떤 연유로 이러한 불일치가 일어나는지 필히 확인해야 한다. 특히 고부담 검사의 경우 이렇게 두 등급 이상 채점의 불일치가 일어난다면, 일반적으로 채점자 훈련을 담당하는 감독관이 이 문제를 주의 깊게 들여다보고 어느 부분에서 문제가 발생하는지 파악하고 해결한다. 다시 강조하지만, 채점자간 신뢰도, 즉 객관도는 채점의 일관성을 뜻하는 것이므로, 두 명 중 한 명의 채점자가 잘못 채점했을 수도 있고, 두 명 모두 잘못 채점했을 가능성도 있다.

연습문제

1. (1) 각자 전공영역에서 검사도구를 활용하여 양적연구를 수행한 논문을 선택하고, 그 논문의 검사 신뢰도 산출방법을 설명하시오. (2) 개선방안에 대하여 논하시오.

2. (1) google scholar 등을 이용하여 채점기준표를 제시하는 검사도구를 검색하여 하나를 선택하시오. (2) 그 검사도구의 채점기준표, 채점자 훈련, 객관도 등에 대하여 설명하시오. (3) 개선방안에 대하여 논하시오.

제12장

타당도와 실용도

➕ 주요 용어

내용타당도, 평정일치도, Lawshe의 CVR, 준거관련 타당도, 공인타당도, 예측타당도, 범위의 제한, 구인타당도, 수렴타당도, 판별타당도, 실용도

⊕ 학습목표

1. 검사 타당도의 세 가지 종류(내용타당도, 준거관련 타당도, 구인타당도)를 구분하여 설명할 수 있다.

2. 실제 자료로 내용타당도, 공인타당도, 예측타당도를 구할 수 있다.

3. 신뢰도와 타당도의 관계를 수식을 활용하여 설명할 수 있다.

4. 실용도를 이해하며 본인의 상황에 맞는 검사를 선택할 수 있다.

　　검사 신뢰도가 검사 결과가 얼마나 일관되게 나오는지를 알려 준다면, 검사 타당도(validity)는 문자 그대로 검사가 얼마나 타당한지(valid)를 나타내는 지수다. 예를 들어, 내 몸무게가 45kg이 아닌데 계속 45kg으로 측정되는 체중계는 신뢰도는 높지만, 타당도는 낮은 것이다. 검사 타당도를 통하여 그 검사 문항이 측정하고자 하는 것을 제대로 측정하고 있는지를 판단할 수 있다. 타당도에는 크게 내용타당도, 준거관련 타당도, 구인타당도가 있고, 준거관련 타당도는 다시 공인타당도와 예측타당도로 나뉜다. 각각을 살펴본 후, 신뢰도와 타당도의 관계를 설명하겠다. 마지막으로 실용도에 대해서도 다루겠다.

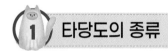

1 타당도의 종류

1) 내용타당도

　　내용타당도(content validity)는 평가도구(검사나 설문지)가 측정하고자 하는 내용 영역을 얼마나 잘 반영하고 있는지에 대한 개념이다. 즉, 평가도구가 측정해야 할 모든 중요한 내용을 제대로 포함하고 있는지를 판단하는 데 사용되며, 타당도 중 상대적으로 쉽게 구할 수 있는 방법이다. 내용전문가가 문항을 검토하고 각 문항의 타당도를 판단한 결과를 간단한 식으로 계산하면 된다. 어떤 연구자가 초등학교 3학년용 수학 성취도 검사를 만들고 그 검사의 내용타당도를 알아보려 한다면, 먼저 내용전문가를 구해야 한다. 내용전문가의 자격 요건은 연구자가 정하기 나름인데, 보통 '초등학교 교사 경력 10년 이상 현직 교사', '초등학교 교사 경력 5년 이상이면서 초등수학교육 석사학위가 있는 교사', 또는 '(초등)수학교육 박사학위가 있는 연구원'과 같이 관련 학위와 경력을 필요로 한다. 내용전문가의 자격 요건이 해당 검사의 (내용)타당도에 대한 보증이 될 수 있으므로 중요한 검사일수록 자격 요건을 엄격하게 정해야 한다. 내용전문가는 해당 검사의 문항들이 우리나라 초등학교 3학년 수학 교육과정의 성취기준을 골고루 측정하고 있는지 판단한다. 복수의 내용전문가가 각 문항에 대하여 내용타당도가 높은지 혹은 낮은지 기입한 자료를 분석하여 구한 CVI(Content Validity Index; 내용타당도 지수) 또는 Lawshe의 CVR(Content Validity Ratio; 내용타당도 비율)을 내용타당도 지수로 쓸 수 있다. 각각에 대하여 설명하겠다.

(1) CVI

내용타당도 지수인 CVI는 보통 내용전문가의 평정일치도 값보다 작다. 평정일치도는 상, 중, 하와 같은 범주형인 채점 결과에 대하여 객관도를 구하는 방법과 같다. 〈표 12.1〉은 두 명의 전문가가 10개 문항에 대하여 필수적인지 아니면 필수적이지 않은지 평정한 결과를 정리한 것이다. 10개 문항 중 8개 문항에 대한 평정 결과가 일치하였으므로 이 경우 평정일치도는 $0.8(=\frac{6+2}{10})$이 된다. 그러나 평정일치도는 타당하지 않다고 생각하는 문항까지 포함하여 계산된 값이다. 즉, 문항의 내용타당도와 관계없이 평정자 간 얼마나 일치했는지를 비율로 구한 값이므로, 평정자가 타당하다고 동의하는 문항만을 고려한 CVI로 내용타당도를 확인할 수 있다. 예시에서는 두 평정자가 필수적이라고 일치한 값인 $0.6(=\frac{6}{10})$이 CVI 값이다. 이종승(2009)에 따르면 평정일치도와 CVI는 각각 최소 0.8, 0.6 이상이 되어야 바람직하다.

〈표 12.1〉 평정일치도와 CVI 예시

전문가 A \ 전문가 B	(매우) 필수적인	(전혀) 필수적이지 않은
(매우) 필수적인	6	1
(전혀) 필수적이지 않은	1	2

(2) Lawshe의 CVR

내용타당도 지수인 CVI로 보통 전체 검사에 대한 타당도를 구하는 반면, Lawshe의 CVR은 개별 문항에 대하여 내용타당도를 구하고 확인한다. Lawshe(1975)의 CVR 식은 다음과 같다.

$$CVR = \frac{n_e - \dfrac{n}{2}}{\dfrac{n}{2}}$$

이때 n은 전체 내용전문가 수, n_e는 해당 문항이 필수적이라고 판단한 내용전문가 수다.[1] 따라서 CVR은 −1과 1 사이가 가능하다. 〈표 12.2〉는 10명의 내용전문가가 5개 문항을 평정한 가상의 자료에 대한 CVR 예시다.[2] 문항 1의 경우 10명 모두가 그 문항이 필수적이라고 평정하였으므로 CVR이 1이 된다. 반대로 문항 5는 10명 모두 그 문항이 필수적이지 않다고 평정하였기 때문에 CVR이 −1이 된다. 10명의 내용전문가 의견이 동수로 엇갈린 문항 3의 CVR은 0이다. 문항 2와 4는 각각 8명, 4명만 해당 문항이 필수적이라고 평정하였고, 각각의 CVR은 0.6과 −0.2가 된다. 특히 문항 4의 경우 절반이 넘는 내용전문가가 그 문항이 필수적이지 않다고 평정하였으므로 CVR이 음수가 되었다.

〈표 12.2〉 Lawshe의 CVR 예시

문항	(매우) 필수적인	(전혀) 필수적이지 않은	CVR
1	10	0	1.0
2	8	2	0.6
3	5	5	0.0
4	4	6	−0.2
5	0	10	−1.0

내용타당도는 내용전문가들의 각 문항에 대한 CVI 또는 CVR을 계산하면 되기 때문에 검사 타당도 중 계산이 가장 쉽다는 장점이 있다. 그러나 내용전문가들의 전문성이 담보되어야 하며, 내용전문가들의 주관이 배제되기 힘들다는 점 등이 단점으로

---

[1] n_e의 'e'는 'essential', 즉 필수적인 문항임을 뜻한다.

[2] CVR을 제안한 Lawshe(1975)는 5명부터 40명까지의 내용전문가가 문항의 내용타당도를 평정하는 상황을 제시하였다. 이를 적용하면, CVR 연구에서는 최소 전문가 수가 5명 이상이 되어야 한다.

꼽힌다. 검사도구에 대한 타당도 증거로 가장 설득력이 있는 것은 구인타당도이므로, 가능하다면 구인타당도 증거를 제시할 것을 추천한다.

참고로, CVR은 델파이(Delphi) 기법에서도 흔히 활용된다. 델파이 기법에 대해서는 〈심화 12.1〉에서 대략적으로 설명하였다. 델파이 기법에서는 논의되는 특정 항목이 얼마나 중요한지를 CVR을 통해 평가함으로써 전문가의 주관적 평가를 수치화된 지표로 변환하고, 그 결과 불필요하다고 판단한 항목을 제거하거나 수정할 수 있다.

심화 12.1 델파이 기법

델파이 기법은 어떠한 주제에 대하여 전문가들의 의견을 반복적으로 구하고 그 결과를 피드백함으로써 어느 정도의 합의를 도출하고자 하는 기법이다. 미래를 예측하거나 중요한 의사결정을 할 때 주로 활용된다. 이를테면 미래 교육에서 AI와 같은 신기술이 어떻게 활용될지 예측하고 준비하기 위해 델파이 기법으로 전문가들의 의견을 모을 수 있다. 또는 학교 밖 청소년의 실질적인 요구와 현장 상황에 부합하는 최적의 정책을 수립하기 위해, 관련 분야 전문가를 선정하여 의견을 수렴하는 과정에서 델파이 기법을 활용할 수 있다.

델파이 기법에서 전문가들은 회의 형태로 한 장소에 모이지 않고 각자의 견해를 우편 또는 이메일로 제출한다는 특징이 있다. 따라서 이동 시간 및 비용을 절약할 수 있으며 한날 한시에 모이기 힘든 다양한 전문가 집단을 상대적으로 쉽게 섭외할 수 있다. 델파이 기법에서 개별 전문가의 의견은 익명으로 제시되기 때문에 몇몇 목소리가 큰 전문가의 견해에 휘둘리거나 소수 의견이 다수의 의견에 휩쓸리는 것을 방지할 수 있다.

델파이 기법은 첫 번째 단계에서 어떠한 주제에 대하여 전문가들의 의견을 구한다. 이를 분석한 결과가 두 번째 단계에서 제시되며, 전문가들은 이 결과를 보며 자신의 견해를 조정하거나 반론하게 된다. 두 번째 단계의 분석 결과를 세 번째 단계에 제시하며 다시 자신의 견해를 조정한다. 이러한 과정을 거쳐 합의를 도출하려는 것이 델파이 기법의 근본 목적이다.

그러나 델파이 기법에서 합의를 강요하는 것은 아니라는 것을 주의할 필요가 있다. 복잡하며 논란이 많은 주제에 있어서는 의견의 일치를 이끌어 내기보다는 다양한 의견을 반영하며 소수의 의견을 보장하는 방식으로 운영될 수 있다. 이를테면 미래 예측과 같이 여러 시나리오가 가능한 경우, 소수 의견을 지닌 전문가에게 자신의 견해를 더 깊이 설명할 수 있도록 추가적인 피드백 기회를 주면서 다른 전문가들의 이해도를 높이며 다양한 논의가 가능하도록 진행된다.

2) 준거관련 타당도

준거관련 타당도(criterion-referenced validity)는 연구자가 관심이 있는 검사가 어떤 준거(criterion)와 관련하여 타당한지, 즉 측정해야 할 것을 제대로 측정하고 있는지 알려 주는 지수다. 준거관련 타당도는 공인타당도와 예측타당도로 나뉜다. 공인타당도(concurrent validity)의 준거는 관심이 있는 검사와 비슷한 시점에서 측정된 검사가 되고, 예측타당도(predictive validity)의 준거는 관심이 있는 검사 기준 미래 시점에서 측정된 검사가 된다. 대학수학능력시험(이하 수능)에 대해 공인타당도와 예측타당도를 구한다고 해 보자. 수능의 공인타당도를 구할 때 그 준거는 수능과 비슷한 시점인 고등학교 3학년 2학기 중간고사 성적이 될 수 있다. 한편, 수능의 예측타당도는 대학 학점으로 구할 수 있다. 즉, 수능 점수와 고등학교 3학년 2학기 중간고사 성적 간 상관계수는 수능의 공인타당도가, 그리고 수능 점수와 대학 학점 간 상관계수는 수능의 예측타당도가 된다. 다시 말해, 고등학교 3학년 성적이 높은 학생이 수능도 잘 본다면 수능의 공인타당도가 높고, 수능을 잘 본 학생의 대학 학점이 높다면 수능의 예측타당도가 높다고 할 수 있다.

그런데 예측타당도는 공인타당도와 비교할 때 상대적으로 낮을 수 있다는 점을 주의해야 한다. 예측타당도는 같은 시점이 아니고 시간이 지난 후 구하게 되므로 그 관련성이 원래보다 약해지는 부분도 있지만, 상관계수의 특성으로 빚어지는 범위의 제한(restriction of range) 문제 또한 발생하게 된다. 이는 상관계수를 구할 때 변수 범위가 제한되어 상관계수가 과소추정되는 것을 뜻한다. [그림 12.1]은 아버지의 키와 아들의 키로 산포도(scatterplot; 산점도)를 그린 것이다. 왼쪽은 전체 아버지와 아들 자료로 그린 것이고, 오른쪽은 그중 키가 큰 사람들인 약 178부터 180까지만 그린 것이다. 전체 자료로 그린 산포도는 분명한 선형 관계를 보이며, 이때의 상관계수가 0.9를 넘는다. 그러나 키가 큰 사람들에 대한 산포도에서는 거의 패턴을 찾을 수 없다. 상관계수 또한 0.2로 0에 가깝다. 즉, 변수 범위를 제한함으로써 범위 제한 문제가 발생한 것이다. 변수 범위를 제한하지 않고 제대로 구했다면 상관계수가 더 커야 하는데, 범위가 제한되었기 때문에 상관계수가 원래보다 작게 추정된다.

수능 점수와 대학 학점의 예시에서 본다면, 모든 고등학교 3학년생이 대학을 가는 것이 아니라 그중에서 성적이 높은 학생들이 대학을 가기 때문에 대학 학점은 범위가 제한된다. 미국 대학원을 지원할 때 필요한 검사 점수인 GRE 점수와 대학원 학점 간 상관을 구했더니, 상관계수가 0.2에 불과했다고 한다. 그럼에도 GRE 시험을 없애지 않고 계속 유지하는 이유는, 전체 학생 중 대학원을 가는 학생들은 극히 일부이며, 따라서 '범위의 제한' 문제가 극심하게 발생한다는 것을 대학원 관계자들이 인지하고 있기 때문이다. 같은 맥락에서 '수능이 대학 입학 후 성적을 제대로 예측하지도 못하는데 수능이 왜 필요한가'와 같이 수능에 대한 무용론을 제기하는 것은, 상관계수의 특징으로 말미암은 '범위의 제한'을 제대로 이해하지 못했기 때문이라 할 수 있다.

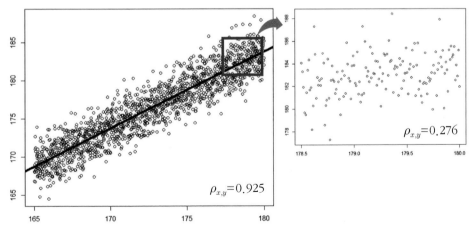

[그림 12.1] 범위의 제한

3) 구인타당도

구인(construct)이란 측정하고자 하는 추상적인 개념(예: 자기효능감, 학업성취도)을 뜻하며, 구인타당도(construct validity)는 측정도구가 구인을 얼마나 정확하게 측정하는지를 나타낸다. 교육학·심리학 연구에서 관심이 있는 구인인 자기효능감, 학업성취도, 교사의 수업전문성 등은 키나 몸무게, 아니면 과일 생산량과 같이 쉽게 측정되는 것이 아니기 때문에 해당 영역에서 측정(measurement) 이론이 발달할 수밖에 없었다.

구인타당도는 내용타당도나 준거관련 타당도보다 절차가 까다롭고 여러 단계로 이루어져 있다. 또한 요인분석(factor analysis)과 같은 통계기법과 함께 수행되므로 특히 석사학위논문에서는 내용타당도를 구하는 정도로 그치는 편이다. 그러나 구인타당도는 가장 강력한 타당도 증거가 될 수 있기 때문에 할 수만 있다면 구인타당도를 구하는 것이 좋다.

(1) 수렴타당도와 판별타당도

구인타당도를 수렴타당도(convergent validity)와 판별타당도(discriminant validity)로 확인할 수 있다. 수렴타당도는 같은 구인(속성)을 다른 검사(방법)으로 측정한 검사 간 상관을 뜻하며, 상관계수가 높아야 구인타당도의 증거가 된다. 한편, 판별타당도는 서로 다른 구인을 측정하는 검사 간 상관을 뜻한다. 서로 다른 구인을 측정하는 검사 간 상관이므로 상관계수가 상대적으로 낮아야 한다(〈심화 12.2〉).

수렴타당도와 판별타당도의 예를 들어 보겠다. 어느 연구자가 영어 성취도 검사를 개발하여 구인타당도를 확인하고자 한다. 연구자가 개발한 영어 성취도 검사와 다른 영어 성취도 검사와 상관이 높을 때 수렴타당도가 높다고 하며, 이는 구인타당도 증거가 된다. 한편, 영어 성취도 검사와 행복감 검사는 서로 다른 구인을 측정하는 검사다. 이들 검사 간 상관이 낮을 때, 연구자가 개발한 영어 성취도 검사는 판별타당도가 높다고 할 수 있다. 이 또한 구인타당도 증거로 작용한다.

즉, 수렴타당도가 판별타당도보다 높아야 하며, 그렇지 않다면 구인타당도가 높다고 말할 수 없다. 또한 타당도는 측정해야 하는 내용을 제대로 측정하는지에 대한 것이다. 따라서 측정하는 내용에 관계없이 결과만 일관되면 높다고 하는 신뢰도와 비교할 때 거의 언제나 낮을 수밖에 없다. 타당도와 신뢰도에 대한 관계를 제3절에서 더 자세히 설명하였다. 신뢰도, 수렴타당도, 판별타당도 간 관계를 정리하면 다음과 같다.

필수 내용 정리 신뢰도, 수렴타당도, 판별타당도 간 관계

신뢰도 > 수렴타당도 > 판별타당도

심화 12.2 수렴타당도와 판별타당도

수렴타당도와 판별타당도는 다특성다방법(multitrait-multimethod: MTMM; Campbell & Fiske, 1959)에서 처음 언급된 용어다. 이때의 '특성(trait)'은 이를테면 사회성, 도덕성, 리더십과 같은 구인을 뜻하고, '방법(method)'은 설문조사, 표준화검사, 관찰법(숫자로 측정)과 같이 말 그대로 이러한 특성을 측정하는 방법을 뜻한다.

수렴타당도(convergent validity)는 같은 특성 또는 속성(예: 사회성)을 다른 방법(설문조사와 표준화검사)으로 측정할 때의 타당도다. 예를 들어, 사회성을 자기보고식 설문조사와 표준화검사로 측정한 결과 간 상관계수는 수렴타당도의 예시다. 판별타당도(discriminant validity)는 다른 특성(예: 사회성과 도덕성)을 같거나 다른 방법으로 측정할 때의 타당도를 뜻한다. 사회성 관찰 결과와 도덕성 관찰 결과 간 상관계수는 판별타당도의 예시가 된다.

이 예시에서도 알 수 있듯이, 같은 사회성을 측정한 결과 간 상관계수가, 특성은 다른데 같은 방법으로 측정한 결과 간 상관계수보다 높아야 한다. 즉, 같은 특성을 측정하는 수렴타당도가 다른 특성을 측정하는 판별타당도보다 높아야 한다.

(2) 검사도구 타당화와 구인타당도

구인타당도는 특히 검사도구(척도) 개발 및 타당화에서 필수적으로 활용된다. 〈심화 12.3〉에서 검사도구 타당화 과정에서의 신뢰도와 타당도 검증 예시를 설명하였다. 이 연구의 목적은 '단축형 행복 척도'를 개발하는 것이다. 이를 위하여 크론바흐 알파와 검사-재검사 신뢰도를 구하였고, 단축형 행복 척도와 다른 척도 간 상관계수로 계산된 수렴타당도 및 판별타당도를 구인타당도 증거 중 하나로 제시하였다.

> **심화 12.3** 검사도구 타당화 과정에서의 신뢰도와 타당도 검증 예시
>
> 이 연구에서는 주관적 안녕감을 측정하는 9개 문항을 개발한 후, 세 개의 하위 연구를 통하여 단축형 행복 척도의 신뢰도와 타당도를 검증하였다. 첫 번째 하위연구에서 단축형 행복 척도를 할당표집한 전국의 성인 1,500명(온라인 500명, 대면 1,000명)을 대상으로 신뢰도, 구인타당도, 수렴타당도 및 판별타당도를 확인하였다. 크론바흐 알파 값으로 신뢰도를 구하였고 확인적 요인분석(Confirmatory Factor Analysis: CFA)[3]으로 구인타당도 증거를 제시하였다. 단축형 행복 척도와 기존에 사용되고 있던 행복 관련 척도*와의 상관계수가 수렴타당도였다. 판별타당도의 경우 행복과 상대적으로 상관이 낮다고 알려진 성격 특성(예: 친화성, 성실성, 경험개방성) 및 행복과 개념적으로 구분되는 속성(예: 활동성, 자극추구동기)과의 상관계수로 구하였다. 그 결과 새로 개발한 척도의 신뢰도와 타당도는 높은 것으로 나타났다.
>
> 두 번째 하위연구에서 검사-재검사 신뢰도를 구하기 위하여 대학생 80명을 대상으로 3주의 시간 간격을 두고 반복측정하였다. 두 번의 검사 모두 0.8 이상의 신뢰도를 보였으며, 검사 결과 간 상관계수는 0.7로 나타나 이 척도가 시간 간격을 둔 측정에도 안정적임을 보여 주었다.
>
> 세 번째 하위연구에서는 앞서 확인한 신뢰도와 타당도 증거를 재확인하였다. 검사-재검사 신뢰도의 시간 간격을 3주에서 2개월로 연장하였고, 보다 보편적으로 사용되는 삶의 만족도 척도(SWLS)를 이용하여 수렴타당도를, 성역할 고정관념과 하루 평균 수면시간으로

---

3) Bollen(1989) 등의 구조방정식모형 관련 저서를 참고하면 된다.

판별타당도를 재확인하였다. 또한 자기보고식 설문의 단점을 보완하기 위하여 설문결과와 타인의 평가가 일치하는지 확인하는 과정도 추가하였다. 즉, 스스로 행복하다고 생각하는 학생을 그의 친구들도 행복한 사람이라고 평가하는지 검토한 것이다. 고등학생과 대학생 244명을 측정한 세 번째 하위 연구 결과 역시 단축형 행복 척도의 신뢰도와 타당도가 높은 편임을 보여 주었다.

* 연구에서 사용한 행복 관련 척도: 최상-최악의 삶 척도(Cantril, 1965), Fordyce의 척도 (1988), 주관적 행복 척도(Lybomirsky & Lepper, 1999), D-T 척도(Delighted-Terrible scale; Andrews & Withey, 1976), ITAS 척도(Intensity and Time Affect Scale; Diener et al., 1995)

서은국, 구재선(2011). 단축형 행복 척도(COMOSWB) 개발 및 타당화. 한국심리학회지: 사회 및 성격, 25(1), 96-114.

(3) 혼합방법연구와 구인타당도

검사도구 개발 및 타당화 과정에서 선행연구 분석뿐만 아니라 면담을 실시하여 검사도구 초안을 도출할 수 있다. 어떤 교사가 수업전문성이 높은 교사인지 알아보는 설문(검사도구)을 만든다고 하자. 연구자가 수업전문성 관련 선행연구를 분석한 결과, 선행연구가 교사의 관점 또는 시각을 충분히 반영하지 못했다는 결론에 이르게 되었다. 교사의 수업전문성을 논하려면 교사의 관점이 반영되어야 한다고 생각하였다. 따라서 연구자는 학교에서 수업 관련 업무를 총괄하는 부장교사를 비롯하여 수업 개선에 관심이 많다고 알려진 교사들을 면담 참여자로 선정하고 면담을 실시하여 수업전문성이 높은 교사가 어떤 특징을 지니는지 의견을 구한다. 이러한 의견 및 선행연구를 바탕으로 연구자는 설문문항을 도출하고 검사도구(설문) 초안을 만든다. 수백 명의 교사를 대상으로 설문조사를 실시한 후 신뢰도를 구하고 요인분석을 실시하고, 수렴타당도 및 판별타당도를 산출한다.

그 결과, 수업전문성이 '유의미한 학습기회의 제공', '수업 의사소통능력', '수업활동의 구조화', '학생평가 결과분석 및 활용'과 같은 하위영역으로 구성되는 것을 확인하고, 각 하위영역에 속한 문항들을 최종 선정한다. 각 하위영역에 대한 문항 예시는

지면 관계상 일부만 제시하겠다. '수업 의사소통능력'의 경우 '학생의 수준(지식과 경험 등)을 고려하여 발문하는가?', '학생들이 수업내용을 이해하기 쉽도록 명확한 어휘를 사용하여 말하는 속도와 크기를 적절하게 조절하는가?', '수업 중 다양한 표정과 적절한 제스처를 사용하여 말하는가?', '수업 중 모든 학생에게 골고루 시선을 주며 말하는가?', '학생들의 학습 이해 수준에 따라 학습 전개 속도를 조절하여 수업 내용을 전달하는가?'의 다섯 문항으로 측정된다.

이렇게 질적연구(면담)와 양적연구(요인분석)를 모두 쓰는 연구를 혼합방법연구 (mixed-methods research) 또는 혼합연구라 한다. 다음은 혼합연구로 검사도구 개발 및 타당화를 하는 개략적인 절차를 정리한 것이다. 혼합연구방법 중 질적 단계, 도구개발 단계, 양적 단계의 세 가지 단계를 거쳐 검사도구를 타당화하는 예시라 할 수 있다.

 필수 내용 정리   혼합연구를 통한 검사도구 개발 및 타당화 절차

① 선행연구 분석
② 면담 참여자 선정 및 면담 실시
③ 검사도구 초안 도출 후 설문조사 실시
④ 요인분석 실시
⑤ 신뢰도, 수렴타당도, 판별타당도 산출
⑥ 검사도구 문항 최종 선정

 ## ② 신뢰도와 타당도의 관계

신뢰도와 타당도의 관계를 이해하기 위하여 신뢰도 공식에서 한 가지 짚고 넘어가야 할 부분이 있다. 제8장의 신뢰도에 대한 식 (8.1)에서의 오차는 무선오차 (random error)를 뜻하였다. 그런데 현실적으로 모든 오차가 진점수와 전혀 관계없

이 무선으로 일어나지는 않는다. 어떤 종류의 오차는 그 검사를 치르는 모든 학생에게 일관되게 일어날 수 있는 것이다. 이를테면 인쇄 오류로 해당 문항을 모두 맞다고 했거나, 아니면 영어듣기 검사 중 비행기 이착륙으로 해당 문항을 모든 학생이 못 풀고 틀리게 되었다면, 이때의 오차는 무선오차가 아니다. 이러한 오차를 체계적 오차(systematic error)라고 부른다.

식 (8.1)의 오차가 식 (12.1)에서는 체계적 오차(E_s)와 무선오차(E_r)로 분리되었다. 오차가 진점수와도 상관이 0이지만, 오차끼리의 상관도 0이라고 가정한다면, 식 (12.2)가 도출된다. 이때 신뢰도는 진점수 분산에 체계적 오차 분산까지 더한 부분과 관련된다. 왜냐하면 신뢰도는 일관성에 대한 것이기 때문에, '측정해야 하는 영역을 일관성 있게 측정'하는 부분(진점수 분산)은 물론이고 '측정해야 하는 영역이 아닌데 일관성 있게 측정'하는 부분(체계적 오차 분산)까지 신뢰도에 포함된다.

$$X = T + E \quad \text{..} \quad (8.1)$$

$$X = T + E_s + E_r \quad \text{...} \quad (12.1)$$

$$\sigma_X^2 = \sigma_T^2 \qquad\qquad + \sigma_E^2 \quad \text{...............................} \quad (8.2)$$

관찰점수 분산 = 진점수 분산 + 오차 분산

$$\sigma_X^2 = \sigma_T^2 \qquad + \sigma_{E_s}^2 \qquad + \sigma_{E_r}^2 \quad \text{...........} \quad (12.2)$$

관찰점수 분산 = 진점수 분산 + 진점수 분산 + 무선오차 분산

= 타당도에   + 신뢰도에만   + 무선오차 분산
해당되는 분산   해당되는 분산

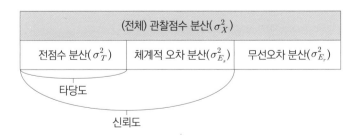

[그림 12.2] 관찰점수 분산 분해

이때 '측정해야 하는 영역을 일관성 있게 측정'하는 부분, 즉 진점수 분산 부분이 타당도에 해당하며, 이것이 높으면 타당도가 높아지는 것은 물론이고 신뢰도도 같이 높아진다([그림 12.2]). 반면, '측정해야 하는 영역이 아닌데 일관성 있게 측정'하는 부분, 즉 체계적 오차 분산 부분은 신뢰도만 높여 주는 부분이다.

예를 들어 보겠다. 어떤 학생의 검사점수가 매번 일관되게 60점이 나온다면 그 검사의 신뢰도가 높다고 한다. 그런데 그 검사에 잘못 인쇄된 문항이 다수 있어서 그 문항들을 일괄적으로 모두 맞다고 처리하여 20점씩을 더 높여 준 결과가 60점이라고 한다면, 그 학생의 원래 점수는 40점이 나왔어야 했다. 따라서 이 경우 그 검사의 타당도는 높다고 말할 수 없다. 학생이 제대로 문항을 풀어서 받은 점수는 40점이며, 이 부분이 '측정해야 하는 영역을 일관성 있게 측정'하는 부분에 해당된다. 그런데 인쇄 오류로 모든 학생이 20점을 일괄적으로 더 받게 되었다면 이는 '측정해야 하는 영역이 아닌데 일관성 있게 측정'된 부분에 해당된다. 다시 말해, 20점에 해당되는 부분은 일관성 있게 측정되는 부분이므로 신뢰도에는 기여하지만 학생들의 수학 능력을 측정하는 것은 아니기 때문에 타당도에는 기여하지 못한다.

정리하면, 일관되게 같은 점수가 나온다면 신뢰도가 높은데, 그때 그 검사점수가 측정해야 하는 영역까지 잘 측정하고 있다면 타당도까지 높다고 할 수 있다. 타당도를 높이려면 우선 신뢰도가 높아야 한다. 일관되게 같은 점수가 나오지 않는데 검사점수가 측정해야 하는 영역까지 잘 측정한다고 말할 수 없기 때문이다. 즉, 신뢰도는 타당도의 필요조건으로, 측정의 관점에서는 어느 정도 높은 신뢰도가 전제가 되어야 타당도를 논할 수 있는 것이다. 따라서 검사에서 타당도는 거의 언제나 신뢰도보다 낮다(체계적 오차 분산이 0일 경우에만 타당도와 신뢰도가 같다).

3 실용도

마지막으로 검사의 실용도를 고려할 필요가 있다. 타당도·신뢰도가 높을수록 좋은 검사라는 것은 이제 알고 있을 것인데, 비슷한 조건이라면 실용도 또한 높으면 좋기 때문이다. 특히 어떤 한 특성을 측정하기 위한 검사가 여러 개가 있을 때 타당도·신뢰도뿐만 아니라 실용도를 고려하여 검사를 선택해야 한다. 실용도는 전혀 어려운 개념이 아니고, 실제적으로 얼마나 유용하게 쓰일 수 있는지에 대한 부분이다. 이를테면 검사를 실시하는 것이 쉬운지/어려운지, 소요 시간이 짧은지/긴지, 검사 결과를 채점하고 해석할 때 전문가가 필요 없는지/필수적인지, 어느 검사가 비용이 덜 드는지/더 드는지, 동형검사가 가능한지/가능하지 않은지 등을 고려한다면, 여러 검사 중 자신의 상황에 맞는 검사를 선택하는 데 도움이 될 것이다. 일반적으로 검사를 실시하는 것이 쉽고, 소요 시간이 짧고, 검사 결과 채점 및 해석 시 전문가가 필요 없고, 검사 비용이 덜 들며, 동형검사가 가능한 검사가 반대의 경우보다 선호되나, 이는 어디까지나 실용도 측면에서만 그러한 것이다. 어떤 구인을 매우 정밀하게 측정해야 하는 상황이라면 검사 비용, 실시상 용이성과 같은 실용도보다는 타당도가 높은 검사를 선택해야 한다.

연습문제

1. 어느 교육청에서 초등학교 4학년 학생용 수학 성취도 평가 검사를 개발하려고 한다. 그런데 그 검사 초안을 확인한 일부 교사는 다양한 수학 영역(기본 연산, 분수, 도형, 측정) 중 도형 영역에 과도하게 초점을 맞추고 있다고 우려한다.
(1) 내용타당도의 개념을 설명하고, (2) 이 검사가 내용타당도를 확보하기 위해 어떤 절차가 필요할지 논의하시오.

2. A 대학은 학생들의 대학 입학 후 학업성취를 예측하기 위하여 학생들의 수능 성적과 1학년 GPA(평균 학점) 간 상관관계를 분석하고자 한다.
(1) 준거관련 타당도의 개념을 설명하고, 공인타당도와 예측타당도의 차이를 이 예시를 통해 설명하시오.
(2) 수능 성적과 1학년 GPA 간 상관이 낮게 나타났다면, 그 원인으로 고려할 수 있는 요인에는 무엇이 있을지 논의하시오.

3. 다음은 한 학교에서 개발한 학업성취도 검사에 대한 사례다. 각각의 사례에서 타당도의 유형이 무엇인지 설명하시오.
(1) 검사 문항이 교육과정과 얼마나 일치하는지를 전문가가 검토하는 경우
(2) 성취도 검사 점수가 학생들의 졸업 후 취업 성적과 높은 상관관계를 보이는 경우
(3) 특정 설문조사가 학생들의 학업 스트레스와 자아 존중감을 측정하려 했으나, 실제로는 자아 효능감과도 관련된 문항들이 포함된 경우

4. (1) 조별로 검사 두 개를 고르고, 타당도와 실용도 측면에서 각 검사의 장단점을 간략히 논하시오(google scholar 등의 검색 엔진 활용 가능함).
(2) 그중 한 검사를 선택하여 다음을 빈칸을 채워 넣으시오. 단, 검사 상황에 대한 scenario를 짜고 그에 맞춰 설명하시오.

> [······검사 시나리오······]
> [검사 이름]은/는 [무엇]을/를 측정한다. [검사 이름]은/는 내용타당도 측면에서는 [어떠하고], 공인타당도, 예측타당도 측면에서 각각 [어떠하다]고 판단된다. 왜냐하면 ······ 때문이다. [검사 시나리오] 상황에서 [검사 이름]의 실용도는 [어떠하다].
> [검사 이름]의 개선방안으로는 [······]을 제시한다. 왜냐하면 ······

부록

부록 A. SPSS 실습

부록 B. 표, 그림, 심화, 예시 목록

1 기술통계(제6장)

1) 자료 입력과 빈도분석

기초통계 수준의 SPSS 자료에서 관측치는 행(row)으로, 변수는 열(column)로 코딩 (coding)된다. 설문지를 이용하는 조사연구의 경우 설문지 ID를 첫 번째 변수로 입력하는 습관을 들이는 것이 좋다. 혹시 입력 실수가 있다면 해당 설문지를 추적하여 입력을 수정하는 과정이 필수적이기 때문이다. 이때 기본적으로 빈도분석을 통하여 확연한 입력 실수는 확인할 수 있다. 예를 들어, 집단을 0 또는 1로 코딩했는데, 빈도분석 시 0, 1이 아닌 10이 나왔다면, 이는 입력 실수일 확률이 크다. 설문지 ID로 추적하여 자료 입력을 수정해야 한다.

SPSS 자료: 수업유형에 따른 사전검사, 사후검사 결과, 성별

연구자가 학생들을 무선으로 90명을 표집하여 30명씩 세 가지 수업유형(강의식, 프로젝트형, 플립러닝)에 할당하여 실험을 수행하고 사전검사와 사후검사 결과를 얻었다. SPSS data에 입력된 변수는 다음와 같다.

변수명	변수 설명
ID	학생 ID
test1	사전검사
test2	사후검사
수업유형	강의식(1), 프로젝트형(2), 플립러닝(3)
성별	학생 성별

data file: instruction2.sav

이 자료는 수업유형에 따라 사전검사와 사후검사를 실시한 후, 어떤 수업유형의 점수가 더 높아졌는지 분석하는 자료다. 강의식: 1, 프로젝트형: 2, 플립러닝: 3으로 입력된 수업유형 집단의 비율을 구하겠다. 이를 위하여 SPSS에서 분석 → 기술통계량 → 빈도분석으로 클릭한 후, 빈도를 보고자 하는 변수를 [A 1.1] SPSS 화면에서와 같이 오른쪽 화면으로 옮기면 된다. '빈도표 출력'이 디폴트로 클릭되어 있다. 각 집단이 30명(33.3%)으로 구성되었으며, 무응답이 없다는 것을 확인할 수 있다.

SPSS에서 빈도분석하기

* 분석 → 기술통계량 → 빈도분석을 선택한다.
* '빈도분석' 창이 뜨면 '변수'에 수업유형을 선택한다.
* '빈도표 출력'을 디폴트 그대로 선택한다.
* '확인'을 누른다.

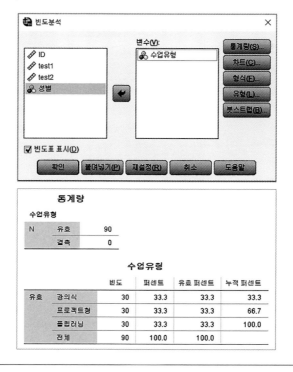

동계량

수업유형

N	유효	90
	결측	0

수업유형

		빈도	퍼센트	유효 퍼센트	누적 퍼센트
유효	강의식	30	33.3	33.3	33.3
	프로젝트형	30	33.3	33.3	66.7
	플립러닝	30	33.3	33.3	100.0
	전체	90	100.0	100.0	

[A 1.1] 빈도분석 예시

2) 중심경향값과 산포도

사전검사점수(test1)의 중심경향값과 산포도를 구하고자 한다면, SPSS에서 분석 → 기술통계량 → 빈도분석을 클릭하면 된다. 그리고 변수를 'test1'으로 바꾸고 '통

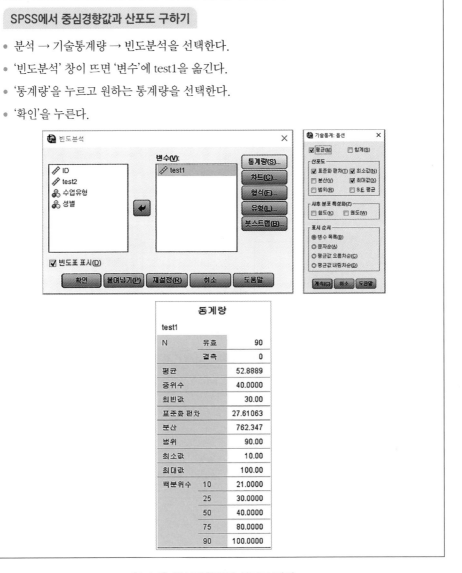

[A 1.2] 중심경향값과 산포도 예시

계량' 상자를 클릭하여 원하는 통계량(통계치)을 선택한다. 상위 10%와 하위 10%에 해당하는 사전검사점수를 구하고자 한다면, SPSS '통계량'의 '백분위수'에 해당 백분위를 입력하면 된다. SPSS 화면과 결과는 [A 1.2]와 같다.

전체 90명의 중심경향값과 산포도 분석 결과는 다음과 같다. 사전검사점수의 평균은 52.889이며, 중앙값 40.000, 최빈값 30.00, 표준편차 27.611, 분산 762.347인 것을 알 수 있다. 최소값과 최대값은 각각 10.00과 100.00이므로 SPSS에서는 범위를 두 값의 차인 90.00으로 계산하였다. Q1(백분위수 25)과 Q3(백분위수 75) 값은 각각 30.00과 80.00이며, 하위 10%(백분위수 10)와 상위 10%(백분위수 90)에 해당되는 점수는 각각 21.00과 100.00이다[A 1.2]).

3) 사분위편차와 상자그림(상자도표)

> ### SPSS에서 상자그림(상자도표) 그리기
>
> - 그래프 → 레거시 대화 상자 → 상자도표를 선택한다.
> - '상자도표' 창이 뜨면 '단순'을 디폴트 그대로 선택한다.
> - '변수'에 test1을, '범주축'에 수업유형을 옮긴다.
> - '확인'을 누른다.
>
>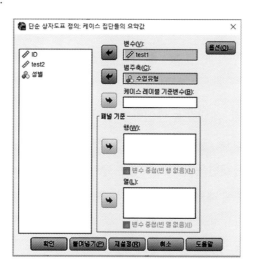

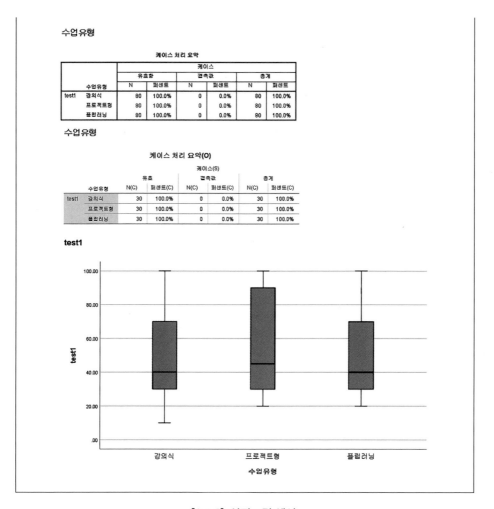

수업유형

케이스 처리 요약

		케이스					
		유효함		결측값		총계	
수업유형		N	퍼센트	N	퍼센트	N	퍼센트
test1	강의식	80	100.0%	0	0.0%	80	100.0%
	프로젝트형	80	100.0%	0	0.0%	80	100.0%
	플립러닝	80	100.0%	0	0.0%	80	100.0%

수업유형

케이스 처리 요약(O)

		케이스(S)					
		유효		결측값		총계	
수업유형		N(C)	퍼센트(C)	N(C)	퍼센트(C)	N(C)	퍼센트(C)
test1	강의식	30	100.0%	0	0.0%	30	100.0%
	프로젝트형	30	100.0%	0	0.0%	30	100.0%
	플립러닝	30	100.0%	0	0.0%	30	100.0%

test1

[A 1.3] 상자그림 예시

사분위편차와 최소값, 최대값을 확인하고 집단 간 비교를 시각적으로 하고자 한다면, 상자그림(상자도표; box plot)을 이용하는 것이 좋다. 상자그림에서 중간 줄은 중앙값을, 상자그림의 아랫변은 Q1을, 윗변은 Q3에 해당한다. 상자그림에서 아래 위로 연결된 선의 끝부분에 해당하는 값은 각각 최소값과 최대값이 된다.

[A 1.3]에서 각 수업유형에 대해 세 개의 상자그림을 볼 수 있다. 이 그림에서 모든 집단에서 최대값은 100으로 같았다. 강의식 수업과 플립러닝은 Q1, 중앙값,

Q3가 같지만 최소값이 강의식 수업이 더 낮았다. 프로젝트형과 플립러닝은 프로젝트형 수업이 중앙값과 Q1이 플립러닝보다 높았다.

4) 표준화점수

평균이 0이고 분산이 1인 점수로 변환하려면 '표준화 값을 변수로 저장'을 선택하면 된다. 이때 표준화점수가 SPSS 원자료에 새로운 변수로 생성되며, SPSS에서 자동으로 'Z원변수명'으로 명명된다. 이 경우 원래 변수명이 'test1'이었으므로 표준화점수 변수명은 'Ztest1'이 된다([A 1.4]). 단, 점수분포가 정규분포인 경우에만 이렇게 표준화점수를 생성하는 것이 의미가 있다는 것을 주의해야 한다.

SPSS에서 표준점수 구하기

- 분석 → 기술통계량 → 기술통계를 선택한다.
- '기술통계' 창이 뜨면 '변수'에 test1을 옮긴다.
- '표준화 값을 변수로 저장(Z)'을 선택한다.
- '확인'을 누른다.

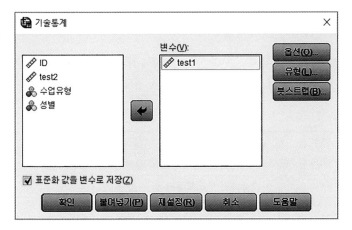

	ID	test1	test2	수업 유형	성별	Ztest1
1	1.00	20.00	30.00	강의식	남자	-1.19117
2	2.00	30.00	40.00	강의식	남자	-.82899
3	3.00	40.00	40.00	강의식	남자	-.46681
4	4.00	50.00	50.00	강의식	남자	-.10463
5	5.00	30.00	40.00	강의식	남자	-.82899
6	6.00	40.00	50.00	강의식	남자	-.46681
7	7.00	10.00	30.00	강의식	남자	-1.55335
8	8.00	20.00	20.00	강의식	남자	-1.19117
9	9.00	30.00	90.00	강의식	남자	-.82899
10	10.00	50.00	60.00	강의식	남자	-.10463
11	11.00	80.00	90.00	강의식	남자	.98191
12	12.00	90.00	70.00	강의식	남자	1.34409
13	13.00	20.00	50.00	강의식	남자	-1.19117
14	14.00	30.00	100.00	강의식	남자	-.82899
15	15.00	40.00	50.00	강의식	남자	-.46681

[A 1.4] 표준화점수 예시

2 문항난이도와 문항변별도(제8장)

SPSS 자료: 기초통계 중간고사 결과

어느 초등학교의 6학년 학생들의 단원평가 문항에 대하여 문항난이도와 문항변별도를 구하려고 한다. 총 10명의 학생이 6개 문항을 푼 결과를 채점하여 다음과 같이 정리하였다.

변수	설명
문항 1~문항 5	맞히거나(1점) 틀리는(0점) 부분점수가 없는 문항
문항 6	0~2점까지 부분점수가 있는 문항
총점	1번부터 6번까지의 문항의 총점

data file: diff disc2.sav

1) 문항난이도

먼저 문항난이도(item difficulty)를 구하는 방법이다. [A 2.1]의 '평균'에 해당하는 부분이 문항난이도다. 단, 부분점수가 있는 6번 문항의 경우, 문항평균인 .8점을 만점인 2점으로 나눈 .4(=0.8/2)가 문항난이도가 된다. 문항난이도가 높을수록 쉬운 문항이고 문항난이도가 낮을수록 어려운 문항이므로 문항 2(난이도 .7)가 가장 쉬운 문항이며, 문항 4(난이도 .3)가 가장 어려운 문항이었음을 알 수 있다.

SPSS 분석 절차

• 분석 → 기술통계량 → 기술통계를 선택한다.
• '기술통계' 창이 뜨면 '변수'에 문항별 점수인 i1~i18을 옮긴다.
• '옵션'을 누르고, '기술통계: 옵션' 창을 확인하여 원하는 옵션을 선택해 준다.
• '기술통계 옵션'의 디폴트(default)는 다음과 같다. 이 상태로 '계속'을 누르고 '확인'을 누른다.

기술통계량

	N	최소값	최대값	평균	표준편차
문항1	10	.00	1.00	.6000	.51640
문항2	10	.00	1.00	.7000	.48305
문항3	10	.00	1.00	.5000	.52705
문항4	10	.00	1.00	.3000	.48305
문항5	10	.00	1.00	.4000	.51640
문항6	10	.00	2.00	.8000	.78881
유효 N(목록별)	10				

[A 2.1] 문항난이도

2) 문항변별도

다음은 문항변별도(item discrimination)를 구하는 방법이다. 문항변별도는 각 문항 값과 총점 간 양류상관계수(point biserial correlation coefficient) 값이다. 해당 문항을 포함시킨 총점으로 문항변별도를 구하는 방법도 있고, 해당 문항을 뺀 나머지 문항의 총점으로 문항변별도를 구할 수도 있다. 각각 [A 2.2]와 [A 2.3]에 제시하였다.

먼저, 해당 문항을 총점에 포함시켜 문항변별도를 구한 결과를 설명하겠다. 모두 6문항으로, SPSS output에서 가장 마지막 행을 보면 된다. 즉, [A 2.2]에 해당하는 '총점'에 대한 상관계수를 보면 된다. 문항 1의 문항변별도는 .648, 문항 2의 경우 .324 등이었는데, 문항 2의 변별도가 가장 낮았고(.324) 문항 6의 변별도가 가장 높았다(.931).

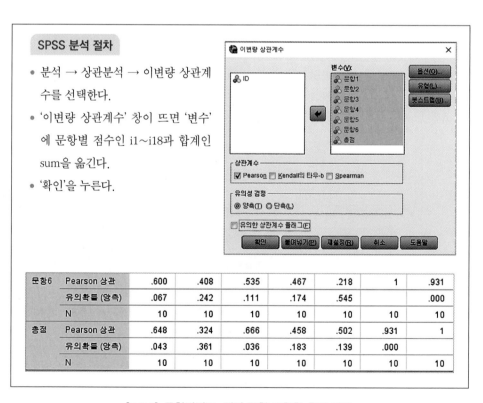

문항6	Pearson 상관	.600	.408	.535	.467	.218	1	.931
	유의확률 (양측)	.067	.242	.111	.174	.545		.000
	N	10	10	10	10	10	10	10
총점	Pearson 상관	.648	.324	.666	.458	.502	.931	1
	유의확률 (양측)	.043	.361	.036	.183	.139	.000	
	N	10	10	10	10	10	10	10

[A 2.2] 문항변별도: 해당 문항 포함한 총점 이용

다음은 해당 문항을 총점에서 뺀 후 구한 문항변별도 값이다. [A 2.3]의 '수정된 항목-전체 상관'이 문항변별도를 나타낸다. 문항 2의 변별도가 .3보다 작았으나, 문항변별도는 대부분 .3 이상이었으며 특히 문항 6의 변별도가 .897로 가장 높았다. [A 2.2]와 [A 2.3] 결과를 비교하면, 앞서 설명한 대로 [A 2.2]의 문항변별도 값이 다소 높음을 확인할 수 있다.

SPSS 분석 절차

- 분석 → 척도 → 신뢰성 분석을 선택하고, '신뢰성 분석' 창이 뜨면 문항별 점수인 문항 1~6과 합계인 sum을 오른쪽으로 옮기고 '통계량'을 누른다.
- '신뢰성 분석: 통계' 창이 뜨면 '항목 제거 시 척도'를 선택하고 '계속'을 누른다.
- '확인'을 누른다.

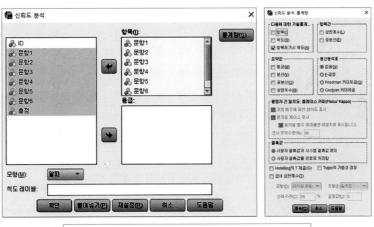

항목 총계 통계량

	항목이 삭제된 경우 척도 평균	항목이 삭제된 경우 척도 분산	수정된 항목-전체 상관계수	항목이 삭제된 경우 Cronbach 알파
문항1	6.0000	14.444	.566	.713
문항2	5.9000	15.878	.214	.754
문항3	6.1000	14.322	.585	.709
문항4	6.3000	15.344	.358	.739
문항5	6.2000	15.067	.399	.733
문항6	5.8000	11.511	.897	.625
총점	3.3000	4.233	1.000	.661

[A 2.3] 문항변별도: 해당 문항 제외한 총점 이용

3 **신뢰도와 객관도(제11장)**

1) 신뢰도 구하기

　신뢰도 산출 시 크론바흐 알파를 이용하는 것이 가장 많이 쓰이는 방법이므로 이 방법에 초점을 맞추어 SPSS 예시를 제시하겠다.

SPSS 자료: 자신감 검사 설문지

연구자가 59명의 학생에게 자신감 검사 14문항을 실시하고, 크론바흐 알파 값으로 신뢰도를 구하고자 한다. 검사 문항은 모두 1(전혀 동의하지 않는다)~5(매우 동의한다)의 리커트 척도로 측정되었다. 14개 문항 중 i3, i5, i7, i9, i11, i14 문항은 역코딩(1을 5, 2를 4, 3은 그대로, 4를 2, 5를 1로 코딩)하여 분석해야 한다.

변수명	변수 설명(*역코딩)
i1	나는 매우 능력 있는 사람이다
i2	친구들은 나에게서 좋은 인상을 받는다
i3	어떤 일을 할 때 다른 친구가 나보다 훨씬 더 잘한다*
i4	나는 새로운 것들을 빨리 배울 수 있다
i5	나는 내가 하는 대부분의 일에서 실패할 가능성이 크다*
i6	나는 새로운 친구들과 쉽게 사귈 수 있다
i7	나는 나 자신이 부끄럽다*
i8	나에게는 어려운 상황을 해결할 수 있는 능력이 있다
i9	다른 사람들이 나를 바보로 생각할까 봐 걱정이 된다*
i10	나는 스스로 내가 할 일을 잘 해낸다고 생각한다
i11	내 생각을 다른 사람들에게 밝히는 것이 창피하다*
i12	친구들이나 주변 사람들은 나를 좋아한다
i13	나는 무엇을 하든지 잘할 자신이 있다
i14	나는 나 자신보다 다른 사람의 능력을 더 믿는다*

data file: reliability_math2.sav

SPSS 분석 절차 1: 역코딩하기

- 변환 → '변수 계산'을 선택한다.
- '변수 계산' 창이 뜨면 '목표변수'에 'i3r'(변수명 무관)을 쓰고, '숫자표현식'에 '6-i3'를 쓴다.
- '확인'을 누르고, i5, i7, i9, i11, i14에도 똑같이 반복한다.
- 또는 명령문(syntax)을 이용하여 한꺼번에 역코딩을 할 수도 있다.

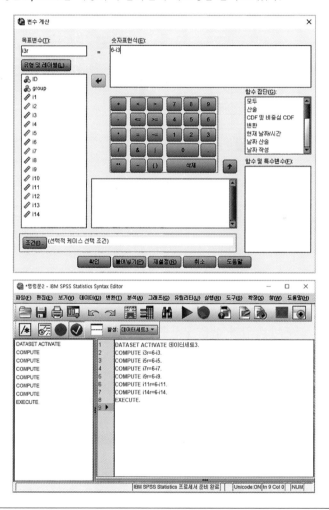

[A 3.1] 역코딩하기

SPSS 분석 절차 2: 크론바흐 구하기

- 분석 → 척도 → 신뢰도 분석을 선택한다.
- '신뢰도 분석' 창이 뜨면 'id'와 'i3', 'i5', 'i7', 'i9', 'i11', 'i14'(역코딩 전 문항)을 제외한 나머지 변수들을 항목에 옮긴다.
- '통계량'을 누르고 '항목제거시 척도'를 클릭한다.
- '계속'을 누르고 '확인'을 누른다.

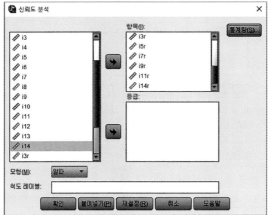

총 여섯 개 문항 중 두 번째와 세 번째 문항은 역코딩을 해야 하는 문항이다. 역코딩을 하지 않고 크론바흐 알파 값을 구하면 .486이라는 낮은 신뢰도 수치를 얻게 된다([A 3.2]). 또한 역코딩을 하지 않는 경우 항목과 전체 상관계수가 음수가 나오기도 하며, '항목이 삭제된 경우 Cronbach 알파' 값이 더 높아진다. '수정된 항목-전체상관관계'는 8장에서 설명했던 문항변별도에 해당되는 값으로, 해당 문항과 그 문항을 뺀 총점과의 상관계수를 뜻한다. 예를 들어, 3번 문항과 이 문항을 뺀 총점과의 상관계수는 -.030이며, 3번 문항을 제거했을 때 크론바흐 알파 값이 .515로 높아진다([A 3.2]). 문항 역코딩 후 크론바흐 알파 값은 0.907로 대폭 상향되었다([A 3.3]). 0.8 이상인 크론바흐 알파값은 검사도구의 신뢰도 증거로 수용할 만하다.

신뢰도 통계량		항목 총계 통계량			
Cronbach의 알파	항목 수	항목이 삭제된 경우 척도 평균	항목이 삭제된 경우 척도 분산	수정된 항목-전체 상관계수	항목이 삭제된 경우 Cronbach 알파
.486	14				
		i1 40.2034	17.027	.441	.393
		i2 40.0508	17.704	.395	.411
		i3 40.4576	20.908	-.030	.515
		i4 40.0678	20.099	.098	.484
		i5 41.1864	20.292	.038	.501
		i6 39.8644	17.533	.390	.410
		i7 41.3898	21.932	-.158	.556
		i8 40.1017	17.989	.353	.422
		i9 41.3220	18.946	.176	.467
		i10 39.9831	18.396	.382	.424
		i11 41.2034	22.061	-.165	.547
		i12 39.8983	17.748	.391	.412
		i13 39.9831	17.120	.444	.394
		i14 41.2203	21.830	-.136	.536

[A 3.2] 역코딩 전 크론바흐 알파 결과

신뢰도 통계량		항목 총계 통계량			
Cronbach의 알파	항목 수	항목이 삭제된 경우 척도 평균	항목이 삭제된 경우 척도 분산	수정된 항목-전체 상관계수	항목이 삭제된 경우 Cronbach 알파
.907	14				
		i1 46.4407	62.802	.716	.896
		i2 46.2881	64.450	.658	.899
		i4 46.3051	66.767	.546	.903
		i6 46.1017	65.127	.574	.902
		i8 46.3390	63.607	.720	.896
		i10 46.2203	66.554	.609	.901
		i12 46.1356	63.740	.715	.897
		i13 46.2203	63.209	.706	.897
		i3r 47.0000	66.931	.470	.906
		i5r 46.2712	65.442	.557	.903
		i7r 46.0678	62.168	.690	.897
		i9r 46.1356	66.292	.456	.907
		i11r 46.2542	64.710	.611	.901
		i14r 46.2373	66.598	.518	.904

[A 3.3] 역코딩 후 크론바흐 알파 결과

2) 연속형 변수의 객관도 구하기

SPSS 자료: 연속형 변수로 객관도 구하기

채점자 훈련을 통과한 두 명의 채점자(평가자)가 30명 학생의 서술형 과제에 대하여 분석적 채점을 실시하였다. 채점기준표상 최소 0점부터 최대 100점까지 가능하다. 첫 번째 채점자의 점수를 R1, 두 번째 채점자의 점수를 R2로 명명하고 inter_con2.sav 파일에 저장하였다.

data file: inter_con2.sav

SPSS 분석 절차: 연속형 변수로 객관도 구하기

- 분석 → 상관분석 → 이변량상관계수를 선택한다.
- '이변량상관계수' 창이 뜨면 R1과 R2를 '변수'에 옮긴다.
- 'Pearson' 상관계수에 클릭을 한다.
- '확인'을 누른다.

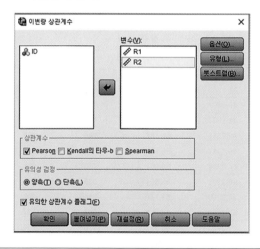

상관관계

		R1	R2
R1	Pearson 상관	1	.939**
	유의확률 (양측)		.000
	N	30	30
R2	Pearson 상관	.939**	1
	유의확률 (양측)	.000	
	N	30	30

**. 상관관계가 0.01 수준에서 유의합니다(양측).

[A 3.4] 연속형 변수의 객관도 구하기

　　[A 3.4]에서 객관도가 .939로 상당히 높은 것을 확인할 수 있다. 같은 학생 과제를 두 명의 독립적인 채점자가 채점한 결과에 대한 신뢰도를 구한 것이므로, 이때의 객관도는 채점자간 신뢰도가 된다.

3) 범주형 변수의 객관도 구하기

> ### SPSS 자료: 범주형 변수로 객관도 구하기
>
> 채점자 훈련을 통과한 두 명의 채점자가 30명 학생의 영어과 글쓰기 과제에 대하여 총체적 채점을 실시하였다. 채점(평정) 결과는 A/B/C/D/E의 다섯 가지 등급으로 산출되었다. 첫 번째 채점자의 채점값을 R1, 두 번째 채점자의 채점값을 R2로 명명하고 inter_cat2.sav 파일에 저장하였다.
>
> 　　　　　　　　　　　　　　　　　　　　　　　　🔍 data file: inter_cat2.sav

> ### SPSS 분석 절차: 범주형 변수로 객관도 구하기
>
> - 분석 → 기술통계 → 교차분석표를 선택한다.
> - '교차분석' 창이 뜨면 R1C와 R2C를 각각 '행'과 '열'에 옮긴다.
> - '셀(E)' 버튼을 클릭한 후, '교차분석표: 셀 표시' 창이 뜨면 다시 퍼센트의 '전체'를 클릭한다.
> - '계속'을 누르고 '확인'을 누른다.

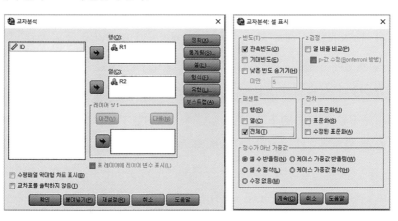

	케이스					
	유효		결측		전체	
	N	퍼센트	N	퍼센트	N	퍼센트
R1 * R2	30	100.0%	0	0.0%	30	100.0%

R1 * R2 교차표

			R2					
			A	B	C	D	E	전체
R1	A	빈도	②2	3	0	0	0	5
		전체 중 %	6.7%	10.0%	0.0%	0.0%	0.0%	16.7%
	B	빈도	1	⑦7	3	0	0	11
		전체 중 %	3.3%	23.3%	10.0%	0.0%	0.0%	36.7%
	C	빈도	1	3	②2	2	0	8
		전체 중 %	3.3%	10.0%	6.7%	6.7%	0.0%	26.7%
	D	빈도	0	0	0	③3	0	3
		전체 중 %	0.0%	0.0%	0.0%	10.0%	0.0%	10.0%
	E	빈도	0	1	0	1	①1	3
		전체 중 %	0.0%	3.3%	0.0%	3.3%	3.3%	10.0%
전체		빈도	4	14	5	6	1	30
		전체 중 %	13.3%	46.7%	16.7%	20.0%	3.3%	100.0%

[A 3.5] 범주형 변수의 객관도 구하기

[A 3.5]의 마지막 표인 'R1C*R2C 교차분석표'의 대각선의 숫자를 합하고 전체 사례 수로 나눠 주면 첫 번째와 두 번째 채점자(R1, R2)의 채점자간 일치도를 구할 수 있다. 표에서 대각선에 해당되는 숫자를 동그라미로 표시하였다. 즉, 두 채점자의 A, B, C, D, E 등급이 완벽하게 일치하는 명수가 각각 2, 7, 2, 3, 1명으로 모두 15명이고 채점된 전체 사례가 30명이므로 채점자간 일치도, 즉 객관도는 $50\%(=\frac{2+7+2+3+1}{30}\times100=\frac{15}{30}\times100)$임을 알 수 있다. 이렇게 두 채점자가 완벽하게 일치하는 비율을 정확 일치도(exact agreement rate)라고 한다.

같은 표에서 비대각선에 위치한 숫자는 두 채점자가 일치하지 않은 수를 나타낸다. 총 15건의 채점에서 불일치하였다. 그런데 불일치가 한 등급만 차이 나는 경우는 모두 13건(1+3+3+3+2+1)이었다. 예를 들어, 첫 번째 채점자는 A등급을 줬는데 두 번째 채점자는 B등급을 준 경우가 3건, 첫 번째 채점자는 C등급을 줬는데 두 번째 채점자는 B를 준 경우가 3건 있었다. 이렇게 두 채점자의 채점의 불일치가 한 등급만 차이 나는 경우까지 포함하여 일치도를 구하면 약 $93.3\%(=\frac{15+13}{30}\times100=\frac{28}{30}\times100)$의 일치도를 보인다. 이를 근사(인접) 일치도(adjacent agreement rate)라고 부른다.

채점이 불일치하는 경우, 무엇 때문에 불일치가 일어나는지 확인하고, 가능하다면 채점자 재교육을 통하여 불일치를 줄이도록 노력해야 한다. 한 등급만 채점이 불일치하는 경우는 총 13건이었다. 첫 번째 채점자가 더 높은 등급을 준 경우 두 줄 실선 네모로 표시하였고, 두 번째 채점자가 더 높은 등급을 준 경우 한 줄 실선 네모로 표시하였다. 이렇게 채점이 불일치하는 경우, 무엇 때문에 불일치가 일어나는지 확인하고, 가능하다면 채점자 재교육을 통하여 불일치를 줄이도록 노력해야 한다. 두 채점자 중 누가 잘못한 것인지, 아니면 둘 다 잘못한 것인지를 보통 채점자 교육을 담당한 상위 채점자가 판단하고, 그에 맞게 채점자 재교육을 병행할 필요가 있다.

채점이 두 등급 이상 차이 나는 경우 표에서 음영으로 처리하였다. 이러한 경우는 문제가 좀 더 심각해진다. 30건 중 두 건에서 두 등급 이상 채점 불일치가 일어났다. 첫 번째 채점자는 C등급을 줬는데 두 번째 채점자가 A등급을 주는 경우와 첫 번째 채점자는 E등급을 줬는데 두 번째 채점자가 B등급을 준 경우가 있었다. 이때 어떤 연유로 이러한 불일치가 일어나는지 필히 확인해야 한다. 특히 고부담 검사의 경우 이렇게 두 등급 이상 채점의 불일치가 일어난다면, 일반적으로 채점자 훈련을 담당하는 감독관이 이 문제를 주의 깊게 들여다보고 어느 부분에서 문제가 발생하는지 파악하고 해결한다. 다시 강조하지만, 채점자간 신뢰도, 즉 객관도는 채점의 일관성을 뜻하는 것이므로, 두 명 중 한 명의 채점자가 잘못 채점했을 수도 있고, 두 명 모두 잘못 채점했을 가능성도 있다.

표, 그림, 심화, 예시 목록

표

🏠 그림

심화

📖 예

 참고문헌

교육부(2015). 초 · 중등학교 교육과정 총론. 교육부.

교육부(2018). 2015 개정 교육과정 평가기준 고등학교 수학과.

김덕년(2017). '교육과정-수업-평가-기록의 일체화'에 대한 고찰. 한국교육개발원.

김미숙(2005). 북한이탈학생의 남한학교 다니기. 교육사회학연구, 15(2), 23-44.

김선, 반재천(2023). 사고력 함양을 위한 서 · 논술형 평가 도구 개발 이론과 실제. 도서출판 AMEC.

김해경, 박경옥(2009). (실용이야기와 함께하는) 확률과 통계. 경문사.

남명호(2007). 다시 생각해 보는 수행평가: 회고와 전망. 한국교육과정평가원 심포지움: 교육과정 운영에서의 수행평가의 적용 실태와 개선 방안(pp. 3-19). 한국교육과정평가원.

박도순, 권순달, 김명화, 김석우, 김영애, 김옥남, 김종필, 김진규, 김진하, 김형주, 남명호, 남현우, 박완성, 백순근, 성태제, 양길석, 어윤경, 이기종, 이나현, … 최대호(2007). 교육평가: 이해와 적용. 교육과학사.

박혜영, 김성숙, 김경희, 이명진, 김광규, 김지영(2019). 수업-평가 연계 강화를 통한 서·논술형 평가 내실화 방안(RRE 2019-6). 한국교육과정평가원. https://www.kice.re.kr/resrchBoard/view.do?seq=615&s=kice&m=030103

서은국, 구재선(2011). 단축형 행복 척도(COMOSWB) 개발 및 타당화. 한국심리학회지: 사회 및 성격, 25(1), 96-114.

연합뉴스(2016. 11. 24.). '3층서 아기 던져 살해' 발달장애인 무죄 … 치료감호 확정. 연합뉴스 최신기사. Retrieved from https://www.yna.co.kr/view/AKR20161124062900004

유진은(2022). 한 학기에 끝내는 양적연구방법과 통계분석. 학지사.

유진은(2024). R을 활용한 양적연구방법과 통계분석. 학지사.

유진은, 노민정(2023). 초보 연구자를 위한 연구방법의 모든 것. 학지사.

유진희, 유진은(2012). 교사중심 · 학생중심 토의수업이 개념 · 원리 학습과제 관련 성취도에 미치는 영향: 고등학교 가정과를 중심으로. 열린교육연구, 20(4), 115-135.

이종승(2009). 현대교육평가. 교육과학사.

최제호(2007). 통계의 미학. 동아시아.

Binet, A., & Simon, T. (1916). *The development of intelligence in children (The Binet-Simon Scale)*. Williams & Wilkins.

Birnbaum, A. (1958). *Further considerations of efficiency in tests of a mental ability*. Technical Report No. 17. Project No. 7755-23, USAF School of Aviation Medicine, Randolph Air Force Base, Texas.

Black, P., & Wiliam, D. (1998). Assessment and classroom learning. *Assessment in Education: Principles, Policy & Practice, 5*(1), 7-74.

Bloom, B. S. (Ed.). (1956). *Taxonomy of educational objectives: The cognitive domain (Handbook I)*. Longmans.

Bollen, K. A. (1989). *Structural equations with latent variables*. Wiley & Sons.

Brookhart, S. M. (2008). Feedback that fits. *Informative Assessment, 65*(4), 54-59.

Campbell, D. T., & Fiske, D. W. (1959). Convergent and discriminant validation by the multitrait-multimethod matrix. *Psychological Bulletin, 56*(2), 81-105.

Chappuis, S., & Chappuis, J. (2007). The best value in formative assessment. *Educational Leadership, 65*(4), 14-19.

Cizek, G. J., & Bunch, M. B. (2007). *Standard setting*. Sage.

Creswell, J., & Clark, V. P. (2018). *Mixed methods research* (3rd ed.). Sage.

Crocker, L., & Algina, J. (1986). *Introduction to classical and modern test theory*. Holt, Rinehart, & Winston.

Embretson, S., & Reise, S. (2000). *Item response theory for psychologists*. Lawrence Erlbaum Associates.

Fraillon, J., Ainley, J., Schulz, W., Friedman, T., & Duckworth, D. (2020). *Preparing for life in a digital world: IEA International Computer and Information Literacy Study 2018 International Report*. IEA. DOI: 10.1007/978-3-030-19389-8

Giraud, G., Impara, J. C., & Plake, B. S. (2005). Teachers' conceptions of the target examinee in angoff standard setting. *Applied Measurement in Education, 18*(3), 223-232.

Gronlund, N. E. (1988). *How to construct achievement tests*. Prentice-Hall.

Han, Z., He, Q., & von Davier, M. (2019). Predictive feature generation and selection using process data from PISA interactive problem-solving items: An application of random forests. *Frontiers in Psychology, 10*, 2461.

Hogg, R. V., & Craig, A. T. (1995). *Introduction to mathematical statistics* (5th ed.). Prentice Hall.

Kolen, M. J., & Brennan, R. L. (2014). *Test equating, scaling, and linking: Methods and practices* (3rd ed.). Springer.

Krathwohl, D. R. (2002). A revision of Bloom's taxonomy: An overview. *Theory Into Practice, 41*(4), 212-218.

Krathwohl, D. R., Bloom, B. D., & Masia, B. B. (1964). *Taxonomy of educational objectives: The affective domain* (Handbook II). David McKay.

Lawshe, C. H. (1975). A quantitative approach to content validity. *Personnel Psychology, 28*, 563-575.

Lord, F. M. (1952). *A theory of test scores (Psychometric monograph no. 7)*. Psychometric Corporation.

Lord, F. M., & Novick, M. R. (1968). *Statistical theories of mental test scores*. Addison-Wesley.

Masters, G. N. (1982). A Rasch model for partial credit scoring. *Psychometrika, 47*(2), 149-174.

Nunnally, J. C. (1978). *Psychometric theory* (2nd ed.). McGraw-Hill.

Oosterhof, A. (2001). *Classroom applications of educational measurement*. Merrill.

Patton, M. Q. (1990). *Qualitative evaluation and research methods* (2nd ed.). SAGE.

Rasch, G. (1960). *Probabilistic model for some intelligence and achievement tests*. Danish Institute for Educational Research.

Scriven, M. (1967). The methodology of evaluation. In R. E. Stake (Ed.), *Curriculum evaluation* (pp. 39-83). Rand McNally.

Shepard, L. (2000). *The role of classroom assessment in teaching and learning* (CSE Technical Report 517). The Regents of the University of California.

Traub, R. E. (1994). *Reliability for the social sciences: Theory and applications*. Sage.

van Blerkom, M. (2009). *Measurement and statistics for teachers*. Routledge.

Whitley, B. E., Jr., & Kite, M. D. (2018). *Principles of research in behavioral science* (4th ed.). Routledge.

 찾아보기

저자 소개

유진은(Yoo, Jin Eun)

〈학력〉

미국 Purdue University 측정평가연구방법론 박사(Ph. D.)

미국 Purdue University 응용통계 석사(M. S.)

미국 Purdue University 교육심리(영재교육) 석사(M. S.)

서울대학교 사범대학 교육학과 학사(B. A.)

〈전 직함〉

미국 San Francisco 주립대학교 컴퓨터공학과 Research Scholar

미국 Pearson, Inc. Psychometrician

한국교육과정평가원 부연구위원

〈현 직함〉

한국교원대학교 제1대학 교육학과 교수

Frontiers in Psychology (SSCI) Associate Editor

Innovation and Education Associate Editor

〈대표 저서〉

R을 활용한 양적연구방법과 통계분석(2024)

초보 연구자를 위한 연구방법의 모든 것: 양적, 질적, 혼합방법 연구(2023)

한 학기에 끝내는 양적연구방법과 통계분석(2판, 2022)

AI 시대 빅데이터 분석과 기계학습(2021)

Multiple imputation with structural equation modeling(2013)

교육평가(2판)
연구하는 교사를 위한 학생평가

Educational Evaluation:
Student Evaluation for Teacher-Researchers (2nd ed.)

2019년 9월 10일 1판 1쇄 발행
2024년 9월 25일 1판 3쇄 발행
2025년 1월 25일 2판 1쇄 발행

지은이 • 유진은
펴낸이 • 김진환
펴낸곳 • (주) 학지사

04031 서울특별시 마포구 양화로 15길 20 마인드월드빌딩
대표전화 • 02)330-5114   팩스 • 02)324-2345
등록번호 • 제313-2006-000265호

홈페이지 • http://www.hakjisa.co.kr
인스타그램 • https://www.instagram.com/hakjisabook

ISBN 978-89-997-3302-4 93370

정가 20,000원

저자와의 협약으로 인지는 생략합니다.
파본은 구입처에서 교환해 드립니다.

이 책을 무단으로 전재하거나 복제할 경우 저작권법에 따라 처벌을 받게 됩니다.

출판미디어기업 학지사

간호보건의학출판 **학지사메디컬** www.hakjisamd.co.kr
심리검사연구소 **인싸이트** www.inpsyt.co.kr
학술논문서비스 **뉴논문** www.newnonmun.com
교육연수원 **카운피아** www.counpia.com
대학교재전자책플랫폼 **캠퍼스북** www.campusbook.co.kr